沈阳地域文化形态与当代城市精神

叶立群 著

北方联合出版传媒（集团）股份有限公司
春风文艺出版社
·沈阳·

图书在版编目（CIP）数据

沈阳地域文化形态与当代城市精神/叶立群著. —
沈阳：春风文艺出版社，2021.11
ISBN 978 - 7 - 5313 - 6110 - 7

Ⅰ．①沈… Ⅱ．①叶… Ⅲ．①城市文化 — 沈阳 Ⅳ.
①G127.311

中国版本图书馆CIP数据核字（2021）第212284号

北方联合出版传媒（集团）股份有限公司
春风文艺出版社出版发行
http://www.chunfengwenyi.com
沈阳市和平区十一纬路25号　邮编：110003
辽宁鼎籍数码科技有限公司印刷

责任编辑：韩　喆		助理编辑：平青立	
责任校对：陈　杰		封面设计：金石点点	
印制统筹：刘　成		幅面尺寸：185mm × 260mm	
字　　数：272千字		印　　张：13	
版　　次：2021年11月第1版		印　　次：2021年11月第1次	
书　　号：ISBN 978-7-5313-6110-7		定　　价：50.00元	

目 录

中编　沈阳地域文化的历史积淀与当代价值

导论：地域文化的当代价值

文化的概念最初是由爱德华·泰勒于1871年在《原始文化》中定义的，即"文化或文明是一个复杂的整体，它包括知识、信仰、道德、艺术、法律、风俗以及作为社会成员的人所具有的其他一切能力和习惯。"[①]在这个定义中，文化的内涵包括了人类群体的一切行为、制度、器具，乃至一切精神观念。文化有着狭义和广义之分。狭义的文化是指一切涉及精神领域的现象，如毛泽东在20世纪40年代初论及新民主主义文化时所述："一定的文化是一定社会的政治和经济在观念形态上的反映。"[②]广义的文化是指人类社会和历史生活的全部内容，如梁漱溟在《中华文化要义》中所做的界定："文化，就是吾人生活所依靠之一切。如吾人生活，必依靠于农工生产，农工如何生产，凡其所有器具及技术及其相关之社会制度等，便都是文化之一大重要部分。"[③]

在文化学研究领域，根据一定的标准对区域进行了区分，被称为文化区。在同一文化区内，群体的生存环境、生活方式和他们所创造的文化成果具有相同、相似或相近的特征，并留下了与其他区域面貌不同的文化遗存。地域文化，即为根据一定标准划分的特定的文化区内的文化。在我国，地域文化一般是指特定区域内所具有的源远流长、独具特色、传承至今仍发挥作用的文化传统和文化成果，是特定区域的生态、民俗、传统、习惯等文化形态的集合体。地域文化中的"地域"，是历史的，也是地理的，是文化形成的地理背景，范围可大可小。地域文化中的"文化"，可以是单要素

---

① [英]爱德华·泰勒：《原始文化》，连树生译，上海：上海文艺出版社，1992年版，第1页。
② 毛泽东：《毛泽东选集》第二卷，北京：人民出版社，1991年版，第663—664页。
③ 梁漱溟：《中国文化要义》，上海：世纪出版集团，2005年版，第9页。

001

的，也可以是多要素的。可以说，文化地域性特征的形成，是一个地区的自然物质环境和社会人文环境综合作用的结果。地域文化性格也是在此过程中逐渐养成的。因为"文化的核心部分是传统（即历史地获得或选择的）观念，尤其是他们所带来的价值。"①据此，李少群认为："地域文化这一概念指称了具有特定地理风貌和历史沿革基础的地方的、物质的、制度的和精神观念、文艺娱乐等诸多层面与诸多因素，是特定地域全部文化的总和。"②

关于文化的价值，现代社会，特别是学者们经历过艰难的认知过程并长期存在着难以弥合的分歧，但在文化主导着社会走向和人类自身发展这一功能的认知上，却达成了高度的一致。关于文化对于社会发展和人类生活的意义，现代新儒家的观点有着一定的代表性。钱穆曾从三个层面论述文化的价值：第一个层面，"属于物质经济方面"的物质文化是人类社会存在和发展的基础；第二个层面"则为社会法律，政治礼俗，群体结合之种种规定与习惯"，它确保了人类作为集体而存在和发展；第三个层面"包括宗教、哲学、文学、艺术等项，属于纯精神的部门"③，它们能够使人们获得内心的安宁和快乐，丰富人们的精神世界。现代新儒家特别重视体现于精神层面的文化的价值，认为"文化是各民族精神生命之表现"，"一切人类文化，皆是人心之求真善美等精神的表现，或为人之精神的创造"④。如从历史层面来考察，文化对于社会和人类的作用是很容易被加以确认的；从现实来看，各种文化形态对于社会所产生的或建设或破坏的作用也是显而易见的；同样毋庸置疑的是，文化作为人类所创造的最高的、最具智慧的、最具持久性的生态系统，它的价值还在于能够规约和引导人类以何种方式走向未来。

对于某一个历史阶段或某个区域来说，文化的价值主要体现在三个方面，即其对特定区域的社会物质发展所起到的作用；在理论、观念上对特定区域的社会发展所起到的作用；在心理、美学等方面对特定区域社会发展所起到的作用。这其实也是地域文化的根本价值所在。从上述表述中，我们可以看到，地域文化最为核心的属性是当代性。经过了历史积淀、地理环境制约、大的文化环境的渗透、时代文化的整合、文化选择后形成的地域文化，必然会对现时代产生极其深刻的影响，在一定程度上决定着社会风貌、人们的精神面貌的基本形态和区域的发展动力、社会活力。

以地域文化的内涵、特征以及其是否能够推动社会良性发展为核心来考察地域文

---

① 傅铿：《文化：人类的镜子——西方文化理论导引》，上海：上海人民出版社，1990年版，第21页。

② 李少群主编：《地域文化与文学研究论集》，济南：山东教育出版社，2010年版，第11页。

③ 方克立、李锦全主编：《现代新儒学学案》（中），北京：中国社会科学出版社，1995年版，第565—566页。

④ 唐君毅：《心物与人生》，台北：台湾学生书局，1975年版，第82页。

化的当代价值，是一条正确而重要的路径。首先，地域文化是一种资源，具有独特性、不可再生性、可开发性等特征；第二，地域文化在很大程度上蕴含着一个区域或城市的文脉、文化基因；第三，地域文化具有凝聚、规范和导向作用。

社会资源一般有两种，一种是自然资源，另一种就是文化资源。以文化教育、科学技术、风俗传统、宗教信仰、礼仪宗法、文学艺术等为主要内容的地域文化资源，具有地域性和民族性等特征。由于历史进程、地理区位、民族分布等的差异，不同区域的文化资源各具特色。一部分历史文化资源和民族文化资源，如历史古迹、古村落等，还具有不可再生性，一旦消失，其所承载的历史、文化价值也不复存在。要想使地域文化资源更加充分地发挥作用，必须做好转化、利用与开发工作。开发也是对地域文化资源所具有的价值进行审视、重新发现与升华的过程。通过开发与利用，也会更好地实现地域文化资源的社会价值和产业价值。地域文化资源的社会价值体现在诸多方面，如传承文化遗产和积累区域文化成果、传播与创造区域文明、推动社会文化建设等。地域文化资源的产业价值，主要体现在推动文化产业发展的过程中。独特的地域文化资源，为发展文化产业提供了可以进行深加工和再创造的"原材料"。企业可以通过对文化产品的生产、销售实现经济效益。

早期的文脉（context）一词，源于语言学范畴，后被应用于文化学研究中。广义的文脉，指介于各种元素之间对话的内在联系。狭义的文脉，即指一种文化的脉络。如果将某个特定区域的文化视为一个系统，系统内各要素包含着丰富的历史文化信息，通过对系统内各要素的整合，生成了承载和传递着一定信息的文化密码，这就是文脉。文脉得以生成，在很大程度上依赖于文化基因的存在。根据国内学者现有的研究，认为"所谓文化基因，就是决定文化系统传承与变化的基本因子、基本要素。""文化基因是人类文化系统的遗传密码，核心内容是思维方式和价值观念，特别是如何处理人与自然、人与人、国与国、心与物这四大主体关系的核心理念。"[1] "文化基因可以表述为：可以被复制的鲜活的文化传统和可能复活的传统文化的思想因子。"[2]进一步说，文脉是群体进化的基因信息和根脉存在之形态、传承之表现，是人类进化、发展的历史信息载体。一个区域的文脉和文化基因，是这个区域发展的关键所在；一个城市的文脉和文化基因，是城市的根。而一个区域、城市的文脉，又多蕴含于地域文化中。显在或隐在于地域文化中的文脉和文化基因，在很大程度上影响着一个区域、城市的精神风貌。

文化是社会与人类发展的营养基和规约系统，一个区域、城市的发展，同样得益于地域文化的培育、涵养、规范与引导。具体来说，地域文化对于生活于特定区域和

---

① 王东：《中华文明的五次辉煌与文化基因中的五大核心理念》，《河北学刊》，2003年第5期。
② 赵传海：《论文化基因及其社会功能》，《河南社会科学》，2008年第2期。

城市的群体，具有凝聚、规范和导向作用。群体的凝聚力，一般是需要通过文化认同而形成的。地域文化会起到促进文化认同的作用。在一个地域内共同生活的群体，有着共同认同的道德规范和行为规范，这些规范所起到的约束性作用，同样是强大的。文化对于社会发展和群体的精神走向，具有一定的导向性。地域文化中的进步因子，会在一定程度上引导价值观的重构和社会精神体系的重建。

综上所述，地域文化是一种宝贵而独特的文化资源，蕴含着一个区域、城市的文脉和文化基因，对城市发展会起到凝聚、规范与引导的作用。由此，我们有了对沈阳地域文化形态与当代城市精神建构的关系进行研究的理论依据与现实基础。

/ 上编 /

沈阳地域文化的
历史流变

引　言

　　在漫长的社会历史变迁过程中，源远流长的沈阳地域文化经历了萌芽、奠基、发展、转型以及变革、创新、传承等复杂的演变过程，经历过低谷、平峰、高峰，经历了自在成长和理性自觉等阶段，最终形成了今天的文化形态及独特的文化特征。

　　本编将重点梳理沈阳地域文化由源起到发展、高峰和转型的历史脉络，以期能够更好地认知地域文化之全貌，传承和弘扬地域文化之精华。

第一章　沈阳地域文化溯源

沈阳地域文化从孕育、发生到发展、成熟、繁荣，走过了曲折而漫长的历程。自从这片古老的土地上有了人类的活动，就拉开了沈阳地域文化发展的大幕。沈阳地域文化的萌芽，始于旧石器时代。在距今11万年甚至更早的年代，在沈阳的土地上，就印下了早期人类的足迹。到了距今7200—4400年间，生活在沈阳的原始居民，先后创造了灿烂的新乐下层文化、偏堡子文化等。新乐下层文化也是中国文化的源头之一。青铜时代早期的沈阳，创造了相对发达的青铜文化。随后出现的以青铜短剑部落为代表的青铜短剑文化，使沈阳史前地域文化的发展进入了新的繁荣期。

第一节　沈阳地域文化的萌芽

据考证，远古沈阳人的活动轨迹，始于旧石器时代。旧石器时代，是以使用打制石器为标志的人类物质文化发展阶段，其地质时代属于上新世晚期到更新世，从距今约300万年开始，延续到距今1万年前左右。迄今能够基本确定的沈阳地域文化的萌芽期，应该在距今11万年左右甚至更为久远的时期。之所以能够做出这样的判断，主要依据来自两个方面，一是根据对辽河流域特别是沈阳周边古人类遗址、旧石器时代地点的考古发掘和研究，在距今四五十万年至距今11万年的时期，在上述区域内的多处地点，发现了远古人类活动和文化创造的遗存。由此可推断，沈阳地区同样应该具备了人类生存的环境，同样经历了古代环境和气候的变迁，生活在这里的先民也应该具有了一定的适应环境的能力。二是尽管至今还没有在沈阳地区发现旧石器时代的原始人类化石，但通过对沈阳农业大学后山遗址等多处旧石器时代遗存的研究，可以确定在距今11万年，沈阳地区已经有了古人类的活动。

位于沈阳周边的古人类遗址，主要有庙后山遗址和金牛山遗址。本溪庙后山古人类遗址，位于本溪市山城子村东侧庙后山的南麓山坡上，最早年代为距今约40万年以上。庙后山遗址发现于1978年，经过多次考古发掘，陆续发现了幼儿股骨化石、完整的人牙化石以及大量石器、古动物化石，还有少量的炭粒、灰烬等。庙后山遗址的文化遗存，证明了在距今约40万年前，辽东地区已经有了人类的活动。同样曾活动于沈阳周边的金牛山人，是在"20多万年前自华北地区翻越燕山，辗转北上，继而东进，最后进入辽宁地区"[①]。金牛山遗址，位于距今辽宁省大石桥市区8公里的永安乡西田屯村。1974年后，考古人员对金牛山遗址进行过多次发掘并对标本进行测定，1985年的测定结果把"有人类化石的第六层的年代初步定为距今24万—31万年"，1988年又根据后来补测样品的结果，"定为距今23万—30万年"[②]。学者吴汝康认为金牛山人为早期智人[③]。也有研究者认为金牛山人处于晚期直立人向早期智人过渡的阶段，为"智猿人"[④]。根据对庙后山和金牛山遗址的动物化石、植物化石的研究，旧石器时代沈阳周边地区的古人类，与更新世的整个东北地区一起，经历了温暖湿润、寒冷干燥、温凉湿润、寒冷干燥等四个不同阶段的变迁[⑤]。关于沈阳地区古人类存在的相关证据，还来自20世纪50年代以来所发现的动物化石。1957年，在康平县发现了猛犸象、四不像鹿等属于更新世晚期的哺乳动物化石。1990年，在于洪区发现了猛犸象化石。1996年，在新民市发现了水牛角化石。2008年，在康平县发现了披毛犀化石。上述动物均为生活在更新世的食草动物，也是维持古人类生存的重要猎物。这些动物化石的发现，应该可以为沈阳地区早期已经有人类活动的观点提供佐证。

近年来，考古工作者对沈阳旧石器时代遗址的调查、研究取得了突破性进展，将远古人类在沈阳活动的源头确定在至少11万年前。从2011年到2013年，由沈阳文物考古研究所和吉林大学边疆考古研究中心联合组成的调查组经过为期三年的野外调查，发现了22处旧石器时代的遗址遗迹，采集到了1600多件打制石器。遗址遗迹的地点多在东部、中部和北部地区，星罗棋布于辽河及其支流秀水河、浑河、蒲河、柳河两岸的二、三级阶地上。其中最具代表性的是沈阳农业大学后山遗址。遗址面积约8万平方米，东距东陵公园2000米，南距沈阳农业大学400米、浑河2600米，北距沈阳农业科

---

① 佟冬主编：《中国东北史》（第一卷），长春：吉林文史出版社，2006年版，第1页。
② 陈铁梅等：《辽宁金牛山遗址牙釉质样品的电子自旋共振（ESR）测年研究》，《人类学学报》，1993年第4期。
③ 吴汝康：《辽宁营口金牛山人化石头骨的复原及其主要性状》，《人类学学报》，1988年第2期。
④ 吕遵谔：《金牛山人的时代及其演化的地位》，《辽海文物学刊》，1989年第1期。
⑤ 姜鹏：《东北更新世动物群与生态环境的探讨》，中国东北平原第四纪自然环境形成与演变课题组编：《中国东北平原第四纪自然环境形成与演变》，哈尔滨：哈尔滨地图出版社，1990年版，第107页。

技开发学院800米。在平面呈扇形的阶地顶部，考古人员采集到了大量打制石器。遗址共有十层地层堆积，其中第二至七层为旧石器文化层，发掘出土了620多件打制石器，包括手镐、砍砸器、刮削器、盘状石核、尖状器、雕刻器、石片、断块、砾石等。石器的原料主要有石英、石英岩、硅质泥岩、砂岩、角岩等。沈阳农业大学后山遗址的发现，对于寻找沈阳地域文化的源头具有极其重要的意义，"这不仅填补了沈阳地区有确切层位的旧石器遗址的空白，还将这里人类活动的历史提前至距今约11万年，并为揭示东北亚地区古人类的迁徙、演变及文化传播交流提供了直接证据"[①]。沈阳农业大学后山遗址位于古浑河河道边的台地上，与新乐遗址的选址极其类似。此处为一处气温适宜、食物充沛的河汊子，而且处于日光充足的阳面坡上。在气候相对寒冷的东北，有利于人类御寒的环境更适合人居。因此，研究者认为，尽管"曾经生活在沈阳农大后山上的古人类究竟是迁移而来的，还是一直在这里生活有待研究，但是这里当时绝对是沈阳地区最适合人类居住的地方"[②]。

第二节　沈阳史前文化最辉煌的篇章——新乐下层文化

在约1万年前，全球范围内末次冰期结束。经历过冰期时代，可供采集的植物和可供狩猎的动物数量减少，与此同时，全球气候开始转暖，降雨也逐渐增加。在上述背景下，人类的生产方式和生活方式开始发生转变，新石器时代的历史揭开了帷幕。

新石器时代的基本特征有三，一是由使用打制石器转变为制造和使用磨制石器；二是开始制作和使用陶器；三是食物来源从依赖采集、狩猎转向农业种植、驯养家畜，越来越多的人类开始了定居的生活。随着新石器时代的开始，沈阳所在的辽宁地区，也进入了经济、社会和文化的快速发展期。

新时期时代，处于东北地区南部的辽宁地区，完成了古人类的进化，这里生活着由旧石器时代的晚期智人进化而来的新人，即完全形成的人。他们创造了进步的、并且体现出族群特色和地方特点的文化。其中最具代表性的是西辽河地区的查海文化、红山文化，下辽河地区的新乐下层文化、偏堡子文化，辽宁南部地区的小珠山文化等。其中红山文化有着高度发达的原始农业，是东北地区新石器时代社会发展鼎盛时期的重要代表。小珠山文化则因其所具有的海洋气息所形成的自身特色和区域特点，

---

① 沈阳市文物考古研究所，吉林大学边疆考古研究中心：《沈阳市农大后山旧石器时代遗址发掘简报》，《考古》，2016年第11期。

② 王臻青：《农大后山遗址带你回到11万年前的沈阳》，《辽宁日报》，2015年7月24日。

成为新石器时代东北地区文化的一个特殊类型。早于红山文化的新乐下层文化，同样有着发达的早期原始农业，"是我国新石器时代文化的重要发源地之一，与黄河流域的仰韶文化、长江流域的河姆渡文化占有同样重要的历史地位"①。同样重要的是，新乐下层文化具有强大的辐射作用，其影响遍及东北地区。从东北西部的西拉木伦河流域，到南部的辽东半岛南端，乃至吉林大安县的长新南山文化遗址、黑龙江密山兴凯湖畔的新开流文化遗址，都发现了受到新乐下层文化影响的实证。新乐下层文化，是沈阳史前文化最为辉煌的篇章。

一、新乐下层文化概况

因该文化的遗存首先发现于沈阳市北陵附近的新乐工厂职工宿舍，因而被命名为新乐文化。此处现建有新乐遗址博物馆。1973年、1978年、1980年、1982—1988年、1991—1993年、2014年，沈阳市文物考古部门多次对属于新乐文化的多处遗址进行考古发掘，均有较大收获。新乐遗址是新乐文化遗存分布最为集中的地区。遗址的总面积约17.8万平方米，中心区域约2.25万平方米，现已发现5个文化地点。根据历次考古发掘的发现和研究结论，新乐遗址中最为丰富的是属于新石器时代的新乐下层文化遗存、偏堡子文化遗存，属于青铜时代的新乐上层文化遗存也较多，还发现了战国至秦汉、辽代、清代的一些遗存。在新民、康平、法库等地，也发现了属于新乐下层文化的遗存，但数量较少。

新乐下层文化遗存的发现，对于我们认知沈阳地域文化的生成和发展过程，以及其对东北文化乃至中国文化所产生的贡献，有着极其重要的意义。首先，距今7200多年的新乐下层文化，是迄今所发现的下辽河流域年代最早的新石器时代文化，对于我们研究和认识辽河流域的原始文化，有着不可替代的价值和意义。第二，新乐下层文化所拥有的大量的文化遗存及其丰富的文化内涵，是发达、繁荣的原始文化的见证。在新乐下层文化遗址，出土了大量的石器、陶器、玉器、煤精制品、木器、骨器、赤铁矿石等，还发现了40多座半地穴式居住房址。其中石器包括磨制石器、打制石器和细石器。陶器以夹砂红褐陶为最多，制作精良，器型独特。房址分大型房址、中型房址、小型房址三类。上述发现，说明新乐人在农业、手工业生产和艺术创造上均已达到了一定的水平。第三，在现已发现的辽河流域新石器时代的文化中，新乐文化起着承上启下的作用。"故新乐文化对研究中国远古文化的起源、发展及其文明形成的历史，有着极其重要的作用。"②

---

① 佟东主编：《中国东北史》（第一卷），长春：吉林文史出版社，2006年版，第48页。
② 黎家芳：《新乐文化的科学价值和历史地位》，《中国历史博物馆馆刊》，1986年第8期，第14—15页。

二、新乐人的生产方式

除沿袭狩猎与采集等生产方式外，新石器时代的新乐人已经开始进行农业生产。在下辽河流域率先开始并不断发展原始农业，是新乐人的重要贡献之一。

从新乐下层文化遗址出土的细石器的功用来分析，我们会发现，狩猎仍然是当时的重要生产方式之一。在遗址出土的细石器中，占据比例较大的是一些用于原始狩猎活动的重要工具，如磨制而成的石镞，用于切割兽肉、切剥兽皮的石叶及刮削器等。遗址中所发现的鹿、飞禽等动物骨骼，也有力地证明了狩猎生产方式的存在。新乐人生活在河的北岸，在出土的石器中有多种形制的网坠，表明捕鱼也是他们的重要生产活动之一。在新乐下层文化遗址中，还发现了大量打制石器、碾磨石器和植物果实标本，说明新乐人沿袭着采集这种原始的生产方式。

在沿袭狩猎、捕鱼和采集等生产方式的同时，新乐人也创造了相对发达的原始农业。做出上述判断的主要依据有三：一是当时有着适宜的气候条件；二是新乐人已经能够使用相应的工具进行农业生产；三是黍等栽培作物的出现。新乐人所生活的年代，是北半球气候温和宜人的黄金时期。根据竺可桢的物候学研究成果，当时沈阳地区的年平均气温比现今高3℃—5℃，与辽宁南部地区的距今约5000—8000年前的大孤山地点前期的气候相似，雨水丰沛，气候温暖，非常适合进行农业生产。原始农业的发展，在很大程度上得益于磨制和钻孔技术的发明。早期用于农业生产的磨制石器，多要经过选料、切割、磨制等工序，并用绳索将石器绑于木棍上，便于使用；稍晚一些的石器，则增加了钻孔等工序，便于固定木柄。在新乐下层文化遗址中发现的石斧、石铲、石刀等磨制工具，属于前一种。在对新乐下层文化遗址试掘中所发现的石刀和石铲，是当时具有代表性的生产工具：石刀材质为"辉绿岩，断面为椭圆形，除顶部不磨外，余磨制光辉，弧刃，有的形体较扁"；石铲材质为"砂质板岩，一面打平，另一面利用原石面，三面修整，两面打刃，刃部较钝，可能是掘土器"[1]。在对新乐遗址进行的第二次发掘中所发现的石刀，具备初始农业生产工具的特征，"此次出土三件，其中两件残断，灰绿色页岩，初具刀形"[2]。能够制造和熟练使用上述工具，使新乐人的原始农业生产成为可能，他们可以利用这些工具完成开垦荒地、砍伐树木、翻地、除草、收割等一系列农业生产流程。在新乐下层文化遗址中发现的石磨盘、石磨棒，除可用于加工采集到的坚果之外，应该还具有对农作物进行加工的功能。原始时期的工具，很多都具有多种功用。新乐遗址出土的石磨盘达50件以上，石磨棒在70

---

① 沈阳市文物管理办公室：《沈阳新乐遗址试掘报告》，《考古学报》，1978年第4期。
② 沈阳市文物管理办公室，沈阳故宫博物院：《沈阳市新乐遗址第二次发掘报告》，《考古学报》，1985年第2期。

件以上。新乐人使用的石磨盘"大多采用花岗岩、砾岩、砂岩磨制而成，一般两面使用，形近圆角长方形或近似长方形""磨盘表面有比较光滑的磨面，绝大多数两面使用，形成两个磨面，因长期使用，磨面经过磨棒的来回推拉形成前低后高的界面"。石磨棒的石质"花岗岩居多，一个磨面的多，少数有两至三个磨面，多数是磨制半圆形长棒，两头细中间粗"[1]。在对原始文化的研究中，专家发现，用于农业生产的工具的出现，并不能充分证明原始农业的存在，"判断农业经济的出现与否，在很大程度上应以发现农田或水田、农作物的种子或碳化的谷物粮食为依据"[2]。在新乐下层文化遗址中，发现了碳化谷物，经过专家对于其成分的确认，有力地证明了原始农业的存在。根据当时的发掘报告，"碳化谷物出土在房址东南角柱附近的盆形坑里与西南地面上。东南角柱附近分布面广，堆积较厚。碳化谷物未经过研磨加工，谷壳完整，有的还可看出壳内有仁。这些碳化谷物粒大饱满，径0.15—0.2厘米。经辽宁农业科学院育种研究所鉴定与东北大葱黍近似"[3]。所谓的大葱黍，即大黄米。耐旱的黍类作物，生长期短，适合温暖的环境，不耐霜，是中国北方进行农业种植的首选对象。2003年，辽西兴隆洼文化遗址出土了碳化谷物1500粒[4]。经鉴定，这些谷物包括两种人工栽培植物，即黍（占90%）和粟（占10%）。经过中国社会科学院考古研究所进一步检测，最终认定了碳化黍粒样品的存在年代为距今7610—7670年之间。在与新乐下层文化年代相近的甘肃秦安大地湾文化、兰州青冈岔半山文化遗址中，均发现了黍的遗存。

专家认为，"辽河流域的新乐人在温和湿润的气候条件下，在肥沃的土地和丰富的植物资源条件下，已经进入了农耕、渔猎并重的母系氏族社会兴盛而稳定的定居生活"[5]。这里的农业已经发展到了一定的程度，"远远不是起源时期的农业雏形"[6]，甚至应该属于"发达期的粟作农业系统"[7]。

三、新乐人的定居生活方式

人类定居生活方式的产生，与原始农业的发展有着密切关系：人们能够依赖土地生存之后，才能够比较长久地在一个地方定居。在定居生活中，人们开始寻求建筑结构和居住模式的改变。建筑业的进步也为原始人类的定居生活和从事农牧业生产提供

---

[1] 常乐：《新乐文化石器制作工艺考察》，《福建文博》，2015年第4期。

[2] 赵宾福：《考古学的分期与石器时代的分野》，《贵州社会科学》，2009年第1期。

[3] 沈阳市文物管理办公室，沈阳故宫博物院：《沈阳新乐遗址第二次发掘报告》，《考古学报》，1985年第2期。

[4] 中国社会科学院考古所内蒙古第一工作队：《内蒙古赤峰市兴隆沟聚落遗址2002年至2003年的发掘》，《考古》，2004年第7期。

[5] 刘牧灵：《新乐遗址的古植被和古气候》，《考古》，1988年第9期。

[6] 马沙：《新乐文化的原始农业》，沈阳市文物管理办公室编：《新乐遗址学术讨论会文集》，1983年。

[7] 任式楠：《中国史前农业的发生与发展》，《学术探索》，2005年第6期。

了更为便利的条件。在新石器时代中期之前，在中国北方及长江中下游的农业村落中，房屋多为面积不大、结构相对简单的窝棚式建筑。为了更好地适应定居生活，居住在气候比较干燥的中国北方的人们开始改进建筑结构，建造半地穴式的房屋。半地穴式房屋的基本结构如下："在地面上挖一个深约半米的圆形或矩形深坑，沿四周坑壁，按一定间隔立柱，柱子之间结成栅栏，再抹上草泥，成为木骨泥墙。房子中央也埋设支撑房顶的木柱，上面结成攒尖房顶。为了出入方便，房子的一侧开设斜坡门道。室内地面往往铺抹数层不同的土，起到阻断地面的毛血管作用，具有隔潮功效，室内特定部位设置灶塘，供炊爨和取暖。"[1]

新石器时代，辽宁地区建有半地穴式建筑的聚落群，主要为距今8000年的查海聚落居住群和距今7200年的新乐聚落居住群。可以说，新乐聚落是沈阳地区最早的聚居村落。新乐聚落居住群的选址、格局，房屋的结构、设计，与当时北方其他发达的聚落居住群相比，毫不逊色。新乐聚落居住群的选址、布局，充分考虑了地理环境和是否有利于生产生活等因素。聚落群位于当时河流北侧的黄土台地上，距离河道约百米，既便于就近取水和捕鱼，也能避开水患。新乐遗址中的40余座房址，其平面多为圆角长方形或方形，主次分明，分布较均匀，排列紧凑，两座房址间的最近距离仅为2—3米。其中大型房址为三座，单体面积为90—140平方米，呈品字形排列于聚落的中心。中型房址五座，单体面积为40—70平方米。其余为小型房址，单体面积为8—40平方米。中小型房址错落分布于大型房址周围。房址的这种分布形式及其大小的差异，应该是母系氏族社会生活的反映。新乐文化与大致同期的裴李岗文化、河姆渡文化、北辛文化、磁山文化以及辽河流域的查海文化一样，处于母系氏族社会的繁荣时期。大型房址应该是氏族公用和用来集会的场所，其他房屋用于居住。

从建筑结构和技术上来看，新乐聚落群的建筑充分体现了那个时期半地穴式建筑的特点。一是有明显的斜坡式门道，门设在南面或东面。如在1980年至1982年进行的抢救性发掘中发现的房址，门道在南壁的西南角上。在1983年清理的房址中，门位于东壁的中部。二是房屋的地面一般经过烧结，坚固而平整，起到防潮的作用。在个别房址的地面上，还发现了面积较大的植物叶痕迹。据分析，"这一现象表明，当时居住在房址内的人们，是常把一些干草和树叶铺垫在潮湿的半地穴地面上的，不但可以保暖利于休息，还可以防潮"[2]。三是房屋的主体框架由木柱构成，小型房屋仅用靠壁柱支撑，大中型房屋由靠壁柱和间柱共同支撑。这种木构架，应为中国建筑的传统式大木架结构的原始类型。四是房屋内均有灶址。炉灶为凹坑式，多位于房址的中部，也

---

① 袁行霈等主编：《中华文明史》（第一卷），北京：北京大学出版社，2006年版，第40—41页。
② 周阳生：《新乐文化遗址考古发现与发掘始末》，武振凯主编：《新乐文化论文集》，沈阳新乐遗址博物馆，2000年。

有少量为位于坑壁附近的边灶。其类型包括单灶、双连灶、多灶等。

四、新乐人的精神世界

随着母系氏族社会的发展，文明的曙光已经开始降临到沈阳的大地，在生产活动日益丰富和劳动经验不断积累的基础上，原始艺术开始萌芽。处于萌芽时期的原始艺术的最大特点，是艺术还没有从各种实用器物和附属装饰中完全分离出来，但是其中凝聚着人们的精神创造和对美的感受、对美的追求。在对实用器物的设计、制造与装饰中，体现着人们对美的初步感知和初步实践。在那些附着于器物的彩绘与花纹中，渗透着原始人对绘画艺术的初步认识与创造。对于新乐人来说，他们所创造的原始艺术所承载的审美观念，是精神世界的重要组成部分。

中国的史前艺术，成就最高者当数造型艺术，其中最精彩之处，集中体现于陶器、玉器等的造型和图案、纹饰上。洪再新在《中国美术史》中做出如下判断："中国远古先民的艺术创造力，集中地体现在新石器时代的陶器和玉石器上，把器物造型和图案艺术推向了高峰。"[①]雕塑是造型艺术中一种重要的类型，即使用各种可雕、可刻的材料（如石、砖、木、竹、玉、冰、核、贝等）与可塑的材料（土、石膏、面等）创造的具有空间感的、立体的艺术形象。中国雕塑艺术经历了漫长而辉煌的发展历程，史前时期最具代表性的艺术品是陶器、玉器等。新乐人在陶塑、玉雕、木雕等造型艺术上所取得的成就，代表着沈阳这一时期艺术创造的最高水平。

新乐下层文化中的造型艺术成果，主要体现在陶器、木雕、煤精制品、玉器等器物上。"木雕鸟、煤精制品及玉器制作，都彰显了新乐人具有相当高的文化艺术水准与娴熟的工艺技能，说明此时的新乐文化已进入了一个崭新的繁荣阶段；还说明新乐人不仅有了稳定的物质生活，还有丰富多彩的精神生活。"[②]陶器是以黏土为原料烧制而成的器皿，制作陶器是原始人类的一种伟大创造。陶器也是新石器时代人们的重要生活用具，主要包括炊具、饮食器、储藏器等。中国是世界上最早制作陶器的国家之一：在约1万年前，能够制作简单、无装饰的泥质陶器；新石器时代，先后出现了彩陶和黑陶；新乐下层文化时期，开始了定居生活的新乐人掌握了一定的制作陶器的技术，陶器是他们使用较多的日用品。从出土情况看，新乐人使用的陶器多为夹砂红陶、夹砂褐陶，泥质陶较少。相对来说，陶器的形制比较简单，深腹罐占90%以上，最有特点的是簸箕形斜口器，但数量较少，还有少量的钵、碗和动物形陶塑等。深腹罐造型古朴，内外壁光滑细腻，体现了一定的审美意识。簸箕形斜口器，在辽宁乃至东北的其他新石器文化中少有发现。专家分析，这种斜口器是新乐人基于现实的需要而进行创

① 洪再新：《中国美术史》，杭州：中国美术学院出版社，2013年版，第25页。
② 顾奎相主编：《沈阳文化史》（古代卷），沈阳：沈阳出版社，2014年版，第42页。

造的产物。研究表明，斜口器应一器多用，既用于保留火种，也可用于撮取灰烬等。在纹饰上，新乐下层文化中的陶器多施"之"字纹，其次为弦纹，也有少量的"之"字纹加弦纹、三角划纹、篮纹、蓖点纹等。"之"字纹是一种具有代表性的文化现象，郑绍宗认为："压印'之'字纹陶和断点连弧蓖纹陶是北方文化系统的代表。"[1]苏秉琦认为："中国文明起源从氏族到国家，在中原地区主要看仰韶文化的彩陶，在北方就是看'之'字形纹陶器的演变。"[2]东北地区的"之"字纹陶器最早发现于辽西地区，"主要分布于辽河、大凌河流域、辽东半岛及第二松花江流域和松嫩平原地区"[3]。新乐文化陶器的"之"字纹，主要为"竖压横带"弧线压印"之"字纹，压印方法有别于轮转式的模印，"估计是用一种有弧度的骨片，右手执具，内弧向左，以上下两头为支点，交互移动，就形成连续的纵行横向'之'字纹带。这样虽然花纹疏密不等，但各纹带的宽窄是一致的"[4]。新乐文化中以"之"字纹饰为特征的各种陶器，见证了当时沈阳文明的发达程度。

新乐下层文化遗址出土的鸟形木雕，是代表新乐人雕塑水平的一件优秀艺术品。根据《沈阳新乐遗址第二次发掘报告》，该木雕品为浮雕，造型如鸟，"出土时折为三段，并列在一处，局部残缺。根据纹饰与木理推测复原，通长40厘米、残宽4.5厘米。扁平，两面纹饰基本相同。部分镂空，一面保存完好，一面较差"[5]。关于鸟形木雕的用途，专家们的认识不一，有权杖说、供奉物说和发簪说等多种说法。本书倾向于发簪说，即其为氏族中地位显赫之人所戴之发簪。从形制和纹饰上来看，这件木雕艺术品是原始图腾崇拜的产物。鸟形木雕"通体造型图案化，刀法娴熟，刚劲细腻，构图紧密，线条流畅，双面纹饰相同，阴刻、浮雕、镂刻技法展示于一身"[6]，堪称国内早期木雕艺术品中的杰作。与鸟形木雕同时出土的一件利用植物藤缠绕成螺旋形的木雕饰品，虽造型简单，但也很有装饰意味。

新乐下层文化遗址出土的煤精制品，包括耳珰形、圆泡形、圆珠形等多种形制。这些煤精制品琢磨光亮，造型独特，是我国利用煤炭制作艺术品的最早的例证。新乐下层文化遗址出土的玉串珠，是史前时期穿孔玉器中的精品。辽宁地区史前的玉器，在选料、制作和器物造型等方面，均达到了相当的高度。在加工玉器时，新乐人"已

---

① 郑绍宗：《河北考古发现研究与展望》，《文物春秋》，1992年增刊。

② 苏秉琦：《文明发端 玉龙故乡——谈查海遗址》，《华人·龙的传人·中国人——考古寻根记》，沈阳：辽宁大学出版社，1994年版，第169页。

③ 都兴智：《关于之字纹陶器的几个问题》，《北方文物》，2006年第4期。

④ 沈阳市文物管理办公室：《沈阳新乐遗址试掘报告》，《考古学报》，1978年第4期。

⑤ 沈阳市文物管理办公室，沈阳故宫博物院：《沈阳新乐遗址第二次发掘报告》，《考古学报》，1985年第2期。

⑥ 周阳生：《新乐遗址出土的史前木雕品研究》，《中国历史文物》，2009年第4期。

经掌握了'管钻'技法，是较为先进的一种钻孔技术"①。

新乐人有着较强的图腾崇拜意识与一定的占卜习惯。中国古代北方少数民族，经历了自然崇拜、神灵崇拜和图腾崇拜阶段，也经历了祖先崇拜阶段。鸟形木雕等的存在，意味着新乐人的原始崇拜处于图腾崇拜的阶段。因为"这件木雕品的造型、纹饰完全有可能是他们氏族部落图腾的象征，而直接反映在发簪上"②。新乐下层文化遗址出土的三种玲珑剔透的煤精制品，有人认为是饰品，也有人认为其与新乐人的占卜习惯有关③。先民以占卜的方式推测天意的行为，源于人们对天的信仰。

五、与新乐下层文化前后辉映的偏堡子文化等

偏堡子文化，因早年发现于新民张家屯乡偏堡子而得名。后来发现的大致属于同一时期的文化遗存，分布于铁西区肇工街、新乐、新民高台山（高台山第一期、第二期文化层属于新石器时代）、康平张家窝堡和赵家店馒头山、法库黑下山等多个地点。据研究，偏堡子文化的年代应为距今5000—4400年。偏堡子文化是继新乐下层文化之后在沈阳区域内出现的又一发达的新石器文化，"两者各具特色，前后辉映"④。

在偏堡子文化遗址中，发现了大量的磨制石器、细石器、陶器等。偏堡子文化存在的时间并不长，但其在沈阳早期文化史上有着重要地位。首先，根据近年的研究，偏堡子文化与新乐文化没有直接的继承关系。它是融汇了多种文化精华而形成的一支文化，"应是在辽南地区以竖向条形堆纹陶器为特征的偏堡子文化早期因素基础上，融合辽东山地刻划纹陶器文化因素发展而来"⑤。偏堡子文化的存在，极大地增强了新石器时代沈阳文化的丰富性。第二，从现有的情况来看，偏堡子文化已较新乐下层文化有了一定的进步。如偏堡子文化中的陶器，制作技术更为先进，文化内涵更为丰富。陶器以夹砂红陶、褐陶为主，陶胎中有滑石和云母颗粒。烧制陶器的火候较高，器壁薄，造型规整。器形较新乐下层文化有较大变化，有叠唇罐、筒形罐和壶，还发现有少量的钵和盆等。偏堡子文化中的陶器的纹饰更为丰富，"叠唇罐的外叠唇面常饰有刻划斜线纹或齿状纹，有的沿下饰三周锥刺圆窝纹，腹部一般饰有贴附或捏挤而成的竖向和蛇形泥条堆纹，有的在堆纹之间填刻划斜线纹，也有腹部仅饰刻划斜线纹者。筒形罐除个别在沿下贴附一周绳索状附加堆纹外，一般在腹部饰贴附或捏挤的竖向泥条堆纹，或刻划几何纹。陶壶多呈长颈椭圆腹的橄榄形，颈部和下腹各饰一周绳索状附

① 刘艳华，刘翠红：《沈阳新乐遗址古环境与社会经济研究》，西安半坡博物馆，河姆渡遗址博物馆编：《史前研究》，宁波：宁波出版社，2010年版。

② 周阳生：《新乐遗址出土的史前木雕品研究》，《中国历史文物》，2009年第4期。

③ 王菊耳：《新乐文化遗址出土煤精制品试析》，《辽宁文物》，1984年，总第6期。

④ 沈阳市文史研究馆：《沈阳地域文化通览》，沈阳：沈阳出版社，2013年版，第30页。

⑤ 朱永刚，郑钧夫：《下辽河流域新石器文化的区域特征及其相关问题》，《辽宁大学学报》（哲学社会科学版），2015年第1期。

加堆纹，其间饰内填短斜线的刻划几何纹，纹样有三角形、己字形、回字形和方格形等"①。可以说，"偏堡子文化的陶器无论在器类还是纹饰都已较新乐文化为进步"②。

在此需要提及的是，在沈阳境内的康平、法库等地，还发现了新石器时代的红山文化遗存。具体分布在康平县敖力营子、李家北坨子、刘家店后岗、修家窝堡砂场、南坨子、四家子、白沙沟，法库县李贝堡、王家店、羊泉、叶茂台等地。上述发现充分证明，在这一时期，沈阳地域文化曾与辽西地区的先进文化同步发展。

第三节　沈阳史前文明的演进——青铜时代前期创造的文化

一、青铜文化遗存及其重要特征

公元前21世纪，辽宁在东北率先跨入了金属文明时期——青铜时代。夏王朝时期，辽宁地区与中原地区的政治、文化、经济联系不断加强，逐步发展为中原王朝管辖疆域的一部分。辽宁地域文化在相互交流与自我发展中经历了几乎与中原同步的演进过程，创造了同样绚丽多姿的青铜文明。

从时间上看，沈阳进入青铜时代晚于辽西地区；从所创造的文化成果上看，沈阳的青铜文化没有中原地区、辽西地区等发达。但青铜时代早期的沈阳，同样以进步的姿态完成了区域文明的演进，实现了社会的全面发展，贡献了内涵丰富、特色鲜明的地域文化成果。

夏商时期沈阳的青铜文化成果，主要体现在高台山、新乐上层、顺山屯、湾柳、老虎冲等五种文化遗存中。

高台山文化发现于20世纪70年代初，定名于20世纪80年代末，因最早发现于新民市高台山而得名。高台山文化第三期、第四期属于青铜文化层。高台山文化主要分布于以辽河支流柳河流域为中心的地区。根据发掘者之一曲瑞奇的研究，高台山文化中的青铜文化层的特征如下："以素面红陶壶、高足钵及板状石斧、半月形石刀、犁形棍棒头为代表，典型器物有鼎、鬲、鬲等三足器，石础状纺轮，敛口钵、壶形罐等；器多磨光，有的施红陶衣，桥耳、瘤耳普遍，纹饰较少，仅有蓖点纹、细状纹及附加堆纹；墓葬分区，均单人土坑墓，突出特点是一壶一高足钵套合在一起。"③朱永刚概括

① 朱永刚，郑钧夫：《下辽河流域新石器文化的区域特征及其相关问题》，《辽宁大学学报》（哲学社会科学版），2015年第1期。
② 郭大顺，张兴德：《东北文化与幽燕文明》，南京：江苏教育出版社，2005年版，第223页。
③ 曲瑞琦：《沈阳地区新石器时代的考古学文化》，《辽宁省考古、博物馆学会成立大会会刊》，沈阳，1981年。

的该文化的特征为："一是由钵（碗）、壶套合随葬的长方形单人土坑墓和独立于居址以外按一定形式规划的墓区；以直腹鋬耳鬲、弧腹竖桥耳鬲和连体甗为代表，以夹砂红陶抹斜口沿和发达的器耳为特征的陶器群；较发达的农作生产工具和颇具特点的器形和种类，以及反映初级金属铸造技术的小件青铜制品；使用土坯为建筑材料的圆形地面居住址。"[①]

新乐上层文化，大致年代在商代晚期或商周之际，发现于1973年。新乐上层文化共有40多处遗址，主要分布在浑河、辽河水系内，范围较广。新乐上层文化的器物以磨制石器和素面陶器为主，粗砂红褐陶三足器是陶器中的代表器物。器形主要有鼎、甗和罐、碗、钵、壶、豆等。瘤状、桥状器耳较多。石器包括磨制较精细的石斧、石刀、石镞、圆形棍棒头、石磨棒、磨石石杵、石锤等。21世纪后，考古人员发现了属于新乐上层文化的环壕聚落址和房址。发达的三足器和先进的环壕聚落址，是新乐上层文化最为突出的成就和特征。

顺山屯文化类型，年代为距今约3300年，因1988年首先发现于康平县顺山屯而得名。因顺山屯文化的归属尚有较大争议，故本书称之为顺山屯文化类型。该文化类型的遗址主要分布在康平县、法库县境内。顺山屯文化类型的突出之处，是已经有了特色鲜明的墓葬文化和占卜文化，有着器耳发达的三足陶器。顺山屯文化类型中的房址为圆角方形半地穴式，墓地为土坑竖穴式。发现了用于占卜的骨头。陶器以夹砂红陶和灰褐陶为主，素面，但器耳异常发达。典型器物有鬲、罐、鼎、钵、甗等。少量器物经过轮制修整而成。石器有石斧、石锛、半月形双孔石刀、馒头形石纺轮等。

湾柳文化遗存，大致年代在商周之际，因1979年发现于法库县丁家房乡湾柳街村而得名。湾柳文化的墓葬为长方形土坑竖穴墓。陶器以夹砂红陶、红褐陶为主，多为素面，纹饰以附加堆纹、压印刺点纹居多，器型多为鬲、鼎、甗、罐、钵、碗等，在个别陶器上能够见到轮制的痕迹。湾柳文化的突出特点，是发现了鹿首刀、铃首刀、环首刀、青铜钺、管銎、铜镜等北方系青铜器。

老虎冲文化遗存，大致年代为距今约3000年，因1978年发掘于苏家屯区陈相屯镇一个俗称老虎冲的地方而得名。出土的器物有陶器、木制镰刀等。陶器以夹砂黑陶、夹砂灰褐陶为主，也有部分夹砂红褐陶，有壶、罐、鼎、甗、纺轮等。壶、罐等的颈部多呈弯曲状，平底，腹略垂，有上耸的横桥耳。

二、本时期的文化创造与社会的进步

首先，青铜时代前期石器、陶器的发展和具有地方特点的青铜器的出现，是沈阳

[①] 朱永刚：《论高台山文化及其与辽西青铜文化的关系》，《中国考古学会第八次年会论文集》，北京：文物出版社，1996年版。

地区社会进步的重要标志。

这一时期所发现的石器,较新石器时代有很大的发展:数量多,种类多,制作更为精良。常见的工具有石斧、石锛、石刀、石铲、石镐、石镰、石磨棒、石磨盘、石杵、石臼等。其中石斧有板状长方形、板状梯形、钺形、圆柱状等多种形制;石刀有新月形、半月形、长方形、铲形等形制。石刀等工具多有孔,能够固定在木柄上,便于使用。石器的种类多,能够适应农业生产各种工序的需要,形制多样,制作精良,能够在一定程度上提高劳动效率。

青铜时代前期沈阳地区的陶器,虽然与国内发达的青铜文化中的陶器相比尚有差距,但较自身有了很大的进步,并且体现出一定的特色。这一时期,陶器的种类增多,多为日常生活用品,三足器尤为兴盛,也出现了少量的明器。陶器器耳发达,器足多样,纹饰丰富,在一定程度上反映了制陶技术的进步。多用作炊具的三足器的兴盛,证明沈阳地区的生活方式已经发生了变化。这种蒸煮工具是先民长期定居生活的产物,与发达的农耕生产和粟作植物的增多有着密切的关系。食物由以烧烤为主转为以蒸煮为主,是沈阳人饮食方式的重大变化。这一变化对区域文化的发展与演变产生了重要的影响。特别值得一提的是,在沈阳青铜时代早期遗存中,发现了大量的陶制纺轮,多为夹砂陶纺轮,形制丰富多样。也有少量的石制纺轮。尽管至今未发现纺织品实物标本,但大量使用纺轮,足以说明沈阳的纺织手工业已经有了一定的发展[1]。

沈阳青铜时代前期发展的成果,还体现于创造了具有地方特色的青铜器。青铜器的起源和早期的发展,与石器、陶器的关系极其密切。先民在打制石器的过程中,发现其中的某种矿石的特性与众不同,柔韧性强,不易破裂。于是开始尝试对这种矿石加以利用,但最初只是进行原始性制作,将矿石做成工具。陶器时代,人们通过对火的使用和火温的控制,发现了这种矿石中铜的熔解特性,逐渐开始摸索对铜进行冶炼。后通过对陶器造型、纹饰的模仿,开始利用泥范、陶范制造青铜器。目前沈阳地区发现的夏商时期的青铜器约为20件,主要来源于湾柳遗址、新乐遗址、辽中白家村后岗遗址等,有部分采集自新民大红旗。青铜器均为小件,包括铃首刀、鹿首刀、环首刀、穿孔首刀、直銎斧、管銎斧、板状斧、青铜钺、青铜镜等小型工具、武器、饰品。这些青铜器虽器形较小,但工艺较复杂,制作也堪称精良。如带銎的器具本身就有一定的复杂性,鹿首刀的制作需要较高的铸造技术。在法库湾柳遗址发现的3件陶范,证明当时沈阳已经具备了制造青铜器的场所和能力。

第二,青铜时代前期沈阳地区房屋营造技术的进步和聚落形式的转变,也证明当时人们的生活水平得到了提升,社会得到了发展。

---

① 张树范主编:《沈阳通史》(古代卷),沈阳:沈阳出版社,2014年版,第51页。

在属于新乐上层文化的千松园遗址和郝心台遗址，发现了比较先进的环壕聚落。在千松园遗址的半地穴式房址周围，建有具有防御功能的壕沟。在郝心台遗址居住址，不但建有壕沟，还以纵横的壕沟将聚落分成若干个小居住区。这种划分显然是一种进步。在属于高台山文化的彰武平安堡遗址，发现了圆形地面式房址。虽然目前在沈阳地域内尚未发现青铜时代前期的地面式建筑遗迹，"但在平安堡遗址发现的地面式房址证明高台山文化的居民已经掌握了建造地面房屋的技术，并且有能力建造这样的房屋，因此，沈阳地域夏商时期的居民已存在居住地面房屋的可能"[1]。

第三，青铜时代前期沈阳地区造型与装饰艺术的发展，见证了人们的精神世界在不断走向丰富。

这种发展主要体现在对陶器、青铜器等器物的设计与制作上。这一时期的陶器形制增多，对于器耳、器足的设计可谓别出心裁，并善于使用多种纹饰，体现了设计者与制作者的创造能力和特定的审美追求。青铜器的造型突出了简约质朴的风格，在装饰上能够实现多种纹饰的组合，并注重细部的刻画，增加了作品的写实性与生动性。

第四节　大放异彩的青铜短剑部落文明

青铜时代后期，继中原地区之后，东北南部的不同区域先后完成了由氏族制社会向阶级社会的转变。大约在春秋末期和战国初期，沈阳地区从无阶级的氏族社会发展到了存在阶级的早期文明社会，出现了以青铜短剑部落为代表的青铜时代的文明，这也是沈阳早期文化发展的又一个繁荣期。

一、郑家洼子遗址与辽宁式曲刃青铜短剑文化

郑家洼子遗址的相关文化遗存，是沈阳青铜时代晚期最为重要的考古发现。此处现建有郑家洼子青铜短剑墓陈列馆。郑家洼子位于沈阳市西南部，东距沈阳站约5公里，南距浑河3公里，地势低洼，多沼泽，故名"洼子"。1958年，在郑家洼子北边（第一地点）发现了27件青铜器，包括青铜短剑。1962年，在第一地点以南500米处（第二地点）又发现了一柄青铜短剑。1965年，在第二地点西南500米处（第三地点），发掘出14座同类型的墓葬[2]。其中6512号墓中的随葬品最为丰富，包括铜、陶、

---

① 沈阳市文史研究馆：《沈阳地域文化通览》，沈阳：沈阳出版社，2013年版，第47页。
② 沈阳故宫博物院，沈阳市文物管理办公室：《沈阳郑家洼子的两座青铜时代墓葬》，《考古学报》，1975年第1期。

石、骨器共42种797件，铜器数量最大①。从文化层的沉积叠压关系以及遗物的面貌分析，该墓地年代为公元前6世纪—前5世纪，即春秋末期到战国初期。除郑家洼子遗址外，大致同时期的沈阳青铜文化遗址还有于洪区马贝墓、沈河区热闹路青铜短剑墓、于洪区章义站遗址、新民市公主屯后山房址、法库县大孤家镇石砬子遗址等。

郑家洼子遗址的发现，充分表明青铜时代晚期的沈阳地区，已经进入了新的文明阶段。从郑家洼子遗址第三地点的14个墓葬的规模、随葬品的数量及其珍贵、精美程度，能够看出当时已经出现了明显的阶级分化。该遗址的14座墓葬明显分成三类，第一类是规模最大的6512号墓，墓长5米，宽3米，有棺椁，墓主为一老年男性。墓中随葬品众多，仅青铜短剑等贵重的青铜器就达700多件。从贵重的随葬品和墓内华丽的装饰来看，墓主显然属于显贵阶层。第二类是659号墓，长1.75米，宽0.5米，无葬具，墓主也是一老年男性。随葬品为一牛腿、一陶壶、一骨环、一骨剑。第三类为密集的土坑墓，墓内基本无随葬品。这种分区安葬、墓葬形制区分明显、随葬物品相差悬殊的情况，在一定程度上证明了当时沈阳地区的发展，已经进入了存在明显阶级分化的部落文明阶段。

这一时期，沈阳地域文化发展的最重要成果是青铜器的发展，最具代表性的器物是辽宁式曲刃青铜短剑。青铜短剑是中国北方地区古代流行的短兵器，是具有地域和民族特点的代表性青铜器物之一。它分布在南起河北、北至吉林、西起内蒙古和山西、东到辽东半岛的广大区域。在距今2200—3000年的历史时期内，出现了以辽东半岛为中心、向周边延伸的辽宁式曲刃青铜短剑文化。这一时期出现的曲刃青铜短剑可分为短颈式、銎柄式和匕首式三种，后两种类型流行于西拉木伦河和老哈河流域，短颈式曲刃青铜短剑集中地分布在辽宁境内，特别是辽东半岛一带，因此被命名为辽宁式曲刃青铜短剑。考古发现表明，辽宁式曲刃青铜短剑文化的起源与高台山文化、马城子文化、羊头洼文化有着密切关系。到了双房类型时，青铜短剑的形制基本形成，后逐渐走向成熟。该文化向北发展进入辽河平原，出现了沈阳郑家洼子曲刃青铜短剑。随之，辽宁式青铜短剑文化分别向西到达辽西的大凌河流域，向东发展到朝鲜半岛。目前在辽宁境内发现青铜短剑的典型遗址还有旅顺牧城驿、海城大屯、辽阳的亮甲山和二道河子、抚顺的大甲邦及清原的门脸子和土口子、葫芦岛的乌金塘和寺儿堡、朝阳的十二台子、凌源的三官甸子等多处。

沈阳郑家洼子遗址等出土的青铜曲刃短剑，是沈阳早期地域文化发展到一定阶段的产物，是辽宁式曲刃青铜短剑的重要代表之一。在郑家洼子遗址6512号墓中发现的3柄曲刃青铜短剑和多钮铜镜等，也反映了辽宁式曲刃青铜短剑文化的基本内涵。3柄短剑的形制、大小基本相同。其中两柄安置在剑椟内，均带有木鞘。一柄佩戴在墓主

---

① 沈阳市文物管理办公室：《沈阳市文物志》，沈阳：沈阳出版社，1993年版，第69页。

人腰部。主人腰部的短剑通长32.9厘米,宽5厘米。剑体短小,呈琵琶形,有别于中原地区的直锋长剑,两侧刃呈弯曲状。剑"中间起脊,断面呈六棱形,双刃锋利,靠肩部有血槽,短柄。与剑相配的有丁字形剑柄,上附赤铁矿石质的加重器。剑身外有木质剑鞘,峭端镶铜剑镖,镖上铸有三角勾连纹,上有一个穿孔,用铜钉以固木鞘"[1]。郑家洼子类型的青铜短剑属于青铜短剑墓第三期。以曲刃青铜短剑为代表的郑家洼子遗址的青铜器,反映了当时青铜铸造业的发达程度,也代表了以沈阳为中心的辽河平原青铜文化发展的最高水平[2]。

同样重要的是,从郑家洼子遗址的情况,能够看出沈阳青铜时代晚期文化的基本形态和重要特征。当时沈阳的地域文化延续着与周边文化频繁交流的态势,应该兼具土著文化与燕文化的元素。郑家洼子6512号墓的墓主,应为部落的显贵和王者,他既是一个武士兼巫史的形象,又带有狩猎者风格。从使用木棺椁的情况看,该文化的上层人物多受中原燕文化的影响,在一定程度上接纳了燕文化[3]。由此也可证明,当时的沈阳文化,已经具有了较强的开放性和融合性特征。

二、本时期的其他文化成果及社会发展情况

本时期,沈阳地区的畜牧业、手工业等同样得到了发展,人们在审美创造上也取得了一定的进步。

从郑家洼子第659号墓、6512号墓发现的牛腿骨,我们可以看出牛的养殖在当时已经比较普遍。6512号墓葬出土的多种马具,也说明当时非常重视对马的饲养。可以说,畜牧业与农业已经成为当地的重要产业。

手工业上,在青铜铸造技术达到了较高的水平的同时,纺织业也有了一定的进步。郑家洼子6512号墓出土的青铜剑"剑茎上残留有麻丝痕,直接固定在剑把内"。铜镜的"镜面上均有织物痕,最厚处积叠达六层。织物为平织,每平方厘米有经纬线各九条。镜形饰的附近还发现有每平方厘米经纬线各五条的粗织物,以及每平方厘米经纬线各十五条的细织物痕迹。在这些织物痕中,还发现有绳索"[4]。由此可以推断,当时沈阳地区的纺织业已经比较发达,能够加工出有粗细之分的织物。纺织业的发展能够在很大程度上改善人们的生活条件[5]。

这一时期人们审美意识的提高,仍然主要体现在对造型与装饰艺术的创造上。陶

---

① 沈阳市文物管理办公室:《沈阳市文物志》,沈阳:沈阳出版社,1993年版,第239页。
② 郭大顺:《辽宁文化通史》(先秦卷),大连:大连理工大学出版社,2009年版,第252页。
③ 陈平:《北方幽燕文化研究》,北京:群言出版社,2006年版,第472页。
④ 沈阳故宫博物院,沈阳市文物管理办公室:《沈阳郑家洼子的两座青铜时代墓葬》,《考古学报》,1975年第1期。
⑤ 沈阳市文史研究馆:《沈阳地域文化通览》,沈阳:沈阳出版社,2013年版,第57页。

器在器耳、纹饰上均有一定的变化，并且出现了形制复杂的陶蛙。出土于郑家洼子遗址的陶蛙工艺制作非常精细，塑造出的形象异常生动。青铜短剑的造型与纹饰等均体现出鲜明的地方风格，造型堪称独特，纹饰也比较考究。其他铜器也很有特点，如马具中的蛇形铜镳、虾形节约等，造型别出心裁，形象生动有趣。此外，郑家洼子遗址等还发现了石串珠、玛瑙珠、翠坠等精美的饰品。

第二章　沈阳地域文化的奠基

　　战国中期后，周王朝在北方的重要封国燕逐渐强大。燕成为"战国七雄"之一后，开始北进并积极向东拓展疆域，由此揭开了中原文化遍染辽宁大地的序幕。公元前221年，秦结束了诸侯争霸的局面，建立了中国历史上第一个中央集权的封建王朝。秦的统治虽然短暂，但它在承袭燕制的基础上，通过更加有效的控制和管理，使中原文化对辽宁的影响进一步增强。两汉时期，在确立汉王朝在辽宁地区统治地位的过程中，发展了郡县制，并将当地多个少数民族纳入汉政权的直接统治，极大地强化了汉文化的覆盖率和影响力。燕秦汉文化的持续北进，深刻地影响了沈阳的文化生态，沈阳地域文化的汉文化底色也由此而生成。燕秦汉时期，沈阳地域文化发展的最重要成果，是燕置候城。作为沈阳城市建设、发展源头的候城，是具有标志性意义的文化符号，并承载着丰富的文化内涵。候城文化，也是沈阳城市文明的起点。

　　汉灭亡后的三国时期，公孙氏政权割据辽东半个世纪之久（189—238年）。在此期间，曹魏、蜀汉、孙吴政权之间的角逐波及北方，曹魏和孙吴均曾染指辽东。后乌丸、鲜卑等少数民族归附曹魏。238年，魏军攻克襄平城（今辽阳），公孙氏政权覆灭，魏将东北正式纳入其版图。西晋建立后，继续对辽宁进行有效统治。这一时期，辽宁地区的汉族人口开始减少，内迁的乌桓人和东部鲜卑的宇文、段部、慕容部人口增多，形成了多民族、多族群杂居的复杂局面。晋室南渡后，已逐渐强大的慕容鲜卑开始脱离其控制，鲜卑人与鲜卑化的汉人以辽西为中心，先后建立了前燕、后燕、北燕等政权，统治东北部分地区。其间，前秦灭前燕后，短暂统治过辽宁地区。436年，由拓跋鲜卑建立的北魏灭亡北燕，在此后的140多年间，辽宁境内的大部分地区先后经历了北魏、东魏、北齐和北周的统治。自东汉初年起，高句丽政权开始逐渐走向强大，并把自己的势力范围一度拓展到辽宁东部和辽南地区。高句丽政权对曹魏时叛时附，与东吴暗中来往，也曾一度依附公孙氏政权，后又与慕容鲜卑在辽东展开争夺。公元404年，高句丽战胜控制辽东的后燕慕容氏，开始称雄辽东，直至668年，唐灭高句丽。

隋结束了南北分裂的局面后，设立了管理辽宁地区的最高军政机构——营州总管府，目的是怀抚靺鞨、契丹等，防御高句丽。辽宁东部地区长期为高句丽所控制，隋三次征战高句丽，均劳而无功，所以，隋的有效控制范围仅为辽西郡及周边地区。唐初，改营州总管府为营州都督府。唐开元年间，在营州柳城置平卢军使，后升为平卢军节度使。平卢军节度使经略河北支度，管内诸藩及营田等使，并兼领安东都护及营、燕、辽等三州，后来又兼任奚、契丹、渤海、黑水四都督府经略处置使，是唐代东北地区的最高军政长官。经过唐太宗、唐高宗两代的努力，灭亡了高句丽政权，并设立了安东都护府。自此，唐在东北地区的统治得到了空前强化。

在汉末至唐代的近700年间，沈阳先后经历了公孙氏政权的统治，晋置玄菟郡的管辖，高句丽"城邑制度"的统辖，鲜卑政权的短暂统治，唐盖牟州的管辖和治理等。这一时期的政治格局、文化面貌极其复杂，但总体来看，沈阳呈现出以汉郡文化为主体，儒家文化不断得到传播和高句丽文化、"三燕"文化等多民族文化不断融汇的地域文化形态。

第一节　燕秦汉文化的传播与沈阳文化底色的生成

一、燕对辽宁的统治及其文化的北进、东传

燕国之名源于燕山，周"封召公于北燕"[1]，因召公一直未去燕地，燕侯是燕的第一位统治者。早期燕的管辖区域大致在河北易水到辽西大凌河流域一带。前期的燕比较弱小，但又居于北方藩屏的地位。燕在周王朝内担负着繁重而复杂的职责，除管理境内事务外，还要代表周王朝管理辽西地区的孤竹、令支等属国、部落。在军事上，燕既要防御北方少数族群山戎、东胡、秽、貊等的侵扰，也要抗击其他诸侯国的进犯，"北迫蛮貊，南措齐晋，崎岖强国之间"[2]，一度自顾不暇。因此，在燕建国后的很长时期内，对辽宁的影响仅及辽西地区。

燕昭王时，通过一系列的变法与改革，燕的国力逐渐走向强盛。继齐伐山戎之后，燕昭王北上进击东胡，在取得胜利后，将辽宁的大部分地区纳入了燕的统治。山戎是分布在北方的戎族的一支，包括许多大小不等的氏族部落群体，长期生活在大凌

---

①［西汉］司马迁：《史记》（三），上海：上海古籍出版社，2011年版，第1245页。
②［西汉］司马迁：《史记》（三），上海：上海古籍出版社，2011年版，第1254页。

河流域。在山戎活动区域发现的大量青铜文化遗存和史料记载表明，他们有着发达的农业和比较成熟的手工业。公元前7世纪，齐击败燕北山戎后，北部的山戎又陆续南下，因其居住在匈奴东，故被称为东胡，"山戎、东胡实为一族，时代不同，名称遂异"①。东胡强大时，其势力到达了今天的朝阳、葫芦岛一带，并不断袭扰燕、赵两国。公元前284年，燕昭王召回了长期在东胡做人质的大将秦开，起兵大举进攻东胡。因燕军力强盛，秦开熟悉东胡军情和地理环境，很快大获全胜，"东胡却千余里"②。

燕击东胡，打通了进入东北的通道，并完全控制了辽宁地区，使其政治版图得到极大的拓展。对于沈阳、辽宁乃至东北来说，燕国政治势力的进入，改变了区域的历史发展进程，使区域的社会、经济、文化得到了更为迅速的发展。燕进入辽宁腹地后，在行政管理和军事防御上采取了两项重大举措，一是设立了与辽宁地区有关的三郡，加快了区域的封建化进程，有效地推动了区域开发和文化传播。燕"置上谷、渔阳、右北平、辽西、辽东郡以拒胡"③。今辽西地区分别在右北平郡、辽西郡管辖范围内。辽东地区及朝鲜半岛北部，由辽东郡统辖。第二个举措是修筑燕北长城。据《史记》记载，"燕亦筑长城，自造阳至襄平"④，即由今河北怀来到今辽宁辽阳。但根据近年的考古发掘和研究，燕北长城应"西起（今内蒙古）兴和，东经沽源、多伦、丰宁、围场、喀喇沁、赤峰、建平、敖汉、奈曼、库伦、阜新、彰武、法库、抚顺、本溪、宽甸，止于（朝鲜半岛北部的）龙冈"⑤。燕北长城以内的区域，应为当时燕的实际控制区。

燕不断向辽宁境内拓展的过程，也是燕文化北进与东传的过程。燕文化是春秋时期中原文化北进时所形成的文化，形成于中国中心文化向外扩张时期，是在整个华夏文明中具有元地位的文化，其本身就是融中原文化与北方文化为一体而创造的文化。燕文化在辽宁的传播，既带来了中原文化的因子，极大地改变了地域文化形态，在此过程中，也使燕文化得到了丰富和发展。因燕早期的势力范围已经到达了辽西地区，可以说，那个时期的辽西文化也是燕文化的重要组成部分。燕国早期的文化也在不同程度上影响到了辽东地区，如在上一章所介绍的郑家洼子青铜短剑墓的文化遗存中，能够看出燕文化影响的痕迹。在燕设立与辽宁有关的三郡和修筑燕北长城后，逐渐确立了燕文化的地位。近年在燕北长城沿线及邻近区域发现的"燕刀币""燕王职戈""燕王喜矛"和众多古城址、墓葬群等⑥，都能见证燕文化对辽宁的影响。

---

① 佟冬主编：《中国东北史》（第一卷），长春：吉林文史出版社，2006年版，第161页。
② ［西汉］司马迁：《史记》（四），上海：上海古籍出版社，2011年版，第2187页。
③ ［西汉］司马迁：《史记》（四），上海：上海古籍出版社，2011年版，第2187—2188页。
④ ［西汉］司马迁：《史记》（四），上海：上海古籍出版社，2011年版，第2187页。
⑤ 佟冬主编：《中国东北史》（第一卷），长春：吉林文史出版社，2006年版，第237页。
⑥ 王绵厚：《辽东地区燕秦汉长城历史遗迹的调查及思考》，辽宁省长城学会编：《辽宁长城》第三辑，沈阳：辽宁人民出版社，2000年。

对于沈阳来说，燕在辽东地区设郡，将沈阳等地区纳入封建制政权的统辖范围内，从根本上改变了沈阳的社会形态和文化面貌，使沈阳及周边区域的土著文化发生转变并成为中华大文化的重要组成部分。候城的设立，也成为沈阳建城史的起点。

二、秦对辽宁的统治及中原文化的进一步传播

公元前221年，中国历史上第一个统一的封建制王朝秦建立。秦始皇废除分封制，实行郡县制，推行车同轨、书同文、统一度量衡、统一货币等制度。秦在辽宁强化封建统治，实行郡县制，修筑长城，统一法令，加强巡视，使社会、经济、文化得到了一定的发展。

秦代，原燕国境内的五郡沿用原名，郡下置县，其中辽西、辽东二郡共有属县29个。沈阳地区仍为辽东郡所管辖，但归属何县，至今不详。各郡设"守、尉、监"三主要官员，各司其职。县设县令，县下设乡，乡下设亭，乡设三老，亭设亭长，以确保有效地对地方实施管理。秦始皇统一度量衡时，统一铸造了衡具——秦权，并为统一全国量制而颁发了标准量器——陶量。在颁行天下的标准权量上，均刻嵌和铸铭秦始皇二十六年诏书，其辞为："廿六年，皇帝尽并兼天下诸侯，黔首大安，立号为皇帝。乃诏丞相状、绾：法度量则不壹歉疑者，皆明壹之。"1988年，在沈阳市东陵区汪家乡上伯官屯古城，发现了秦始皇"廿六年"诏版陶量残片[1]，说明秦的统一政令已经在辽宁境内的沈阳等区域实施。秦始皇巡视，曾到达渤海之滨的碣石（今绥中境内）。秦二世曾"到碣石并海"，"至辽东而还"[2]。秦还在燕长城的基础上修建了长城，"起临洮，至辽东，沿袤万余里"[3]。秦沿袭燕的做法，在辽宁境内沿长城修建了大量具有防御功能的障塞或屯兵之城。

秦的统治虽然短暂，但由于其有力地推动了辽宁地区封建化和融入统一多民族国家的进程，也加速了中原文化在辽宁乃至沈阳地区的传播。

三、汉对辽宁的开发及沈阳文化底色的生成

西汉建立后，辽宁地区被纳入汉王朝的统治范围。汉代设立的与辽宁有关的郡共有四个：右北平、辽西、辽东三郡和内迁的玄菟郡。右北平郡设16县，今辽宁朝阳的部分地区属右北平郡。辽西郡设14县，今天辽西的其他区域均属辽西郡。医巫闾山东麓至朝鲜半岛北部的广大区域均属辽东郡，共设18县。辽东郡分三区，西部都尉驻无虑（今北镇），中部都尉驻候城（今沈阳），东部都尉驻武次县（今凤城）。玄菟郡于汉

---

① 佟俊岩：《沈阳上伯官汉墓清理报告》，《辽海文物》，1991年第2期。
② ［西汉］司马迁：《史记》（一），上海：上海古籍出版社，2011年版，第181页。
③ ［西汉］司马迁：《史记》（四），上海：上海古籍出版社，2011年版，第1961页。

武帝时内徙，共辖3县。汉代中央政权和地方政权对辽宁实行了有效的管理，大力推广、普及中原先进的农业生产技术、手工业技术等，加强思想文化的传播，使辽宁得到了进一步的开发。

燕秦汉时期，中原地区的居民不断向东北尤其是辽宁迁徙。到西汉时期，汉族已经成为东北地区的主体民族，当时的辽宁境内是汉族的主要聚居区。在辽宁各地发现的汉代城址和墓葬、遗址中出土的器物，其形制与中原地区完全一致①，说明当地的生活习俗和生产方式等已经与中原并无二致。两汉时期，通过或官方或民间，或政治或经济或文化等不同途径和载体，中原文化不断传入辽宁。许多具有深厚汉文化修养的中原名士来到辽宁，其中到辽东郡者为数众多，他们或仕宦，或隐逸，但均积极地传播着中原文化。祭肜、陈禅、赵苞等三位太守是众多播美于辽宁的中原名士的代表。祭肜任辽东太守30年，为辽东的文化建设做出了巨大贡献，文治武功，内外咸服。陈禅任辽东太守约5年，将中原的先进文化播撒于辽东大地。辽西太守赵苞，以忠义闻名，身体力行传播儒家思想和文化。

可以说，经燕秦汉的发展，中原文化已经在辽宁形成了厚重的积淀，在中原文化与辽宁的土著文化及多民族文化的交融、碰撞中，辽宁及沈阳的汉文化底色基本形成。

第二节　候城文化：沈阳城市文明的起点

一、燕建候城

沈阳建城史始于2300年前的燕统治时期，燕建候城是沈阳城市的源头，这是20世纪末沈阳历史文化研究的重要成果。

多年来，在沈阳建城史源问题的研究中，关于创建候城的年代和具体城址，是专家们研究、考证的重点和争论的焦点。

根据古文字中的释名，候城之"候"，应为保护、护卫之意。候城的得名，与燕国在北方拓展疆土、修筑北部边界长城和辽东障塞防御线等有着密切的关系。在燕国的防御体系中，将守护边防、观望敌情的台堡称为"候"，即"斥候""烽候"之"候"，也作"堠"，由此将"候"之含义拓展为护卫、侦察等。候城的得名应与其原来所具有的"候"的功能有着直接的关系，候城也作障。最早见诸文字记载的候城，是在《汉书·地理志》中，该书记载，辽东郡"候城，中部都尉治"②。《后汉书·百官制》中记

---

① 朱诚如主编：《辽宁通史》（第一卷），沈阳：辽宁民族出版社，2009年版，第134页。
② ［东汉］班固撰，王继如主编：《汉书今注》（二），南京：凤凰出版社，2013年版，第951页。

载，"边县有障塞尉，掌禁备羌夷犯塞"①。候城和初建时的候城县，当为以防御、屯兵为主要功能的军事重镇，其中的军队由障尉、都尉或候官率领。后来，随着社会的发展，候城的功能得到拓展，由最初的军镇发展为城市。

在2000年召开的沈阳建城始源研讨会上，与会专家们根据认定一座古代城市的标准，充分探讨了沈阳建城的年代。专家们认为，认定一座古代城市的标准为："1. 有相应数量的聚居人口，相应规模的城垣和城区范围；2. 有当时国家政权设置的建制和自身的管理机构；3. 有确切的文献记载和考古资料足以证实其存在；4. 有与现存城市区域相关的沿革史且演变脉络清晰。"②根据上述标准，围绕候城究竟建于何时，专家们提出了三种观点。第一种观点是沈阳建城于2300年前，即燕置候城说。在研讨会上和随后的研究中，持此观点和支持此论断的人最多，本书也认同此说。支持此说的主要依据和判断如下：候城之城最初应为燕建立的辽东障塞防御线上的军事设施，即长城沿线的障，史书中所记载的候城县应据此得名。李仲元的观点："候城作为临近辽东郡中部长城的边戍之城，在沈水之北的高地之上，建起厚墙高堡的古城，确有伺察动态、瞭望敌情、护卫边境的作用，名之为候城是名实相符的。与辽东郡其他各县，或以地理位置，或因山川之名，或寓吉祥之意命名不同，候城之定名突出了其军事防卫的特点，这便是候城命名的根据。"③冯永谦认为候城在防守上具有统帅和指挥的地位，沈阳所在的候城"前汉时又是中部都尉治所，则这个候城从它一开，即战国燕建此候城时，就负有重要使命，而在其他某些边城之内，距边较远，故从燕至秦历前汉到后汉，都一直占有重要地位。正是由于这一层，才将候城这个通称的名词，固定在这座与众不同的城堡上了，而被赋予'候城'之名"④。此外，专家们支持燕置候城的依据，还来自于沈阳地域的考古发现和候城应为辽东属县的推断。从沈阳地域内发现的战国燕的文物来看，燕人迁居沈阳，始于燕建候城之前。在已发现的古城址和战国墓中，战国文化层的遗存能够证明，燕候城已经具备了县治的功能。尽管至今仍未发现燕辽东郡所属各县的翔实史料，但专家们根据现有史料和考古发现分析，战国时的各国皆设郡县，在辽东郡所属各县中，应有候城县的设置。冯永谦经分析认为："候城也应为燕却东胡后所建，其时间不晚，当与筑长城和设郡同时；若从防御的角度来考虑，甚或要较其他县之建置为先。"⑤吕一燃提出："辽东郡辖区是很广大的，在如此广

① [南朝·宋] 范晔，[西晋] 司马彪：《后汉书》（下），长沙：岳麓书社，2009年版，第1202页。
② 沈宣文：《沈阳建城始源研讨会会议综述》，刘迎初，吕亿环：《沈阳建城史源论文集》，沈阳：沈阳出版社，2000年版。
③ 李仲元：《古候城考》，《辽宁大学学报》，1999年第4期。
④ 冯永谦：《沈阳初置候城考略》，刘迎初，吕亿环：《沈阳建城始源论文集》，沈阳：沈阳出版社，2000年版。
⑤ 冯永谦：《沈阳初置候城考略》，刘迎初，吕亿环：《沈阳建城始源论文集》，沈阳：沈阳出版社，2000年版。

大的地域里，燕时辽东郡以下如果不设县或其他行政管理机构是根本无法进行统治的。"他引证东北史专家金毓绂在《东北通史》中的论述"战国之世，各国多设郡县，而燕设辽东、辽西二郡更有明文，秦于东北之地，不过仍燕之旧惯耳"，说明"秦朝在燕设置的郡县，是沿袭燕国的旧制而来的……沈阳建城始于战国时期"[①]。

第二种观点，是沈阳建城已远超2300年。持此观点和支持此观点的专家相对较少。张志强的观点具有代表性，他提出："作为夯土城墙的一段在近年出土于东亚商业广场的南门施工处，它又一次证明了候城出现在汉以前的可能性。夯土板筑为中原传统特色，箕候城的后迁址依然使用这种筑法亦很正常。因为这种筑城方法与当时当地大量使用的栅城或桁筑方法是有所区别的。"他的结论是："3000年前的商周时期是今辽沈地区农业文明的发展时期，具备城市产生的条件。箕子后代东迁今沈阳地区起建侯国之城应该是合理的，候城之名是箕氏东迁之后的古城名。因此，我认为沈阳的建城纪元可定在3000—3100年之前。"[②]

第三种观点，是沈阳建城于2100年前，即汉置候城说。此说的重要依据是沈阳城内的汉代遗存和《汉书·地理志》的相关记载。主要观点是"候城与今日沈阳有密不可分的历史渊源，沈阳历史便可顺理成章地追溯到候城有建制之时，即公元前128年（汉元帝元朔元年），距今2128年。若取整数概念，沈阳迄今已有2100年历史。"[③]

关于候城的具体位置，也曾有多种说法。后来，通过20世纪50年代以来的一系列考古发现和研究，专家们最终基本达成了共识，即古城的中心位于今沈阳市沈河区的沈阳老城偏南的区域内。

二、燕秦汉对城市功能的拓展及其所创造的文明

候城初建时，其主要功能是戍守和防御，还不是完全意义上的城市。随着社会的发展，燕秦汉各代均在一定程度上对候城进行了建设，使其居民逐渐增多，繁华程度不断增强。特别是在汉代，候城的城市功能得到了更为明显的拓展。

近年来，在候城城郭所在地、位于苏家屯区沙河乡的魏家楼子古城和沈阳老城区的部分地区，陆续发现了战国时期的城址、大型墓地及相关文化遗存。其中比较有代表性的是在沈阳故宫东路院内和沈河公安分局院内发现的战国晚期绳纹大板瓦、燕国晚期流通货币；在沈阳故宫北墙外宫后里发现的始建于战国的古城址和建筑构件、陶器等；在魏家楼子古城发现的战国绳纹灰陶片；在热闹路发现的战国墓及随葬陶器；

① 吕一燃：《沈阳市何时开始建城考》，《中国边疆史地研究》，2000年第2期。
② 张志强：《沈阳城史纪元说略》，刘迎初，吕亿环：《沈阳建城始源论文集》，沈阳：沈阳出版社，2000年版。
③ 邓谦：《西汉建候城诸县考》，刘迎初，吕亿环：《沈阳建城始源论文集》，沈阳：沈阳出版社，2000年版。

在大东区四零一库发现的战国墓及随葬陶器；在大南街发现的战国时期的陶罐、青铜戈等。从上述考古发现来看，燕国时，候城及其周边地区已经有一定数量的士兵、官吏、商人和土著居民、来自原燕地的居民在此生活，并开始注重城市的规划、布局和建设。到了秦代，在燕的基础上，对候城及附近的城郭等同样加以利用，并进行了建设。

西汉初年，汉武帝在征服卫氏朝鲜后，在其统治区域内设置了"真番、临屯、乐浪、玄菟"四郡，并进行有效管理，曾受卫氏朝鲜袭扰的辽东郡也得到了稳定。加之西汉所推行的休养生息政策，候城进入了建城以来最为繁荣的时期。沈阳地区发现的汉代遗址、遗迹及大量文物，史料所记载的居民生活和移民、商贾来往的情况等，均能反映出候城当时的繁盛景象。

因为社会安定，经济活跃，民众安居乐业，候城的人口得到了增长。当时的辽东郡18县，人口达到了27万多[1]。平均每个县人口在1.5万以上，作为中部都尉治的候城，人口要多于1.5万。沈阳故宫东路院内和沈河公安分局院内发现的汉代水井，能从一个侧面反映出当时人口的密集程度。遗址内共发现两口古井，其中一口为方砖砌筑的砖井。另一口为陶圈井，由陶土烧制的井圈上下相接形成井壁，残存的深度约6米，井口直径约2米。在井底发现了井架遗存和属于秦汉时期的陶罐等。这两口水井距离很近，并且都有一定的深度。水井分布密集，井很深，说明当时的用水量较大，在城内居住的人口较多。在候城城址及周边地区还发现了数量较大的汉代货币，如在沈阳故宫东路院内和沈河公安分局院内，发现了汉"五铢钱"与王莽时期的"货泉"；在沈阳故宫北墙外宫后里，发现了"五铢钱"。大量货币的存在，说明当时的贸易已经比较发达。候城及周围的汉墓较多，多为砖室墓，有单人墓，也有夫妻葬，随葬品很多。在位于沈河区大南街道办事处院内的二号汉墓中，随葬品有组合的陶明器、铜器、铁器，还有汉代女子流行佩戴的高级耳饰"琉璃耳珰"，这种耳珰多为贵族妇女所拥有[2]。根据李仲元的研究，上述情况都说明了候城的繁荣："墓制、葬式和随葬品都与同期中原制度一致，应属同一时代风俗文化体系。……古墓数量之多，可证城市繁荣程度和人口密度，显示出其重要地位。……组合礼制陶器、墓制规模及随葬品可证墓主具有一定高级的地位、身份。"[3]

三、候城被毁　文脉永续

东汉末年，政治腐败，国力衰弱，军务废弛。与此同时，兴起于辽宁东部山区的高句丽日益强大，并开始进逼和侵入辽东郡。高句丽属秽貊族系，《后汉书》记载：

① 杨子慧：《中国历代人口统计资料研究》，北京：改革出版社，1996年版，第79页。
② 沈阳市文史研究馆：《沈阳地域文化通览》，沈阳：沈阳出版社，2013年版，第74页。
③ 李仲元：《古候城考》，《辽宁大学学报》，1999年第4期。

"高句骊，在辽东之东千里，南与朝鲜、浍貊，东与沃沮，北与夫余接。地方两千里，多大山深谷，人随而为居。……其人性凶急，有气力，习战斗，好寇钞，沃沮、东秽皆属焉。"①高句丽的发展在汉代后进入鼎盛时期，于公元前37年在卒本地区（今桓仁县境内）建立政权，历28代国王，亡于公元668年，共存在705年。

为避高句丽的侵扰，汉玄菟郡被迫内迁，候城由辽东郡划属玄菟郡管辖。汉安帝永宁二年（121年），在高句丽的大规模进攻中，候城毁于战火。候城被毁，史料有明确记载："至殇、安之间，句丽王宫数寇辽东，更属玄菟。辽东太守蔡风、玄菟太守姚光以宫为二郡害，兴师伐之。宫诈降请和，二郡不进。宫密遣军攻玄菟，焚烧候城，入辽隧，杀吏民。后宫复犯辽东，蔡风轻将吏士追讨之，军败没。"②候城毁于战火后，开始走向衰落。

候城虽在战乱中被毁，但消亡的仅仅是作为实体的城市，其所创造的文化经过不断传承，成为沈阳历史文化的重要组成部分。在漫长的历史进程中，候城的文脉不断得到延续。尽管候城的名字再未出现在后世的历史中，但沈阳城市的发展，从城址的选择，到城市文化的基本精神，始终与候城有着一定的传承关系。沈阳故宫东路院内和沈河公安分局院内的遗址，是沈阳古代历史文化传承的明证，这里"文化层很厚，达6米多。地表下深6—4.5米为战国、汉代文化层；4.5—2米为辽、金文化层；2—1米为明、清文化层。层次清楚，内涵丰富，特征明显。"③沈阳故宫院内的遗址，"最下层为战国，上层为秦、汉，再上分别属辽、金、元、明时期的文化遗存，文化层叠压关系明显，它清楚地表明沈阳旧城区各代建置的历史序列。"④

第三节 "汉郡文化"在沈阳的发展及高句丽文化的汇入

一、"汉郡文化"的确立与发展

"汉郡文化"在辽河流域的确立，对于辽宁及沈阳地域文化的发展具有里程碑式的意义。王绵厚提出的"汉郡文化"，"是一个以'汉文化圈'或燕、秦、汉的郡县文化为主体的独特地域文化。"⑤其内涵主要体现在三个方面："一是以汉文化为主体的多元

---

① [南朝·宋] 范晔，[西晋] 司马彪：《后汉书》（下），长沙：岳麓书社，2009年版，第962页。
② [西晋] 陈寿：《三国志·东夷传》，上海：上海古籍出版社，1986年版，第102页。
③ 李仲元：《古候城考》，《辽宁大学学报》，1999年第4期。
④ 冯永谦：《汉候城、高显考辨》，刘迎初，吕亿环：《沈阳建城始源论文集》，沈阳：沈阳出版社，2000年版。
⑤ 王绵厚：《辽海'汉郡文化'的文化特质》，《大连日报》，2010年10月24日。

文化，是它的基本内涵；二是以郡县制为主的政体文化，是它的主要形式；三是以封建经济为基础的城市文化（郡邑文化），是它的主要载体。"①辽河流域的"汉郡文化"确立于汉武帝时期。此后，这种具有母体意义的地域文化，在辽沈地区得到了持续的传布。从汉末公孙氏政权割据辽东、三国魏晋南北朝至隋唐这一历史时期内，在多民族融合的过程中，沈阳地域文化"仍以内迁的玄菟郡及其属县为代表的'汉郡文化'为其主体内涵。"②

内迁的玄菟郡与沈阳地域文化的发展有着密切的关系。玄菟郡的初始治所在今朝鲜半岛北部"沃沮城"，后迁至今新宾县永陵南二道河子古城，再迁至今抚顺市东郊小甲邦汉城，最后迁至今沈阳市东陵区汪家乡上伯官屯古城③。西晋后，在上伯官屯郡城及玄菟郡所属的高显、辽阳、望平等县所创造的文化，反映了"汉郡文化"在沈阳境内传承与发展的基本情况。上伯官屯古城距沈阳市区约15公里。城东侧紧依牤牛河，北为浑河支流二道河子，该城址内的古街道主要有东西和南北十字街，有东西两门。经实测，现存南侧城墙残长为326米，其中南门至西城墙为200米。东侧城墙的残长为537米。城内有大量两汉魏晋时期的文化遗存。在城址周围，有多处同一时期的墓葬，随葬品数量较大④。上伯官屯古城及城内的文化遗存、墓葬和随葬品等，均属于中原文化体系。除上伯官屯古城外，在沈阳地区的新民市公主屯、东陵区八家子和腰北台子等地区，也发现了汉魏晋时期人们生产、生活的遗址、遗迹以及相关器物。总体来看，这一时期，来自中原的典章制度、思想观念、佛教等宗教信仰、生活习俗、文化艺术等在沈阳地区得到了更为广泛的传播。

隋唐两代陆续在沈阳地区重置州郡。据《隋书·高丽传》记载，大业八年（612年）隋炀帝征高句丽，"唯于辽水西拔贼武历逻，置辽东郡及通定镇而还"⑤。通定镇是隋代的一座重要军城，隋辽东郡治所应当设于此处。关于通定镇的具体位置，一说在今新民市辽滨塔村，一说在新民市高台子村。上述两处，均位于古代军事地理的交通要道上。隋辽东郡及通定镇的设置，标志着隋中央政权开始重置与沈阳地区有关的州郡。盖牟州是唐在辽东正式恢复州郡建制后所建的第一州。盖牟州位于今沈阳市苏家屯区塔山山城旧址。贞观十九年（645年），在李世民亲统大军征辽东的过程中，李勣率军攻下高句丽的辽东名城盖牟城，随即在此置盖牟州。此后，唐在鸭绿江沿岸陆续设置了共42州。唐在沈阳境内设置盖牟州的重要意义之一，在于它延续了"候城""高

① 王绵厚：《辽宁文化通史》（秦汉卷），大连：大连理工大学出版社，2009年版，第39页。
② 沈阳市文史研究馆：《沈阳地域文化通览》，沈阳：沈阳出版社，2013年版，第91页。
③ 王绵厚：《东北亚走廊考古与民族文化八讲》，哈尔滨：黑龙江人民出版社，2017年版，第75—80页。
④ 沈阳市文物管理办公室：《沈阳文物志》，沈阳：沈阳出版社，1993年版，第49页。
⑤ [唐] 魏征：《隋书》，北京：中华书局，2000年版，第1220页。

显""辽阳""望平""玄菟""通定镇"等所承载的一脉相承的汉郡文化,并开启了沈阳文化发展的新阶段。

尽管高句丽曾一度统治沈阳地区,"三燕"等鲜卑人建立的政权曾争据沈阳,但确立于汉代,后经各代传承发展的汉郡文化,一直是沈阳地域文化的主脉,而且能够在此过程中,表现出强大的涵纳作用,不断融合高句丽文化、"三燕"文化等,促进了一体多元文化的发展。

二、高句丽文化汇入沈阳地域文化

高句丽文化汇入沈阳地域文化,始于其完全占据辽东后。高句丽文化的重要载体,是高句丽山城,其在制度层面体现于具有丰富文化内涵的"城邑制度"。

404年,高句丽好太王武力入侵辽东,战胜了当时控制辽东的后燕慕容氏。在此后的200多年间,高句丽依托相对先进、富庶的辽东地区,使经济和社会得到发展,国力得到增强[1]。他们不断吸纳汉文化,并创造了更为丰富的民族文化。高句丽人建立了以山城为依托的"城邑制度"。"城邑制度"的基础是"以高句丽居民的'邑落'分布为核心,以中心城市(大多为山城)为依托的部族居邑为中心。这种中心城邑以军事防卫为目的,兼有部族行政管理职能,其上统领于高句丽繁盛时期的'五部'大人和高句丽王庭。其下分设有'邑长''仟长''佰长'等。围绕各大型中心城邑并分散于高山曲谷中的小城,主要意义是从军事上对中心城邑的拱卫,同时在经济上,管理分散的'谷民'和'下户',对中心城邑的'大家'(贵族)承担贡奉等义务。"[2]高句丽在拓展疆域的同时,也不断地推广和发展他们所特有的山城建筑和"城邑制度"。在接纳汉文化的过程中,高句丽对"城邑制度"进行了汉化改革。在完全占据辽东后,高句丽的"城邑制度"开始由以"五部"为核心的"城邦奴隶制"向中原汉制"比郡县"转变。尽管最后并未完全转变为郡县制,但充分体现了高句丽在推进封建化上所做出的努力,也反映了高句丽趋同汉制的历史发展进程。

高句丽占据沈阳后,在原汉魏旧地玄菟郡郡治上伯官城设置机构,进行治理。除此之外,高句丽在沈阳境内修筑了多处山城,如塔山山城、石台子山城、营盘山山城、董楼子山城等。其中塔山山城和石台子山城具有代表性。塔山山城即高句丽的辽东名城盖牟城。盖牟城控扼沙河河谷,处于通往辽东城的交通要道上[3]。其北距沈阳城25公里,位于苏家屯区陈相屯以东的塔山上,南临沙河,形势险要。山城平面呈簸箕形,四周为沿山脊修筑的城墙,周长约1200米,城东南设有一门。城址内现存有红褐

---

① 佟东主编:《中国东北史》(第一卷),长春:吉林文史出版社,2006年版,第591页。
② 王绵厚:《高句丽的城邑制度与都城》,《辽海文物学刊》,1997年第2期。
③ 张树范主编:《沈阳通史》(古代卷),沈阳:沈阳出版社,2014年版,第145—146页。

色、灰色绳纹、布纹瓦及莲纹瓦当。山城在选址、建筑等方面，都具有典型的民族特色。石台子山城，位于沈阳东北部棋盘山水库北岸的石台子山上。山城因山设险，将城墙围筑在西高东低的山脊上，周长为1380米，形成了包谷式山城。石台子山城注重防御设施的设计和建设，共建有9座马面。在山城的城门处，还建有先进的排水设施，其中北门的排水设施由排水沟、挡土墙、涵洞入水口、沉井、涵洞和明渠构成，东门的排水设施由排水沟、挡水墙、沉井、涵洞及明渠构成。在山城内，还发现了高句丽人的遗物千余件，包括陶器、铁器、铜器、石器、骨器等。在山城外西北方向，有大量高句丽人墓葬，均为高句丽晚期的封土石室墓[①]。

当年，高句丽人依托在沈阳所建设的山城，对城内及周边地区实行有效的统治，防御外敌入侵，发展农业和手工业，吸收中原文化和周边的多民族文化，创造了独具特色的高句丽文化。高句丽文化的汇入，对于沈阳地域文化发展具有重要意义。其一，高句丽文化在沈阳的发展，为地域文化注入了新的民族文化元素。如高句丽山城的选址、建筑及其内部设施等，体现了高句丽的建筑文化特色和生活习惯、社会风俗。高句丽"城邑制度"所承载的文化，本身就是多民族文化的产物，如其中无规则的建筑布局模式，明显受到了秽貊民族等早期聚落形态的影响；山城建筑中多处使用的莲花纹瓦当等构件，具有鲜明的鲜卑文化特征。其二，高句丽文化在沈阳地区的发展，也进一步体现出了沈阳及周边地区所拥有的汉文化的影响力和渗透力。高句丽人在山城的选址上，开始更多地吸纳汉文化传统，注重在交通要道和大河沿岸筑城，塔山山城和石台子山城的选址，均考虑了上述因素。修建山城所使用的材料与构件，多受到汉文化的影响。高句丽人制作的陶器，以轮制灰陶为主，这也是吸收了汉人制陶技术的结果。高句丽人在行政管理上"比郡县"，学习和仿照中原王朝的州、郡、县的管理形式进行治理。总之，高句丽在社会管理和文化建设上的"趋同汉制"，"彰显了今沈阳地区正是晋唐时代高句丽文化逐渐从'多元'走向'一体'的有代表性的重要边州地区，凸显出当时沈阳地区具有多民族文化共存的地域特征"[②]。

---

① 辽宁省文物考古研究所，沈阳市文物考古研究所：《辽宁沈阳新台子山城发掘全面结束》，《中国文物报》，2006年12月27日。

② 沈阳市文史研究馆：《沈阳地域文化通览》，沈阳：沈阳出版社，2013年版，第100页。

第三章　沈阳地域文化多民族特色的凸显

唐灭亡后，历经五代十国的纷争，赵匡胤于960年建立了宋王朝。两宋共历318年。唐末至五代十国时期，契丹人建立的政权崛起，并长期与北宋对峙。契丹人进据辽东后，游牧文化与农耕文化发生剧烈碰撞和深入交融，地域文化生态发生较大改变。在契丹人建立的辽走向衰落的过程中，女真人建立的金逐渐走向强大，并南下控制辽东地区。女真人的主体文化是来自山林的牧猎文化，牧猎文化的融入使沈阳地域文化形态更趋丰富和复杂。辽金时期，经过汉、契丹、女真、渤海等各民族的共同发展，沈阳出现了多民族文化大融合的局面。

这一时期，辽代所设的沈州城，在今天的沈阳城内。从沈州在地方行政管理系统中所发挥的作用、其所处的地理位置，以及沈州在沈阳城市历史发展进程中所处的历史方位来看，沈州之设，是沈阳城市发展的重要节点，同样重要的是，它也极大地丰富了沈阳地域文化的内涵。

第一节　契丹的崛起与沈阳文化生态之变

一、契丹的崛起及其对辽东的统治

关于契丹的族源，《旧五代史》认为"契丹者，古匈奴之种也"[1]。其实不然。契丹族在历史上曾隶属于宇文鲜卑部，出自东胡的分支鲜卑，不是匈奴后裔。据《新唐

---

[1] ［北宋］薛居正：《旧五代史》（二），北京：中华书局，2000年版，第1267页。

书》记载，"契丹，本东胡种"①，"鲜卑之遗种"②。以游牧和渔猎为生的契丹人，原本生活在东北地区西部的辽河上游一带。隋以前，因受自然环境和自身的文明发展程度的制约，契丹的活动区域一直为"东西亘五百里，南北三百里"，过着"逐寒暑，随水草畜牧"③的生活。随着自身力量的不断积蓄和周边环境的改善，进入唐代，契丹社会进入转型期和发展期。因双方均有改善关系的需求，贞观二十二年（648年），唐太宗设松漠都督府，封契丹大贺氏酋长窟哥为都督，管辖范围为西拉木伦流域和老哈河中下游的广阔地区。随着对各部落的统一及与中原联系的增多，契丹的经济、文化和军事均得到了迅速发展，社会形态也发生了较大的变化。916年，耶律阿保机在龙化州（今内蒙古赤峰市八仙筒一带）正式称帝，建立契丹国。947年，耶律德光改国号为辽。契丹建国后，先后征服了突厥、吐谷浑、奚、室韦、女真、渤海等北方民族，并趁中原混战之机，占据了燕云十六州，统治了中国北部的大部分地区。1125年，辽为金所灭。辽长期与宋对峙，在军事上既有激烈的冲突，也有出于政治考量而做出的联合及和平相处；在经济和文化上，辽与中原政权长期保持交流。这一时期，辽宁的大部地区为辽所统治，进入了历史上又一个民族大融合阶段。辽统治时期，辽宁境内的民族主要有汉、契丹、奚、渤海、女真等。契丹族在发展、壮大、建立政权和不断扩张的过程中，在一定程度上吸纳了汉文化及其他民族的文化，在保持民族特色的基础上，"在总体上使自身的民族文化逐步地实现了向汉文化的转型"④。与此同时，生活在辽宁地区的汉人，也在不断地吸纳少数民族文化的营养。这种文化融合所产生的新质文化，必然带有独特的气质，具有更为丰厚的精神内涵。

契丹人进据辽东的具体时间，史料中无明确记载。但根据现有资料分析、判断，应在契丹建国之前，耶律阿保机开始担任契丹对外征讨军事统帅的时期内，即901年之后，907年之前。901年，耶律阿保机出任迭剌部夷离堇（即部落酋长），专行对外征讨，并逐渐掌握了联盟的军政大权。据史书记载，自908年起，契丹人已经开始对辽东实施管理。在契丹人进入之前，唐王朝已经对辽东失去了有效的管理，使其成为"瓯脱之地"。唐自安史之乱后，国力衰退，对辽东的管理不断弱化。契丹崛起后，原中原经幽州、营州通往辽东的道路被阻断，唐中央政权只能利用经山东至辽东的海道到达和管理辽东，渐成鞭长莫及之势。在契丹日益强盛的同时，辽东东部的新罗和北部的渤海政权均力量较弱，无力染指辽东，给契丹人渗入和占领辽东提供了便利条件。据《中国东北史》的记载，太祖二年（908年）冬十月己亥朔，契丹在镇东海口（今丹东市附近）筑长城；太祖三年（909年）春正月，耶律阿保机巡幸辽东城；太祖九年

① ［北宋］欧阳修，宋祁：《新唐书》，北京：中华书局，1999年版，第4687页。
② ［北宋］欧阳修：《新五代史》（三），北京：中华书局，1975年版，第886页。
③ ［唐］魏徵等：《隋书 南史》，呼和浩特：内蒙古人民出版社，1998年版，第455页。
④ 彭定安：《论辽海文化》，《文化学刊》，2013年第3期。

（915年）冬十月戊申，耶律阿保机到达鸭绿江；辽神册三年（918年）冬十二月庚子朔，耶律阿保机到位于浑河北岸的今辽中境内巡视；神册四年（919年）春正月丙寅，耶律阿保机到辽东城东部山区，同年二月丙寅，契丹人修葺辽东故城，改为东平郡，设置了防御使，并迁徙汉民和渤海人至此；神册六年（920年）十二月，迁徙民户到东平（后改南京，又改东京，今辽阳）、沈州（今沈阳）；天赞三年（924年）夏五月，迁徙民户到辽州（今新民县辽滨塔地区）[①]。上述记载充分证明，在公元908年之前，契丹人已经进入了辽东地区，在公元924年之前，契丹政权已经对辽东地区实行了有效的统治。

二、辽东文化新格局的形成

契丹政权统治辽东后，极大地改变了辽东地区的文化格局，沈阳的地域文化生态也发生了巨大变化。文化格局的变化主要源自两个方面：一是统治者所推行的文化政策，二是区域内人口结构的变化。新的居民带来的新的生产方式、生活方式、思想观念等，必然会改变区域的文化格局。对契丹文化政策起主导作用的，是他们所采取的"因俗而治"的治国方针。总体来说，契丹统治者对于新征服的民族，尤其是和契丹游牧民族在政治、社会、经济、文化等方面有着较大差异的汉人、渤海人等采取了较为理性、宽容、开放的政策，即"藩汉分治"。契丹统治者"因俗而治"：实行藩汉分治的职官制度；在行政管理上实行双轨制；制定法律制度时，藩汉并行；实行二元的选官制度；推行包容差异的礼仪服饰制度等。"因俗而治"，保留了契丹族原有的生产生活方式，并吸纳了汉族的农耕生产方式和其他民族的先进生产、生活方式，有利于契丹的社会进步。契丹统治者尊重民族文化的多样性，接受不同的民族在风俗习惯和生活方式上的差异，"使北方各民族文化能多元并存，共同发展，且相互渗透融合"[②]。

在契丹统治者"因俗而治"政策的主导下，在汉人、渤海人大量迁入的过程中，"辽东"的文化格局发生了重大变化。唐末，由于唐王朝在这一地区的管理长期失控，地区经济和社会发展受到严重影响，人口大规模减少。为了尽快恢复辽东地区的生产秩序，自辽太祖时期起，先后多次从燕赵地区、辽西地区和东北北部迁徙汉人、渤海人到辽东。辽太祖时期，迁入辽东地区的民户多为汉民。其中数量最大的是来自燕赵地区和辽西地区的汉民。仅在神册六年（920年）和天赞三年（924年），即分两批迁徙大批汉民至东平、沈州、辽州等地。

契丹人在灭渤海国的过程中及其后，先后两次大规模地将渤海人迁徙到辽东地

[①] 佟东主编：《中国东北史》（第二卷），长春：吉林文史出版社，2006年版，第340页。
[②] 刘本峰：《试论辽朝"因俗而治"的国策及其意义》，《江西教育学院学报》（社会科学），2010年第1期。

区。第一次是耶律阿保机在征伐渤海国的过程中，先破东平府，随即将原渤海国所属的部分靺鞨人和高丽人迁入东平。第二次是天显三年（1129年），辽太宗耶律德光在南迁东丹国之时，将东丹国（即原渤海）各府、州、县尽数南迁，多迁入辽东，总人数达近8万人。渤海国建立于698年，由居住于白山黑水之间的靺鞨族所建。渤海国国民的主体是靺鞨人，有少部分为周边少数民族。靺鞨与肃慎、挹娄、勿吉一脉相承。渤海政权与唐王朝有着长期的隶属关系，且往来密切，因此，渤海国的社会、经济和文化受中原王朝影响较深，体现了本民族文化与汉族文化融合的特征。在渤海国，农业是起着决定作用的经济门类；畜牧业在渤海国的社会经济中也占有重要地位，他们多饲养猪、羊、马、牛等，擅长养猪是肃慎的民族传统；渤海国的手工业生产，如纺织业、采矿业和金属加工业等，都很发达。渤海人的礼乐制度、宗教信仰、居住、衣着服饰、婚姻习俗等，均有一定的民族特色。契丹统治者将汉人、渤海人等迁入辽东后，在统治政策上允许各民族文化的存在与发展，如对于迁徙到辽东的渤海人，"一方面给予原渤海国世家大族特殊的待遇，使其可以参加到地方政权中来，继续保持他们的地位，管理本族人民；另一方面也使得辽东地区的渤海人比较集中地生活在一个地区，在较长时间内保持了本民族传统"①。同时，契丹统治者也鼓励各民族的交流与融合，特别鼓励学习汉文化。多民族一起生活在同一区域，也一定会产生频繁的交流。因此，辽东地区居民结构的巨大变化，也带来了中原燕赵文化和来自草原山林的游牧渔猎文化的碰撞、交融，不断互相影响，互相吸纳，形成了更具特色的地域文化生态。

第二节　沈阳城市发展的重要节点：辽设沈州

一、辽的行政管理体制及其在辽东设置的州县

遵循"因俗而治"的治国方略，辽在中央实行两面官制度。辽官分南北，"以国制治理契丹，以汉制待汉人。"南、北两面官管辖范围不同，"北面治宫帐、部族、属国之政，南面治汉人州县、租赋、军马之事。"②北枢密院是北面官的最高军政机构，其主要官员有北枢密院使臣、知北院枢密使事等。南面官制中的最高衙署是南枢密院，设枢密使、知枢密使事等。在地方，辽针对境内不同民族、不同地区的生活方式、生产模式，分别实行部族制和州县制，在契丹人和奚人等游牧民族聚居区实行部族制，在汉人、渤海人聚居区实行州县制。辽的部族制始于建国后，主要形式是对辇遥部落联

---

① 张利锁，宫岩：《辽代辽河流域渤海人的社会状况》，《东北史地》，2010年第1期。
② ［元］脱脱：《辽史》，北京：中华书局，2000年版，第417页。

盟时期的契丹各部，以及陆续征服的奚、室韦等各游牧部落加以改编，按照分地而居、合族而处的原则，对契丹人和这些游牧民族进行划地统治。辽的部族制根据各部族的族属、原有的尊卑地位、与皇室的关系等，将部族分成不同的类型，包括地位最尊的内四部族、四大部族和49个小部族①。辽的州县制，主要仿照唐的地方行政制度，在辽东地区、燕云十六州等传统农业地区或改造或新置州县。辽共设有156个州，209个县。州有所不同，有节度州（军）、刺史州和特殊州。节度州（军）设节度使，刺史州设刺史，节度州地位略高。特殊州设观察使、防御使等②。一般的州设同知州事等。县设令、丞、主簿、尉等。辽仍仿唐制，在州县之上设道，道是地方的最高行政机构，以五京（上京临潢府，位于今内蒙古自治区赤峰市林东镇；东京辽阳府，位于今辽宁省辽阳市；中京大定府，位于今内蒙古自治区赤峰市宁城县；南京幽州府，后改为析律府，位于今北京市；西京大同府，位于今山西省大同市）为中心，分全国为五道，即上京道、东京道、中京道、南京道、西京道等。在辽的行政建制中，还有属于特殊形态的属国和属部、翰鲁朵、头下军州等。属国和属部多设在以羁縻制统辖的少数民族地区，共有60个。翰鲁朵为属于皇帝个人的宫卫，从辽太祖到辽末天祚帝，共置有13个翰鲁朵。头下军州是王公、贵戚、权臣的私城，辽代共建有头下军州约30多个，主要集中在上京和中京地区。

辽在东北地区设140个州，其中管辖辽东地区的东京道设近90个州（部分为隶宫州）。府州等的设置已经遍布全境，如设在今辽阳境内的为东京辽阳府、岩州、衍州；设在今凤城境内的有开州、盐州、贺州；设在今岫岩境内的有穆州；设在今盖州境内的有辰州、卢州、归州；设在今丹东境内的有来远城、镇海府；设在今海城境内的有海州、铜州；设在今瓦房店境内的有复州、宁州；设在今开原境内的有同州、咸州；设在今昌图境内的有韩州、安州、肃州；设在今铁岭境内的有银州、兴州；设在今康平境内的有祺州、荣州；设在今新民境内的有辽州；设在今辽中境内的有汤州；设在今沈阳市区范围内的有沈州、广州、集州、双州等。辽代的府下辖有州县，也有很多州领有州县，如当时的东京辽阳府辖辽阳县、仙乡县、鹤野县、析木县、紫蒙县、兴辽县、肃慎县、归仁县、顺化县，辽州辖祺州、辽滨县、安定县，沈州辖岩州、乐郊县、灵源县，海州辖耀州、嫔州、临溟县，开州辖盐州、穆州、贺州、开远县。

二、辽设沈州及城市文化的发展

如果说2300多年前燕建候城，拉开了沈阳城市文化发展的序幕，那么，辽代所设的沈州，则为沈阳这座北方历史名城的发展奠定了重要基础。

---

① 程妮娜主编：《东北史》，长春：吉林大学出版社，2001年版，第169页。
② 佟东主编：《中国东北史》（第二卷），长春：吉林文史出版社，2006年版，第376—377页。

作为辽在辽东地区设置的重要地方行政管理机构之一的沈州，隶属于东京道，也属于隶宫州。关于何人何时建沈州，学界一直有着三种观点，即唐建沈州说、渤海建沈州说、辽建沈州说。唐建沈州说，主要依据是金人王寂在《辽东行部志》和韩颖（可能为辽末金初人）《沈州记》的记载。据《辽东行部志》记载："明昌改元春二月十有二日丙申，予以使事，出按部封，僚吏差别于辽阳瑞鹊门之短亭。是日，宿沈州。沈州，在有唐时尝为高丽侵据，至高宗命李勣东征，置安东都护府于平壤城，以领辽东。其后，或治故城，或治新城，实今之沈州也。又韩颖《沈州记》云：'新城，即沈州是也'。"①渤海建沈州说，主要依据是《辽史》的记载："沈州，昭德军，中，节度。本挹娄国地。渤海建沈州，故县九，皆废。太宗置兴辽军，后更名。"②《元一统志》也提到渤海建沈州。《元史·地理志》和《盛京通志》均遵从上述说法。

　　目前多数学者支持辽建沈州说。对于唐建沈州说、渤海建沈州说的相关依据与论证，有多位学者经过充分考据和分析，予以否定。本书采纳辽建沈州说，因为支持辽建沈州说的史料更为准确、翔实，其中的考古石刻资料和出土的实物资料，更具说服力和完备性。据《辽史》记载，神册六年（921年），耶律阿保机率骑兵攻略中原时，"十一月癸卯，下古北口。丁未，分兵略檀、顺、安远、三河、良乡、望都、潞、满城、遂城等十余城，俘其民徙内地"。同年十二月己卯，"还次檀州，幽人来袭，击走之，擒走裨将。诏徙檀、顺民于东平、沈州。"③根据金毓绂的分析，记载此内容的《辽史》"本纪"部分出自于辽史学家耶律俨所撰之《实录》，"比较可信"④。当代研究辽史的学者认为，上述《辽史》的记载表明，沈州是契丹当时为安置俘获的中原汉民而设置的，"但当时所建之州不一定名为'沈州'，极有可能是后来辽灭渤海国，原渤海国的'瀋州'南迁，与太祖移民所建之州合并，才正式有了'沈州'之名。"⑤有学者根据考古发现和史料，不但认定沈州就是辽初所建的州，而且推断出其大致范围和规模。能够证明沈州位置的出土实物和石刻资料等主要有沈阳城南莫子山辽塔地宫石刻、沈阳小北门辽代崇寿寺塔地宫石刻、沈阳塔湾无垢净光舍利塔地宫石刻等。1953年，在莫子山（辽代称卓望山）辽塔地宫发现一石棺，石棺上有刻于辽兴宗重熙十四年（1045年）的文字，其中"南瞻部州大契丹国辽东沈州南卓望山上造无垢净光塔一所"的记载，可证明辽代沈州城在卓望山北面。20世纪50年代，在小北门崇寿寺塔地宫发现了刻于辽天祚帝乾统七年（1107年）的石刻，其中"选定辛时，与州北三歧道侧寺

　　① 王寂：《辽东行部志》，张博泉注，哈尔滨：黑龙江人民出版社，1984年版，第4页。
　　② ［元］脱脱：《辽史》，北京：中华书局，2000年版，第266页。
　　③ ［元］脱脱：《辽史》，北京：中华书局，2000年版，第10页。
　　④ 金毓绂：《东北通史》上编，五十年代出版社，1944年版，1981年翻印，第212—213页。
　　⑤ 张国庆：《契丹辽朝在辽沈地区的行政管理考略》，何天明等主编：《朔方论丛》第三辑，呼和浩特：内蒙古大学出版社，2013年版。

前，起建释迦佛生天舍利塔"的内容，可证明沈州城应该在该塔的南侧。1985年，在沈阳塔湾无垢净光舍利塔地宫发现石函，石函上有刻于辽兴宗重熙十三年（1044年）的文字，其中含"南瞻部州大契丹国辽东沈州西北丰稔村东，重熙十三年岁次甲申四月大壬辰朔赍生十五叶，藏口口佛舍利一千五百四十一颗讫"的内容，证明当时沈州城在该塔的东南方。20世纪70年代，在沈阳故宫东路院内和沈河公安分局院内的考古挖掘中，发现了具有一定厚度的辽代文化层，更加明确了辽代沈州的具体位置。姜念思的分析与结论具有代表性："考古资料证明，辽代的节度州城的周长一般在200米左右，城内分为四个坊。如果按照此推算，辽代沈州城的位置大体在北自中街，南到盛京路，西从正阳街，东至朝阳街这个范围内。"[①]

根据相关史料，辽代沈州属隶宫州。《辽史》记载，沈州"初隶永兴宫，后属敦睦宫"[②]。永兴宫为辽太宗耶律德光所置，敦睦宫为孝文皇太弟耶律隆庆所置。分散于各地的隶宫州县的人户，多为契丹对外扩张时所俘掠的汉人、渤海人。沈州及周边的隶宫州县人口皆属此类。隶宫州与直属于朝廷的州县的最大的区别是，直属州县的汉人、渤海人等是向国家纳税、提供徭役的自由民，隶宫州的汉人、渤海人等虽是自由民身份，但需要向国家纳税，也需要向他们所隶属的宫卫提供徭役。沈州辖一州二县，即岩州、乐郊县、灵源县。根据现有的研究成果，岩州为刺史州，位于今辽阳东灯塔市西大窑乡石城山之上；乐郊县位于今沈阳城东八家子村；灵源县位于今沈阳市于洪区马三家子镇古城村。沈州及其所领的一州二县，有着比较完备的职官制度，以实现对军事、民政、文化、社会等方面的有效管理。据考证，辽代沈州及其所领一州二县的主要职官有节度使、节度副使、同知节度使、留后、同知军州事、行军司马、军事判官、掌书记、衙官、马步军都指挥使、马步军副都指挥史、马军指挥使、马军副指挥、步军指挥使、步军副指挥使、县令、县丞、主簿、县尉等。辽代沈州的职官，现可考的有26人，其中节度使19人。在19位节度使之中，有皇族2人，国舅族7人，附马2人，由此也可见沈州地位之重要[③]。

沈州的设立，对于沈阳城市文化建设与发展具有里程碑意义。辽充分利用沈州处于交通要道和便于军事防御的天然条件，不断强化它在沈阳地区及周边各州县中的地位。通过完善行政管理，发展农业生产和手工业技术，密切商贸往来等，为城市文化建设奠定了一定的基础。辽建沈州之后，推动了城市文化的发展，使沈阳的地域文化品质得到一定程度的提升。除加强城市建设和完善行政管理体系外，辽在沈州及周边区域大力发展教育事业，尊崇儒学，鼓励学习汉文化。辽道宗时期，沈州等各州县均

① 姜念思：《沈阳史话》，沈阳：沈阳出版社，2008年版，第66页。
② ［元］脱脱：《辽史》，北京：中华书局，2000年版，第317页。
③ 朱子方：《辽代沈州官吏小考》，《社会科学辑刊》，1993年第6期。

设立了官学，设专职教师和管理人员，教师多为汉族知识分子。教材以五经传疏为主，由国家统一颁定和刊印。由于尊儒，各州县纷纷建孔庙，以此宣扬教化，主兴文脉。辽还鼓励民间的私学教育，当时的沈州教育范围不断扩大，已覆盖到平民子弟。辽代的沈州及周边区域还创造了发达的佛教文化，艺术也得到了繁荣。辽代崇尚佛教，在佛事日益兴盛的社会背景下，辽代统治者和民间大力兴建佛寺、佛塔，培养僧才，刊印佛藏等。在当时的沈州及周边地区，佛寺佛塔众多，佛事兴盛，佛教文化渗透到社会生活的方方面面，成为影响当时地域文化生态的重要因素之一。辽代沈州及周边地区的艺术非常发达，其中最具特色的艺术创造是以寺、塔、墓等为代表的建筑艺术和佛教造像、砖雕、石雕艺术等，以及别具特色的壁画，具有民族风格的金银器和刺绣等。

第三节　女真人南下及其对沈阳文化的影响

一、女真人建政并南下占领辽东

女真人属东北肃慎族系，先秦时被称为肃慎，两汉三国时称挹娄，魏晋南北朝时被称为勿吉，隋唐时被称为靺鞨，世代居住于黑龙江、乌苏里江、松花江流域和长白山一带，是传统的牧猎民族。唐以后，靺鞨中的粟末靺鞨和黑水靺鞨两个部落逐渐走向强盛。粟末靺鞨建渤海国后，黑水靺鞨役属于渤海。契丹人灭渤海国后，黑水靺鞨部乘机南下，进入渤海故地和辽东地区。此时，始有女真称谓。在契丹语中，将肃慎译为女真。宋人根据女真人所处区域、社会经济和文化发展程度，将其划分为三部分，"对于地处咸州（今辽宁开原）、束沫江（今第二松花江）以南，包括迁入辽阳著籍名曰'合苏款'者，称'熟女真'，由辽朝政府直接管辖；自咸州之东北分界入山谷，至于束沫江，中间所居者，非'熟女真'，亦非'生女真'，称'回跋女真'，由辽咸州兵马司管理之；其地处咸州、束沫江以北者，即分布于松花江北岸、黑龙江中下游和乌苏里江一带的女真人，不编入辽籍，称'生女真'，由辽朝政府委任各部落酋长以官职，加以统治。"[1]女真人曾长期臣服于辽。辽圣宗初年，生女真完颜部开始发展壮大，并逐渐统一了女真各部。辽天庆四年（1114年），女真首领完颜阿骨打起兵反辽，并于1115年在上京（今黑龙江省阿城市）建都立国，国号大金。1125年，金俘获辽天祚帝，辽灭亡。1126年，金攻陷汴京，北宋灭亡。鼎盛时期，金的统治疆域含东北、漠南地区，淮河、秦岭以北，原辽上京临潢府至燕云十六州一带。

---

① 佟冬主编：《中国东北史》（第二卷），长春：吉林文史出版社，2006年版，第556页。

女真人在建立政权的第二年，利用辽裨将、渤海人高永昌起兵反辽的契机，发兵南下辽东，接连攻占辽沈州城和东京，进而控制辽东地区。

在金控制辽东地区之前和攻占辽东的过程中，因女真人和辽东渤海人有着同一族源的特殊关系，加之金政权的怀柔政策，很多辽东渤海人与金政权有了密切的往来，并在金进占辽东的过程中发挥了重要作用。金太祖起兵之初，就制定了对渤海人怀柔的政策。金太祖攻打辽属宁江州（今吉林松原境内）时，曾通过安抚，使很多去增援的渤海人归附金军。金攻克宁江州后，将城内渤海王族的后裔释放，让他们招募渤海人投金："获防御史大药师奴，阴纵之，使招谕辽人。"同时还释放了渤海人梁福、斡答剌，让他们回到辽东，宣传"女真、渤海本同一家，我兴师伐罪，不滥及无辜"[1]，招募了很多辽东地区的渤海人归附金国。

金收国二年（1116年）春正月，高永昌率众反辽，占领东京城，自称大渤海皇帝，建元隆基，并迅速攻占了辽东五十余州。辽在招抚高永昌未果后，派萧韩家奴、南府宰相张琳等率兵征讨。张琳军首先占领沈州，并以此为根据地，向高永昌军展开进攻。经大小三十余战，迫使高永昌退守东京城内。高永昌向金求援，金斡鲁统军南下，于当年五月攻占沈州，张琳败走。斡鲁随即又攻占东京城，"东京州县及南路系辽女直皆降。诏除辽法，省赋税，置猛安谋克一如本朝之制。以斡鲁为南路都统、迭勃极烈"[2]。

二、金对沈阳地区的统治及本时期的地域文化成果

金占领辽东之初，推行猛安谋克制，将汉人、渤海人等全部编入猛安谋克组织中。猛安谋克原为女真人的狩猎组织，后被改造成军事组织。金建立政权后，猛安谋克演变为军政合一的地方管理制度。按金制，一谋克包括300户，十谋克组成一猛安，猛安的首领为千户，相当于一州之长官。因组织严密，号令统一，猛安谋克作为军制，在金对辽、宋等作战过程中发挥了重要作用。但作为行政管理体制，从历史发展进程和管理体制的效能来看，相对于州县管理体制，具有奴隶制性质的猛安谋克制度显然是落后的。猛安谋克制在辽东推行不久，就遭到了汉人、渤海人的强烈抵制。于是，金决定对地方行政管理体制进行改革，停止在汉人等聚居区实行猛安谋克制，开始实行路州府县管理体制。

金天眷三年（1140年），下令"罢汉、渤海千户谋克"[3]。金皇统五年（1145年），再次下令"罢辽东汉人、渤海猛安谋克承袭之制"[4]。改革后，金在女真人聚居区继续

---

① [元] 脱脱：《金史》，北京：中华书局，1999年版，第17页。
② [元] 脱脱：《金史》，北京：中华书局，1999年版，第20页。
③ [元] 脱脱：《金史》，北京：中华书局，1999年版，第1199页。
④ [元] 脱脱：《金史》，北京：中华书局，1999年版，第654页。

实行猛安谋克制，在包括沈州在内的辽东地区，实行路州府县制。金的行政建制模式与辽相仿。金建五京，置十四总管府，五京和十四总管府各领一路，共十九路。这与辽的五京领五道，道为地方最高的行政单位略有不同。路下设府、州、县。在实行州县制初期，金在沈州置节度使，金明昌四年（1193年），将沈州降为刺史州，隶属于东京路。据《金史》记载："沈州，昭德军刺史，中。本辽定理府地，辽太宗时置军曰兴辽，后为昭德军，置节度。明昌四年改为刺史，与通、贵德、澄三州皆隶东京。户三万六千八百九十二。"①沈州由节度州降为刺史州，"应该与金代初期徙民以实京师致使辽沈地区州城人口大量减少有关"②。沈州的治所仍在今沈阳老城区内，领有五县，即乐郊县、章义县、辽滨县、双城县、挹娄县。

　　尽管沈州经历了辽金易代的战乱和相对落后的猛安谋克制的管理，后又因人口减少而降级，但女真人的南下特别是金政权对沈州的经营，使沈阳地区的社会、经济得到了一定的发展，丰富了沈阳地域文化。随着发展，沈州的人口也有了一定的增长，到金代末年，达到了18万人，是当时东北地区仅次于东京（辽阳）的第二大城市。据记载，当时的沈州城内设坊，周围乡村设社，说明在金代，沈阳地区已经出现了坊、社等基层政权组织③。金统治时期，沈阳地域文化的发展主要体现在三个方面。第一，女真民族文化对原有文化生态的影响。在女真由氏族社会到发达的军事部落联盟、建立封建制政权的过程中，形成了颇具民族特色的文化体系。女真人南下辽东后，其固有的文化心理、生活方式、思维方式、行为模式等，对地域文化产生了深刻影响，使原有的文化生态发生了改变。二是金代的大规模移民，为沈阳地区注入了新的汉文化元素。金初，开始大批从中原特别是燕赵地区迁移汉民到沈州及周边地区。大量中原汉民的到来，不但带来了更为先进的生产技术和农耕文化，使农业文明更为发达，还将更多新的汉文化元素带到了沈州等地区，促进了当地文化的繁荣。三是金在文化政策上大力倡导、鼓励学习汉文化，使汉文化得到了进一步的传播。与契丹人相比，在初始阶段文化发展水平更低的女真人，对异族文化特别是汉文化一直持更为积极的学习态度。金在沈州及周边地区，改革女真旧制及改变落后的文化习俗，积极吸收汉族的先进文化，在学习汉文化和文化融合的过程中创造了超越前代的文化成果。金代沈州等地的地方教育事业特别是私学比较发达，士子积极参加科举选拔，为国家培养和输送了一批具有较高文化修养的人才。与此同时，也创造了有特色的宗教文化成果和文学艺术成果。

---

　　① ［元］脱脱：《金史》，北京：中华书局，1999年版，第367页。
　　② 张国庆：《辽金元时期沈阳城建变迁考》，《辽宁工程技术大学学报》（社会科学版），2013年第2期。
　　③ 张志强：《沈阳城市史》，大连：东北财经大学出版社，1993年版，第53页。

第四节 多民族文化的融合与民族特色的凸显

在辽金两代沈阳地域文化的发展过程中，始终伴随着多民族文化融合的步伐，生活在这里的多个民族共同构建了地域文化新生态。辽代多民族文化融合的最终结果是形成了以汉文化为核心、具有强烈的契丹民族特色和时代特色的辽文化。金灭辽后，在一定程度上继承了辽文化，并直接与汉文化产生碰撞与融合。尤其是在南下的过程中，金将大批俘获的汉人迁往沈阳及周边地区，又将大批的女真人迁出故地，安置于上述地区。这种各民族间的迁徙、杂处，极大地促进了民族融合与文化交流。经过辽金两代的发展，沈阳形成了以汉儒文化为底色，游牧、渔猎文化特质不断凸显的特色文化形态。

辽金时期沈阳地域文化特色的形成，与两代的人口迁移有着极其密切的关系。经过频繁的迁移，杂居混住的各族民众在碰撞与交融中创造了既丰富又有特色的文化成果。

辽金两代的沈州及周边地区，居民以汉人、契丹人、女真人、渤海人等为主。汉人的主要来源有三：第一部分是辽置沈州前就生活在辽东的汉民。因唐代将大批汉人内迁，后随着辽东的凋敝，人口流失严重，这部分人为数较少。第二部分是辽置沈州后，由燕赵地区等迁来的移民，这部分人数量最大。第三部分是金置沈州后，陆续从中原地区特别是燕赵地区迁来的移民。契丹人的主要来源也有三：一是辽置沈州后迁来的州、县职官及其家属等，当时级别较高的职官多为契丹人；二是在沈州及其周边州县任低级官吏的契丹人；三是驻牧于沈州北部区域的萧氏后族等契丹人，他们主要居住在今法库、康平一带。女真人的来源主要有两部分：第一部分是辽统治时期，为了便于控制女真人，将部分入辽籍的"熟女真"迁入包括沈州在内的辽东地区；第二部分是在金统治辽东后，作为统治阶层进入沈州及周边地区的女真人。生活在沈州地区的渤海人主要为辽太宗时南迁的东丹国国民。

辽金两代的沈州，尽管契丹人和女真人是统治民族，但在居民数量上，汉人仍占多数。汉人与渤海人、契丹人、女真人杂居，交流频繁。汉文化本身就具有较强的渗透力和影响力。早在渤海国时期，渤海人就深受唐的影响，汉化程度很高。契丹人、女真人虽有着自身的文化传统，但能够积极接纳汉文化等其他民族文化。因此，在辽金两代的沈州及周边地区，通过相互碰撞、影响、学习，整个地域文化从物质文化到精神文化，从制度文化到习俗文化，从文化经典到生活方式等，都发生了重要变化。在深度交流和融合后所产生的新质文化，既保留了中原汉文化的原质，又吸收了游牧文化、渔猎文化的元素与精神特质，从而形成了地域文化的特色与亮点。

第四章　沈阳地域文化的发展

历经候城、通定镇、盖牟城、沈州等的发展后，沈阳城市的地位在元明两代得到了一定程度的提升。元置沈阳路，使沈阳"域名"首见于历史，其规格与影响也超过往代。明置沈阳中卫后，除赋予其军事防御的职能外，城市的综合功能也得到了一定的拓展，形成了具有特色的军屯卫所文化和城市文化。

元代，随着蒙古、高丽等民族的人口大量迁居沈阳，更多民族的文化在沈阳大地上得到交融和传播。元明两代特别是明代，随着以儒学为主的学校教育的推广，沈阳的汉文化也得到了前所未有的发展。

第一节　元代蒙古、高丽等民族文化的汇入

一、元的统一及辽阳行省、沈阳路的设置

蒙古人属古东胡族系，是以唐代的蒙兀室韦为主体发展而来的。他们长期活动于大兴安岭北端的额尔古纳河沿岸和呼伦湖一带，早期完全以游牧狩猎为生，后有少数部落从事农业生产。唐代中后期，室韦各部进入蒙古高原。他们先后臣服于突厥、唐、辽、金。金泰和四年（1204年），铁木真统一蒙古高原各部落。金泰和六年（1206年），铁木真被各部落推举为成吉思汗，建立蒙古帝国。1271年，忽必烈称帝，建国号为大元。在1196年到1233年间，元先后通过征服呼伦贝尔塔塔尔等五部，进军东北南部，平定契丹叛军、金军残余势力和东夏等，基本完成了对辽宁乃至整个东北地区的

征服①。在平定了以乃颜、哈丹为首的东方诸王之乱后，元政府在东北地区确立了行省制。在文化教育上，元建立官学，使东北境内的各族接受中原传统的儒家文化教育。在蒙古人相对集中的地方，设立蒙古学，传承蒙古民族文化。

元在参考历代中原王朝管理体制的基础上，设置地方行政管理机构。元以中书省直辖腹里地区，吐蕃地区由宣政院统辖，在其他地区分设11个行省，以其"掌国庶务，统郡县，镇边鄙，与都省为表里"。作为地方最高行政管理机构的行省，"凡钱粮、兵甲、屯种、漕运、军国重事，无不领之"②。当时设立的11个行省为岭北行省、辽阳行省、河南行省、陕西行省、四川行省、甘肃行省、云南行省、江浙行省、江西行省、湖广行省、征东行省等。元在行省之下设路、府、州、县等，一般以省统路、府，以路、府统州、县。

在蒙古人统治东北之初，曾先后以北京（今内蒙古宁城县大明镇）等路都元帅府、北京等路宣抚司、北京行省、东京行省等管理东北的地方行政事务。这一时期，辽宁的部分地区为蒙古东方诸王的封地，在东方诸王的反对下，设立负责管辖东北地区的行省的过程并不顺利，在短短的二十几年间，经历了三次设立、三次撤销的过程。至元元年（1264年），设北京行省，管辖东北地区，至元二年（1265年）撤销；至元六年（1269年），再次设立北京行省，至元十五年（1278年）撤销；至元二十三年（1286年）七月，设东京行省，几个月后撤销。至元二十四年（1287年），在平息东方诸王叛乱后，为确保东北地区的长治久安，大臣范文虎提出："豪、懿、东京等处人心未安，宜立省以绥抚之。"③中央政府采纳范文虎的建议，决定设立辽阳行省。辽阳行省的治所先后设于北京（即大宁，今内蒙古宁城县大明镇）、咸平（今辽宁省开原市老城镇）、懿州（今辽宁省阜新市东北塔营子城）、永平（今河北省卢龙县）等地④。辽阳行省辖七路一府，即辽阳路、广宁府路、大宁路、东宁路、沈阳路、开元路、水达达路、咸平府等。

在沈阳城市发展史上，沈阳路的设置有着重要意义：一是"沈阳"城名首次出现；二是标志着沈阳的地位有所提高。元政府设沈阳路，主要目的在于便于统辖两个高丽军民总管府。关于设立沈阳路的年代，目前尚有争议，但应不晚于1290年。在设置沈阳路之前，为了安置入质蒙古的高丽王族和降民，元政府于至元三年（1266年）复建了已基本毁于战火的沈州城。据《元史》记载："元初平辽东，高丽国麟州沈骑都领洪福源率西京、都护、龟州四十余城来降，各立镇守司，设官以抚其民。后高丽复叛，洪福源引众来归。授高丽军民万户。迁降民散居辽阳沈州，初创城郭，置司存，侨治辽阳故城。中统二年，改为安抚高丽军民总管府。及高丽举国内附，四年，又以

---

① 佟冬主编：《中国东北史》（第三卷），长春：吉林文史出版社，2006年版，第4页。
② ［明］宋濂：《元史》，北京：中华书局，2000年版，第1531页。
③ ［明］宋濂：《元史》，北京：中华书局，2000年版，第204页。
④ 佟冬主编：《中国东北史》（第三卷），长春：吉林文史出版社，2006年版，第32页。

质子淳为安抚高丽军民总管。分领两千余户，理沈州。"①当时置于辽阳和沈州的两个安抚高丽军民总管府，职能相同，矛盾不断。为了缓解矛盾，设立了沈阳等路安抚高丽军民总管府。沈阳路设置之初，治所在辽阳城内，大约于第二年迁至沈州。当时的沈阳路辖5个总管府，24个千户所，125个百户所。关于沈阳之名的来历，经考证和分析，路名应取沈州的沈字和辽阳的阳字，合称沈阳路②。根据立于元至正十二年（1352年）的"沈阳路城隍碑"碑文可知，当时设在沈阳路的机构主要有沈阳等路安抚司，沈阳等路军民总管府，总管高丽、女直汉军都万户府，沈阳等路高丽军民总管府等。沈阳路城位于沈阳城的老城区之内③。当时的沈阳地区，居民构成更为多样，有汉、蒙古、女真、契丹、高丽等多个民族杂居于此。

元代的沈阳，经过设立路城和不断进行建设，地域文化得到了一定的发展，多民族文化融合交汇的多元色彩也变得更加强烈。

二、蒙古族游牧文化与农耕文化在沈阳的融合

元是蒙古贵族主导建立的封建政权，实行的是蒙汉二元政治体制，是蒙古旧制和中原政权模式相结合而形成的混合式政权，游牧和农耕文化的冲突与融合构成了元代文化的基本形态。在古代历史上，蒙古族文化在辽宁及沈阳地区得到较快的发展，主要出现在两个历史时期，一是元统治东北期间；二是明末清初蒙古族喀喇沁部、土默特部迁居辽西地区后直至清末。

在进入辽宁及沈阳地区后，蒙古人在吸纳汉族等其他民族文化的同时，也以自身独特的民族文化影响着辽沈地区，改变着地域文化生态。蒙古族在形成与发展过程中，创造了具有鲜明特色的民族文化。马克思认为："物质生活的生产方式制约着整个社会生活、政治生活和精神生活的过程。"④生产方式是文化的真正的本体，一个民族的文化内涵与特色，在很大程度上是由生产方式决定的。蒙古族是马背上的民族，《蒙鞑备录》所描述的"鞑人生长鞍马间，人自习战。自春徂冬，旦旦逐猎，乃其生涯"⑤是蒙古族典型的生产生活方式。蒙古族文化具有极其鲜明的游牧文化特征。游牧民族的民族性格，从总体上来说，是单纯、粗犷、豪放的。"蒙古族作为游牧民族，从生产方式、生活习俗到思维定式、思想感情，都以一种敬畏和爱慕的心情崇尚自然，将人与自然和谐相处当作重要的行为准则和价值尺度，一以贯之，融汇到自己全部的生活之中。"⑥在信仰

① ［明］宋濂：《元史》，北京：中华书局，2000年版，第937页。
② 姜念思：《沈阳史话》，沈阳：沈阳出版社，2008年版，第94页。
③ 王晶辰主编：《辽宁碑志》，沈阳：辽宁人民出版社，2002年版，第56—57页。
④ 《马克思恩格斯选集》（第二卷），北京：人民出版社，1995年版，第32页。
⑤ 内蒙古地方志编撰委员会总编室编印：《内蒙古史志资料选编》（第三辑），1985年，第11页。
⑥ 吴团英：《论蒙古族文化的基本特征及其在民族性格上的体现》，《内蒙古社会科学》（汉文版），2016年第2期。

上，蒙古族的原始信仰是崇拜自然、尊天神为众神之上，萨满教是他们的原始宗教。在蒙古人的思想意识中，天是万能的，主宰着人间一切。蒙古族在居住、饮食、服饰等方面均形成了自身的特色。在居住上，他们根据游牧生活的需要，创造出了就地取材、以木为架、上覆以毛毡的蒙古包；在饮食上，蒙古民族形成了善于食肉、饮酒的习俗；在服饰上，蒙古族的蒙古袍是具有鲜明民族特色的服装。

元代辽阳行省的蒙古族人口约在20万左右，辽阳行省南部的蒙古族人，多随蒙古驻军而居，也有一部分人是通过从政、屯田等途径来到辽宁境内的。当时的沈阳路包括沈州境内的蒙古族人也大多如此。尽管元对人口实行等级身份管理，汉族人地位卑微，但彼此间的交流是难以被阻隔的。通过交流，蒙古族人与当地汉族人等在生活方式、宗教信仰、婚丧习俗等方面互相影响，各自都发生了一定的改变。如在饮食上，蒙古族喜食肉，喜饮茶以化食（肉类）。进入沈阳的蒙古族人保留着饮茶的习惯，但在汉族人的影响下，开始更多地食用粮食、蔬菜。与此同时，一些汉族居民也学会了饮茶，并在食物中增加了牛羊肉等。在服饰上，蒙古族人穿戴的冠帽、袍服、靴子等均发生了变化，以毡帽代替皮帽，以布靴代替皮靴，袍服也开始使用棉布、丝绸、织锦等材料。当地的汉族等居民，在服饰上也吸纳了一些蒙古族的元素。居住上，生活在沈阳地区的部分蒙古族人开始放弃蒙古包，入住土坯房、夯土房等，但保留着向东或向南开门的习俗。在宗教信仰方面，蒙古族人的传统宗教是萨满教，在接触了汉族人所信奉的佛教、道教以及外来宗教基督教、伊斯兰教之后，他们中的部分人转而改变了信仰。在婚丧、节庆等习俗方面，蒙古族古老婚俗中的烦琐程序逐渐被简化，汉族等的元旦、中秋、端午等节庆活动，也逐渐进入了蒙古族人的生活。

三、高丽、回回等民族文化汇入沈阳地域文化

元代生活在沈阳的高丽人主要为降民，人数较多。经过三次大规模的人口迁移，高丽人陆续进入辽东腹地。第一次为降蒙的洪福源迁入辽东，随行的高丽族众有七八千人；第二次为赵玄习、李元佑归附蒙古后迁居辽阳，随迁的高丽人有约2000人；第三次为高丽世子被封为安抚高丽军民总管，其所领人户入居沈州，这批入居的高丽人有约1万人。"辽阳、沈州两地共有高丽族约4000户、2万人。元代辽阳、沈阳两路共有钱粮户8891户，其中高丽族至少占一半左右。"[1]

高丽族在长期发展中形成了独特的文化。元代沈阳及周边区域的高丽族基本上聚族而居，长期保持着本民族的文化特色。但随着时间的推移和环境的变化，他们与其他各民族的交往、交流日益频繁起来，其文化形态也发生了一定的变化。

高丽族曾世居高山深谷，从事农业生产。他们的原始信仰是敬天、信鬼神。高丽

---

① 佟东主编：《中国东北史》（第三卷），长春：吉林文史出版社，2006年版，第269—270页。

族在饮食、服饰、居住、节庆、民族礼仪、婚丧习俗等方面均有着自身特色。高丽族文化原本就受汉文化影响较深，进入沈阳后，高丽文化在给沈阳地域文化带来新的文化元素的同时，自身也发生了一定的改变。其最主要的变化是进一步汉化，如积极地吸纳儒家文化，信奉佛教和道教等；婚俗受到汉民族的影响，开始讲究媒妁之言、父母之命、财聘之礼等；厚葬的丧葬习俗也发生了变化，葬式和葬仪趋于简单。

元代将西域各族称作色目人，其中包括回回族人。元代回回族的来源主要有二，一是成吉思汗西征返回后随之来到中国的中亚人、阿拉伯人、波斯人；二是回回族商人。经过发展与融合，逐渐形成了以上述成员为主体的民族共同体。回回族人信仰伊斯兰教，他们的信仰、心理、习俗、饮食等，都与伊斯兰教文化息息相关。回回族人的婚、丧、嫁、娶、服饰、饮食以及各种风俗习惯，如节日、日常礼仪等，受伊斯兰教戒律和某种禁忌影响很大，已转化成民族习俗。同时，回回族文化又具有多元性的特征，其在形成和发展过程中，不断地吸纳汉族、蒙古族等其他民族文化，各民族的文化元素也随之汇入其中[1]。

回回族与蒙古族大约同时进入沈阳地区，最早的回回族人是被元政府派到沈阳镇守的"探马赤军"。"探马赤军"是由信奉伊斯兰教的教民组成的西域兵团。元政府规定"探马赤军"上马则战斗，下马则屯聚牧养。沈阳地区的回回族人多为解甲归田的"探马赤军"。按照回回族人"大分散、小聚集"的分布特点，根据元"沈阳路城隍碑"的记载，"院地东至回回五哥"[2]，可知当时沈州城已有回回族的聚居区。与当时居住在沈阳的其他民族一样，回回族人的文化成为地域文化的组成部分之一。

第二节 明代军屯卫所文化对地域文化生态的改变

一、明对辽东的统治及沈阳地区多民族文化的发展

朱元璋于1368年正月在应天府称帝，国号大明，年号洪武。洪武元年八月，明军攻克元大都，元顺帝逃往蒙古草原，统治中国近一个世纪的元王朝灭亡。洪武四年（1371年）七月，明设立定辽都卫指挥使司，治所在辽阳城（今辽阳老城）。洪武八年（1375年）十月改为辽东都指挥使司，开始对辽宁地区进行有效的控制和管理。明在辽东所设的都司卫所，原本为军事机构，后来大部分转变为"军政合一的地方政权机

---

① 邱树森：《回族文化志》，上海：上海人民出版社，2010年版，第21—22页。
② 王晶辰主编：《辽宁碑志》，沈阳：辽宁人民出版社，2002年版，第57页。

构"①。这种设置与辽东地旷人稀、戍守军务过多等有关。明代初期，辽宁地区处于割据状态，部分区域为故元势力所占据。在扫除故元势力后，沈阳所在的辽东地区进入了相对稳定时期，经济、文化都得到了较快的发展。明代中期，因其为边陲疆土和多民族聚居地区等特殊情况，中央政府在辽宁境内不断强化戍边功能，并对女真族和蒙古族人进行羁縻统治。明代后期，在与后金的战争中，沈阳及其周边地区处于主要冲突区和重要争夺区，再次陷入战乱之中。

明在辽东的行政管理体制较以往有很多变化，既比较特殊，也比较复杂。明代辽东未设独立的行省，而是由辽东都指挥使司管辖，辽东都司在行政上隶属于山东行省，在军事上隶属于左军都督府。山东布政、司法二司对辽东进行民政、司法管理。明王朝的这种设置，主要考虑两地间有着相对便利的交通条件。明军入辽东之初，曾经推行卫所与州县并行制，但很快废除，撤销州县，广设卫所。明代的辽东都司共设25卫，辽西地区有11卫，从辽南的金州到辽北的开原共有13卫，定辽右卫孤悬于东部山区②。沈阳地区因其"辽阳之头目、广宁之唇齿"③的重要战略地位，先设沈阳中卫、沈阳左卫，后设沈阳右卫，洪武二十年（1387年）又统合为沈阳中卫。

经过元末明初的战乱，东北南部的人口锐减，特别是辽西地区，基本成了无人区。沈阳所在的辽东地区相对较好，但人口也损失很多。在局势基本稳定后，随着经济和社会的发展，沈阳及周边地区的人口开始逐渐增长。明代沈阳地区的人口主要由三部分组成，一是数量不多的土著人口；二是在设置卫所的过程中，从中原等地陆续迁入的居民，原籍河南、山东的校卒是沈阳中卫、沈阳左卫的重要人口来源④；三是由东北地区北部、西部、东部迁入的各族人口，包括女真族、朝鲜族、蒙古族等。在当时整个辽东地区包括沈阳的人口结构中，来自中原的人口最多，来自东北其他地区的人口次之，元代留下的土著最少⑤。在辽东都司的有效管理下，明代的沈阳，在汉文化得到了空前发展的同时，也出现了多民族文化交流与融合的局面。明代沈阳地区民族文化的碰撞与交流，呈现出独特的面貌：一是汉文化更为发达。在从中原迁来的人口中，中下层军人多为河南、山东人，将帅多为随朱元璋打天下的安徽、江苏籍人士。此外，明代的流人完全发至辽东，流人中，各种层级的官员较多⑥。上述人员的加入，提升了沈阳地区汉文化的层次。随着汉族人口结构的改变，沈阳地区的汉文化趋于丰富，儒学教育、宗教和文化艺术都得到一定的发展；二是在明代中期后，随着沈阳周

① 李健才：《明代东北》，沈阳：辽宁人民出版社，1986年版，第35页。
② 佟东主编：《中国东北史》（第三卷），长春：吉林文史出版社，2006年版，第582页。
③ ［明］顾祖禹：《读史方舆纪要》，北京：中华书局，2005年版，第1736页。
④ 《明太祖实录》，台北："中央研究院"历史语言研究所，1962年版，第2706页。
⑤ 张士尊：《辽宁文化通史》（元明卷），大连：大连理工大学出版社，2009年版，第21—22页。
⑥ 黄松筠：《论明代辽东流人文化》，《辽宁师范大学学报》（社科版），1998年第6期。

边女真族的逐渐强大和蒙古族的发展，农耕文化与骑射文化的碰撞与交流更趋强烈、频繁；三是生活在沈阳地区的各少数民族的汉化过程开始加快，他们的生活方式发生了较大改变，汉文化水平得到前所未有的提高。

二、明代沈阳的军屯卫所文化

卫所制与军屯制是明代辽东管理体制的核心内容，卫所的设置，卫城和所城的建设与管理，军户、屯田等制度的推行，都体现了带有明显边疆特色的文化。明代辽东的军屯卫所文化，由单纯的军事文化逐渐演变成了独特的综合性地域文化，其影响遍及社会生活的各个领域。

明代的卫所制，是朱元璋参考唐朝府兵制建立的一种军制：在全国设立卫所，卫所内的军丁世代相继，推行屯田制为卫所提供给养。明代卫所的设立，遵循"重京师、守要冲、实边防"的原则。明代北方的重要军事防御线，由九边军镇构成。按照屯兵的等级，九边的卫所军城分为镇城、路城、卫城、所城和堡城①。辽东镇为明代"九边"中最早开设的"四镇"之一，加之其战略地位极其重要，故被称为"九边之首"。明在辽东建立了完备的卫所制，相继建成了多座镇城、卫城、所城。明永乐初年（1403年），辽东都指挥使司驻辽阳，镇守总兵驻广宁。隆庆元年（1567年），将辽东镇总兵府迁至辽阳北城内。因此，明代在辽东设立的镇城共有两座，其中辽阳镇城是辽东防御区的核心，广宁镇城因其战略位置的重要性，也备受重视。在辽河以东，除辽阳镇城外，还建有一座路城，即开原城，六座卫城，即海州卫城、盖州卫城、复州卫城、金州卫城、沈阳中卫城、铁岭卫城。三万卫和辽海卫设在开原城内。在明代的防御体系中，路城的级别仅次于镇城，由统辖本路的参将或分守驻守，但在城的规制和规模上与卫城并无差别。路城和卫城的规模相对较小，约为镇城的三分之一到一半。

沈阳建卫后，经过洪武、建文时期的反复调整，于永乐初年基本确定了驻守情况，即在此设沈阳中卫。至此，沈阳中卫成为明在沈阳地区设立的唯一的军民管理机构。沈阳中卫下辖7个千户所，即前、后、左、中、右5个千户所和抚顺千户所、蒲河千户所。沈阳中卫的治所在沈阳中卫城内。沈阳中卫城原为元沈州城，洪武二十一年（1388年），明指挥闵忠在旧城址上修筑了新城。关于沈阳中卫城的基本情况，在《全辽志》和《奉天通志》中均有记载，且内容基本一致："方九里一十余步，高二丈五尺。池二重，阔三丈，深八尺，周围一十里三十步；外阔三丈，深八尺，围十一里有奇。门四，东永宁，南保安，西永昌，北安定。"②明嘉靖二十二年（1543年），在南门

① 何一民，吴朝彦：《明代卫所军城的修筑 空间分布与意义》，《福建论坛》（人文社会科学版），2005年第1期。
② 辽宁省人民政府地方志办公室整理：《奉天通志》（第四函），沈阳：辽宁民族出版社，2010年版，第2116页。

外修建了南关和周长达679丈的瓮城。明万历年间，重修卫城，改安定门为镇边门。后来清代的盛京城，其基础为沈阳中卫城。

与辽东的其他卫城一样，在发展过程中，沈阳中卫城由军城逐步转变为兼具重要军事功能和其他综合功能的城市。由于城市历史悠久、地理位置优越，沈阳中卫城的综合功能得到了较为迅速的发展。在当时的沈阳中卫城内，共设置了三类组织机构，即军政管理机构、军事指挥机构、军政辅助机构。设置在卫城内的军政管理机构有沈阳中卫治所、经历司、镇抚司、察院行台等，左、右、中、前、后所的治所也设在卫城内。沈阳中卫治所是指挥使、指挥同知、指挥佥事等的办公地点。负责处理公文和日常管理、抚恤的经历司"设经历一人，从七品，知事一人，从八品"[1]。负责掌管刑狱的镇抚司设镇抚二人，从五品。察院行台为都察院巡按御史的办公场所。卫城内的军事指挥机构有沈阳游击府、沈阳备御公署，是沈阳游击将军、沈阳备御的办公机构。军政辅助机构有设在城内的卫学、社学、养济院和城外的漏泽园等。其中的卫学和社学为不同层次的学校。养济院是慈善机构，当时在辽东"每卫置养济院，劝谕富实之家各出粟，依时给养存恤孤穷"[2]。漏泽园为官办公墓。

在上述机构的管理和推动下，具有鲜明特色的卫所文化得到了一定的发展。综合来看，沈阳军屯卫所文化所体现出的特色和成果如下：一是边地重镇的地位不断得到提升，带有浓重的边地和军事色彩的城市文化得到发展。设立沈阳中卫的主要目是进行军事防御，因此，其城市建设、管理机构的设置、居民结构乃至整体的文化氛围，都体现出边地重镇的特色。出于军事防御的需要，在沈阳中卫先后修筑了13个不同等级的城堡，这些城堡是当时沈阳社会建设和文化建设的重要载体。在沈阳中卫内设立的管理机构以军事机构为主。在卫所中，军户人口所占的比例最大，军士承担的重要职责为征操、屯田、盐铁等。二是根据军屯卫所制度，将大量汉族军士投入到屯田和盐铁等项生产中，对农业和手工业生产技术的提高起到了一定的推动作用，农耕文化得到了发展，手工业出现了工场化的倾向。三是随着卫所地位的提升和文化的发展，卫所文化充分发挥了辐射作用，其所涵纳的儒学、宗教、习俗礼仪、生活方式等不断向周边地区传布，促进了汉文化的传播和民族融合。四是随着卫所功能的拓展和社会生活的日益活跃，沈阳城市的经济和商贸得到了发展，使城市的中心地位得到了一定程度的强化。沈阳凭借其优越的地理位置，成为区域商业中心："200余年间沈阳的城市商业货栈、旅店、代销人、经纪人多了起来。……沈阳几乎成了不设市的常市，沈阳的经济功能不仅仅是为了卫城城内自身服务，而且是承担起物质存储和二次流通的

---

① 《明太祖实录》，台北："中央研究院"历史语言研究所，1962年，第3711页。
② 《明英宗实录》，台北："中央研究院"历史语言研究所，1962年，第6912页。

主导作用。从这个意义上可以说沈阳卫城有如中心城市。"①有研究者认为，中国古代城市形成的过程，一般就是"城"与"市"相结合的过程，"由单纯的军事中心或政治中心的城堡发展为政治和经济文化中心的城市的发展过程"②。从这个角度来看，明代的沈阳经历了城市发展的重要阶段。上面提到的沈阳中卫城内手工业工场化萌芽的出现，也说明城市功能在发生着重要变化，工业生产已经成为这座城市的有机组成部分。

第三节　影响不断扩大的汉文化及承前启后的宗教文化

元明两代，特别是明代，沈阳地区的汉文化得到了快速发展。传播汉文化，发展以儒学为中心的学校教育是政府在文化领域推行的最为重要的举措。关于元代沈阳教育的情况，史籍中无明确记载，但根据元在辽阳行省办儒学的情况和相关资料分析，元代沈阳路当有以推行儒家文化教育为主的路学、社学等官学，也有私学的存在。元在辽阳行省推行学校教育的时间略晚于中原地区，在13世纪末开始开办儒学。按元制，在各路及州、县之内均应设儒学。元在辽阳行省设立了教育管理机构——儒学提举司，负责统辖"诸路、府、州、县学校、祭祀、教养、钱粮之事，及考校呈进著述文字"③。根据文字记载和考古发现，元代在辽阳行省设立的儒学应在23家以上④。在各路均设有社学、医学等。在出土于阜新塔营子古城址的元至元元年（1335年）《懿州城南学田记碑》的碑文中，有关于沈阳学田的记述："公慨然曰：昔沈阳文政公忝政是省，尝以缗□□□□氏计田□垧，东至官道，南至岭，西至小道，北至姜家地。屋壹区，井一眼。"⑤此段记述，佐证了元代已经在沈阳开办了学校。

经过元末明初的战乱，东北地区民生凋敝，原有的文化教育体系也被摧毁殆尽。为了加强对民众的教化，提升区域的文化水平，明政府做出了大力发展地方教育的决策。明代东北，有三个特色鲜明的文化圈，"一个是以汉族为主体的辽东文化圈；一个是以蒙古族为主体的嫩江大宁文化圈；一个是以女真族为主体的奴儿干文化圈。三个文化圈各自都有着十分鲜明的文化特点，其民族差异、民族特点鲜明"⑥。明首先在辽东文化圈大力推行儒学，恢复和重构文化生态，后逐渐推广至东北其他地区。明代的

① 沈阳市文史研究馆：《沈阳地域文化通览》，沈阳：沈阳出版社，2013年版，第162页。
② 徐丽珍：《论中国古代城市的起源与形成》，《吉林广播电视大学学报》，2006年第1期。
③ ［明］宋濂：《元史》，北京：中华书局，2000年版，第1535页。
④ 佟东主编：《中国东北史》（第三卷），长春：吉林文史出版社，2006年版，第444页。
⑤ 佟宝山：《阜新史》，北京：东方出版社，1999年版，第266页。
⑥ 李治亭主编：《东北通史》，郑州：中州古籍出版社，2003年版，第391页。

儒学进行的是学生升入国子监之前的中等教育。朱元璋认为，"治国以教化为先，教化以学校为本"，"令郡县皆立学校，延师儒，授生徒，讲论圣道，使人日渐同化，以复先王之道"，明政府"于是大建学校"①。洪武十七年（1384年），在辽东都司管辖范围内设立了第一批儒学，即设于辽阳城的辽东都指挥使司儒学和金、复、海、盖四州儒学，并建文庙，供奉、祭祀孔子。到万历三十七年（1609年），在辽东地区共设立了17所儒学。按照明制，一般规定"府设教授、州设学正，县设教谕，各一。俱设训导，府四、州三、县二"②。辽东都司在儒学管理和教学人员的设置上略有变通，不同时期也略有差异，如早期各卫的儒学曾设教授一人、训导四人，不久改为设教授一人、训导二人，后又多改为设教授一人、训导一人③。各儒学的生员，以官兵子弟为主。

明代沈阳地区的教育体系比较完备，各类学校以传承汉文化为其根本，以提升学员的儒家道德水平和儒学文化修养为主要目标。儒学、书院的发展和自由讲学的出现，是明代沈阳文化发展史上的一大亮点。沈阳中卫的儒学影响较大。沈阳中卫儒学创建于洪武末年，根据《辽东志》和《全辽志》的记载，其具体位置应在沈阳卫治东④。在此学习的生员有武官子弟、文官子弟、军户子弟和民户子弟等。教官主要来源于副榜举人和监生。据考证，儒学生员学习的主要内容为四书五经，多"研习《诗经》《尚书》《易经》《礼记》《春秋》等儒家经典，也有只专习其中一经的生员。术数、书法、'御制大诰''本朝律令'也是生员必修课程"⑤。

在兴办儒学的同时，明政府还大力提倡办社学、书院、医学和阴阳学等。政府重视社学的启蒙作用，"选择名师，民间幼童十五以下者送入读书，讲习冠婚丧祭之礼"⑥。明代的社学为官办教育，在辽东地区各卫均设有社学。东北地区最早的书院出现在明代，在辽东共设了7所官办书院，设立于沈阳中卫蒲河千户所城的蒲阳书院是其中之一。书院的学员，均为从各卫儒学中选取的优等生。辽东地区所设的医学和阴阳学，比元代规模大、数量多，共置有医学9所、阴阳学9所，设在沈阳中卫城的医学、阴阳学各1所。

随着汉文化及各民族文化的发展，元明两代，佛、道等宗教文化在沈阳地区得到了广泛的传播。因统治者对宗教信仰采取宽容政策，元代辽阳行省的宗教文化呈现出多元发展的态势，人们信奉的宗教主要有佛教、道教，蒙古族的原始宗教萨满教，外来的基督教、伊斯兰教等，其中影响最大的是道教和佛教。元代的道教发展很快，佛

① [清] 张廷玉：《明史》，北京：中华书局，1974年版，第1686页。
② [清] 张廷玉：《明史》，北京：中华书局，1974年版，第1686页。
③ 佟东主编：《中国东北史》（第四卷），长春：吉林文史出版社，2006年版，第1210页。
④ 张士尊：《辽宁文化通史》（元明卷），大连：大连理工大学出版社，2009年版，第101页。
⑤ 张晓明：《明代辽东方志中的社会教化》，《鞍山师范学院学报》，2016年第3期。
⑥ [清] 张廷玉：《明史》，北京：中华书局，1974年版，第1690页。

教原本在辽金时期就盛行于东北地区，在元代也有了一定的发展。到了明代，因辽东都指挥使司管辖范围内的汉族居民增多，汉族传统的佛教、道教得到了更快的发展。

从可考的佛教寺院、道教宫观情况，可以看出元明两代沈阳佛教、道教文化的盛况。香火兴旺的佛教寺院主要有长安寺、兴隆寺、慈惠寺（万寿寺）、朝阳寺、大法寺、白衣寺、应福寺、地藏寺、大佛寺、石佛寺、华岩寺等，可谓寺庙林立，信徒众多。其中的长安寺位于古城中心，是沈阳地区最古老的寺庙，民间有"先有长安寺，后有沈阳城"和"庙在城里，城在庙中"之说。该寺初建的年代已不可考，据寺内碑刻记载，在明永乐七年（1409年）、明天顺二年（1438年）、明成化十三年（1477年）至二十三年（1487年）、清顺治二年（1645年）、清乾隆三年（1738年），均对长安寺进行了修缮。现有建筑基本保持着明代风格。寺院占地5200平方米，建筑面积2000多平方米，由南向北共三进院落。主要建筑有沿中轴线分布的山门、天王殿、戏楼、大雄宝殿、拜殿、极乐宝殿等，此外，还有钟楼、鼓楼、东西配殿等附属建筑。大法寺建于明永乐十三年（1415年），重修于明万历四十二年（1614年）。该寺占地约2万平方米，僧侣最多时达数百人。朝阳寺位于城东南朝阳山上，相传该寺起源于唐，另一说为建于明洪武年间。该寺占地8400多平方米，是明代沈阳城东南部规模最大的禅林。慈惠寺（万寿寺）初建于明正统五年（1440年），后多次进行扩建，明代中期后，发展成沈阳地区佛教活动中心。

这一时期，沈阳地区的道教宫观主要有城隍庙、中心庙、三官庙、精忠庙等。城隍庙是元代沈阳规模最大的道教庙宇，能容纳众多教众在此祈福化斋。城隍庙初建于辽代，毁于金末战乱。元至正十三年（1352年），在沈阳路城内中偏北的新址重修城隍庙，有正殿3间、子孙堂1所、碑楼1座、东西斋厨共6间。中心庙建于景泰七年（1456年），位于沈阳中卫城内南北和东西两条主路的交叉点上，因此得名。中心庙内供奉有关圣人、城隍、山神、财神、土地神等。建于明代的三官庙，位于今沈阳故宫大清门东侧，建有山门、大殿、东西配殿，大殿内供奉着天、地、水三官，教众在此祭祀，祈求天官赐福、地官赦罪、水官解厄。三官庙的规模虽不大，但在当时的沈阳教众中影响很大。

元明两代沈阳地区佛教和道教等的发展，使宗教文化渗透到社会生活的各个层面，对地域文化生态产生了较大的影响。这种繁荣局面，也为清代宗教文化的转型与发展奠定了基础。

第五章　沈阳古代地域文化发展高峰的出现

后金崛起和清王朝统一全国，使沈阳的城市地位得以迅速跃升，地域文化也得到了前所未有的发展。努尔哈赤迁都沈阳后，经过努尔哈赤、皇太极两代的经营，沈阳由一个以军事戍守功能为主、其他功能为辅的"军城"，迅速跃升为东北地区的政治、文化、军事、经济中心。顺治入关后，清王朝将沈阳尊为陪都，赋予其仅次于北京的尊崇地位。有清一代，辽沈地区经历了又一次民族大融合，区域的文化形态发生了重大变化。经过努尔哈赤时期的发展和皇太极时期的一系列改革，形成了对中国文化产生重要影响的盛京文化。盛京文化包罗万象，"但它的核心文化主要表现在八旗军事文化、八旗文人文化、八旗教育与科举和以满族文化为中心的多民族文化融合方面"[①]。盛京文化具有鲜明的融合性、民族性和多元性特征。明代辽宁的大部分地区，已经成为汉文化区。后金政权进入沈阳后，数以十万计的女真人进入辽宁腹地，随后，又将原生活在黑龙江流域的达斡尔、鄂伦春、索伦（鄂温克）、赫哲等南迁。清（后金）通过征服和联合漠南、漠北蒙古各部，将蒙古族人纳入了统治体系。清（后金）的统治者在多数时期，推行了既保留本族文化传统，又吸收汉文化精华的政策，加之各民族的频繁接触与深入交流，使地域文化呈现出民族特质凸显、又不断走向融合的特色。盛京文化本身就是多元构成的文化，在发展过程中，又有新质文化如流人文化、东巡文化等不断汇入其中。

---

① 张佳生：《盛京文化的形成与特色（之一）》，《大连民族学院学报》，2014年第4期。

第一节　后金统治辽沈地区与沈阳文化地位的跃升

一、明代后期女真的强大与统一

16世纪末，生活在东北地区、先后臣服于元、明的女真各部落再次走向统一，后经过军事征服而成为东北地区的统治民族。

明代初叶，长期生活在松花江中下游地区的女真人开始大规模向南迁徙，并逐渐进入相对发达的辽东地区。女真人中最活跃的有两部分，即海西女真和建州女真（还有被明命名为野人女真的部落，但地处偏僻，部落的规模较小，后多被划入海西女真和建州女真中）。明代的海西，指的是以忽剌温河（今呼兰河）流域为中心的三角形区域，明人把生活在这一带的各部女真统称为"海西等处女直"。明代的建州在今吉林市一带，建州女真因明政府置建州三卫而得名。明早期的建州女真人，分布在西起今吉林市东南，东至日本海，北起穆棱河，南过图们江的区域内。

海西女真和建州女真南下迁徙的路线不同，海西女真向西南方向迁徙，建州女真向东南方向迁徙。海西女真在南迁的过程中，其中的塔西山左卫、塔鲁木卫和弗提卫的一部分逐渐发展壮大，在定居松花江上游与辽河上游之间的区域后，形成了四部：哈达、乌拉、叶赫、辉发。由于氏族同姓、地域毗邻和在军事、贸易等方面存在着密切合作关系，上述四部又结成了扈伦联盟。建州女真在南迁的过程中也逐渐强大起来，会聚于苏子河与猪婆江（今浑江）之间的区域，形成了四卫：建州卫、建州右卫、建州左卫、毛怜卫。

明万历年间，努尔哈赤被明廷任命为建州左卫都指挥使后，展开了对建州各部的征服战争，并于万历十七年（1589年）完成了对建州女真各部的统一。万历初年，在建州女真中，形成了苏克苏浒河、浑河、完颜、栋鄂、折陈等几大部落，在各部中均出现了影响力较大的首领，"建州有王杲之酋、鹅头之酋、忙子胜之酋、兀堂之酋、李奴才之酋，毛怜有李碗刀之酋"，海西女真各部的首领与他们"并皆号为桀黠"[1]。努尔哈赤起兵后，首先清除了他所在的苏克苏浒河部内部及家族内部的反对势力，在杀掉苏克苏浒河部主要首领尼康外郎后，完全控制了该部。万历十五年（1587年），努尔哈赤征服了位于苏子河下游的折陈部。万历十六年（1588年），完成了对位于猪婆江中下游地区的栋鄂部的统一。同年，努尔哈赤将相对较小的完颜部征服，控制了猪婆江上

---

① 蒋音湖编辑点校：《明代蒙古汉籍史料汇编——瞿九思 万历武功录 蒙古女真人物传记选》，呼和浩特：内蒙古大学出版社，2007年版，第233页。

游地区。万历十七年（1589年），经过多次征战，努尔哈赤战胜了实力强劲的浑河部，占领了英额河流域。

统一建州女真后，努尔哈赤实力大增，据《清太祖武皇帝实录》记载，经"招徕各部，环满洲而居者皆为削平，国势日盛"①。随之，努尔哈赤转而开始征服更为富庶、发达的海西女真扈伦四部。扈伦四部所在的地区农业开发早，交通便利，资源丰富，加之同属于女真族系，因此成为努尔哈赤要征服的首要目标。万历三十一年（1603年），在努尔哈赤军队的强大攻势下，哈达部投降。万历三十五年（1607年），努尔哈赤灭掉了距离建州最近的辉发部。万历四十一年（1613年），建州兵攻占乌拉部王城，努尔哈赤将乌拉纳入其统治。在后金政权建立之后的天命四年（1619年），努尔哈赤征服了叶赫部。对叶赫部的征服，标志着努尔哈赤统一女真的大业基本完成。

二、后金与明的军事争夺及民族文化的冲突与融合

在统一女真主要部落的战争接近尾声的时候，努尔哈赤认为建立政权的时机已经成熟，于万历四十四年（1616年）建立大金国（史称后金），建元天命，建都赫图阿拉（今辽宁省新宾县永陵镇）。后金政权建立后，在辽沈地区与明军展开了一系列的军事争夺：天命三年（1618年）二月，努尔哈赤发布讨明檄文"七大恨"，公开向明宣战，同年，先后攻陷抚顺、清河城；天命四年（1619年），后金取得萨尔浒大战的胜利，随即攻克铁岭、开原；天命六年（1621年）三月，后金先后攻占沈阳、辽阳，四月，后金将都城迁至辽阳，命名为东京城。

在军事争夺过程中及努尔哈赤统治辽沈地区后，沈阳及其周边地区经历了民族文化的碰撞、冲突与融合。

在努尔哈赤被任命为建州左卫都指挥使后，建州女真与明廷的关系经历了三个发展阶段。第一阶段是努尔哈赤吞并哈达部之前，明廷依靠边臣努尔哈赤守卫边疆，对他多有安抚，屡次加官晋爵；努尔哈赤也因自身实力还不够强大，虽与明廷屡有摩擦，但一直未敢公开对抗。第二阶段是建州开始统一海西女真扈伦四部至天命三年（1618年）期间，因努尔哈赤统一女真各部的进程威胁到了明廷的东北边疆政策，明廷不断向其施加压力，但建州女真并未停止扩张的步伐，双方关系破裂并产生公开对抗。第三阶段是自天命三年起，努尔哈赤发动对明战争，双方在辽沈地区展开激烈的军事争夺。

建州女真崛起和完成统一大业的过程，也伴随着女真文化不断发展的进程。其发展是在女真文化与汉文化的冲突、碰撞与融合中完成的。这种冲突与融合，极大程度地改变了这一时期沈阳及其周边地区的文化生态。

---

① 郑天挺主编：《明清史料》，天津：天津人民出版社，1980年版，第296页。

努尔哈赤精通本民族文化，他在统一女真各部和建立政权的过程中，能够适应经济、政治、军事等发展的需要，推动女真文化的发展。他建立了军政合一的八旗制度，指导额尔德尼和噶盖创制了老满文，总结了一系列军事思想等。努尔哈赤也非常熟悉汉文化。早期，他与明廷官员的来往是极其密切的，与明辽东守将李成梁交往颇多，与李成梁之子李如柏有兄弟之谊。在袭职任建州左卫都指挥使之初，努尔哈赤以忠顺的态度为明廷守边，"时送所掠汉人，自结于中朝"①。明廷也对他信任有加，不断委以重任。这种密切交往，使努尔哈赤和他的统治集团对汉文化有着深刻的了解。据史料记载，努尔哈赤十分重视学习汉文化。他擅汉话，熟悉汉文，能阅读汉文书籍，对中国古代的历史典章等了解颇多。在建州女真崛起和建政初期，注重通过吸纳汉文化来发展本民族文化。

当后金与明展开激烈军事争夺并进占辽沈地区后，努尔哈赤推行了女真与汉等民族一体化的政策，以激烈的方式推进民族融合。在进入辽沈地区前，由于努尔哈赤采取了发展本族文化、尊重和学习汉文化的政策，民族文化的碰撞、融合是在比较温和、理性、平稳的状态下进行的。进入辽沈地区后，努尔哈赤及其统治集团为了巩固统治，壮大后金的力量，实现女真人利益最大化，一改以往的做法，强力推行了民族一体化政策：迁移大批女真人进入辽沈地区，同时迁移汉族人到原女真人居住地，强制女真人和汉族人杂居相处、同食同耕；后金统治者还将俘获的汉族人和归附的女真人强行纳入八旗；推行生产方式的一体化，逐步确立封建制生产方式；强行在汉族人中推行满语，但未禁用汉语；强制剃发留辫等②。这些较早发生在辽沈地区的强制性同化行为，既折射着两种生产方式的对抗，也是民族文化意识冲突的极端体现。从历史作用来看，努尔哈赤所强制推行的民族一体化政策，使女真和汉等民族通过杂居共处、密切交往而实现了文化渗透与融合，使女真等少数民族原有的落后的生产方式、社会制度等得到了迅速的改变与提升。

三、后金迁都与沈阳文化地位的跃升

天命十年（1625年）三月，努尔哈赤力排众议，决定迁都沈阳。三月初四，努尔哈赤率后金统治集团抵达沈阳，由此，沈阳的城市地位、文化地位发生跃升，由一座虽历史悠久但一直以防御功能为主的军城转变为区域政权的都城。迁都沈阳之前，后金已定都辽阳四年。关于迁都沈阳的原因，据《清太祖武皇帝实录》记载，努尔哈赤当时决定迁都的理由是："沈阳形胜之地，西征明国由都儿鼻（今辽宁省彰武县城）渡辽河，路直且近，北征蒙古二三日可至，南征朝鲜可由清河路以进；且于浑河、苏克

---

① 《燃藜室记述选编》，辽宁大学历史系编，1980年版，第33页。
② 朱诚如主编：《辽宁通史》（二），沈阳：辽宁民族出版社，2009年版，第225—229页。

苏浒河（今苏子河）之上流伐木顺流下，以之治宫室、为薪，不可胜用也。时而出猎，山近多兽，河中水族，亦可捕而取之。"①努尔哈赤在做出决断的时候，充分考虑了当时的政治、经济、军事形势，也深刻而准确地分析了沈阳在政治、军事、地理、经济上的优势。当时的后金面临着极其严峻的形势，一方面是明的军事力量在辽西和沿海地区得到一定程度的恢复，使后金承受着极大的压力，来自沿海的袭扰，让辽阳处于腹背受敌的威胁中。同时，由于努尔哈赤进入辽沈地区后所采取的统治政策，辽阳及其周边所发生的反抗斗争日趋激烈。从地理位置和军事角度考虑，一旦发生危机，辽阳已经不具备任何优势。沈阳则不同，沈阳位于辽阳以北，距海稍远，且四通八达，进可多面出击，退可固守抚顺、铁岭、开原等女真故地。同样重要的是，沈阳在历史上就是汉族的农耕文化、满族的渔猎文化、蒙古族的游牧文化等多种文化汇聚的地区，民族融合的色彩浓烈。辽阳则是汉族的传统聚居区，汉族人的力量较大。因此，迁都沈阳也可以暂避日益激烈的汉族人反抗斗争，缓解民族矛盾。

后金迁都沈阳后，努尔哈赤在此执政1年5个月。皇太极在此执政17年，并于崇德元年（1636年）改国号为清。顺治帝在此执政一年后迁都北京。后金（清）政权建都沈阳近20年，使其由一座军城发展成为东北地区的中心城市。在都城沈阳，后金（清）政权修建城池、首建宫殿、添置衙署，不断完善统治体系，加快封建化的步伐，并以此为基地，完成了建立统一封建王朝的大业。努尔哈赤时期，因时间较短，未来得及完成对沈阳城的大规模修建。沈阳城的建设主要在皇太极时期得以完成。天聪五年（1631年），新城竣工。在原元、明旧城的基础上，按照都城建筑"九宫格"的规制，将十字街改为井字大街，将4座城门改为8座城门。城墙较沈阳卫城增加了300多步，北墙未动，其余三面均向外拓展，高增加了一丈。城墙建筑使用了夯土法，但两侧墙面均以青砖砌筑。护城河由两重改为一重。城墙面阔均为3.8丈，内外砖石高3.5丈，内设女墙，高7.5尺，外设垛口，共651个。有8座敌楼和4座角楼。城门下部为砖筑基座，中间辟有券洞门，洞门内外均有砖石门额，上有分别以满、汉两种文字书写的名称。沈阳城内的宫殿即今沈阳故宫，始建于努尔哈赤迁都的天命十年，建成于崇德元年（1637年）。乾隆十年（1745年）与乾隆四十六年（1781年），进行了增建。沈阳故宫的建筑包括三部分。第一部分为东路，院落狭长，主要建筑为努尔哈赤建都沈阳初期所修建的大政殿（初名笃恭殿，康熙时更名为大政殿）、十王亭等。大政殿的形制与东京城的八角殿相近，为八角重檐火焰宝珠顶子，内有梵文天花藻井，前有二龙盘柱。在殿前东西两侧，排列有十王亭和两座奏乐亭，殿后为"一"字形的銮驾库。十王亭是左右翼王和八旗大臣的办公之所。第二部分为中路建筑，是皇太极所建的"大内宫阙"，也是故宫建筑群的核心部分。据乾隆时的《盛京通志》记载，"大内宫

① 戴逸，李文海主编：《清通鉴一》，太原：山西人民出版社，1999年版，第297页。

阙""南北袤八十五丈三尺，东西广三十二丈二尺"①。中路共有三个院落，大清门、崇政殿、太庙、飞龙阁、翔凤阁等主要建筑均位于前院。第三部分为乾隆时期增建的西路建筑。共五进院落，第一进为轿马场，第二进院落内的建筑为戏台和嘉荫堂，第三进院落内的建筑为文溯阁，第四进院落内的主体建筑为仰熙斋，第五进院落为梧桐院。在增拓旧城、修建宫殿的同时，又修建了天坛、太庙、文庙、学宫、堂子、实胜寺等，设阅武场，修建了亲王府第，建中央政府办事机构，置内阁、六部、都察院、理藩院等衙门，并在城内添置了钟楼、鼓楼等。在营建都城、修筑宫殿和制定各种典章制度的同时，皇太极于天聪八年（1634年）改沈阳为"天眷盛京"，1657年，清政府又命名沈阳为"奉天"。沈阳进入了"盛京——奉天时代"。从初定都城的沈阳时代到标志着城市发展进入新节点的"盛京——奉天时代"，作为都城的沈阳得到了全方位的发展，至此，沈阳的区域文化达到了一个前所未有的高度。

迁都北京后，清统治者将沈阳定位为留都、陪都，坚持对其进行保护和建设，使沈阳的政治和经济地位得到了巩固和提高。

第二节　"参汉酌金"政策的实施与盛京文化的形成

一、皇太极与盛京文化

盛京文化孕育于努尔哈赤时期，到了皇太极时代，盛京文化的主体形成，进而发展成为沈阳地域文化中最具代表性、影响最为深远的部分。关于如何定义盛京文化，学者说法不一，本书基本认同以下的界定："盛京文化，即是在清朝时期沈阳被命名为盛京并先后作为首都与陪都的鼎盛历史阶段，以沈阳为中心及其周边地区的各族人民在生产生活过程中创造的独有文化。"②

盛京文化，无论是其制度层面、物质层面还是精神层面的内容，均奠基于建州女真崛起和努尔哈赤建立后金的过程中。皇太极时期，经过调整、修正、完善、建设，甚至采取了一系列颠覆式的改革措施，最终确立了盛京文化的主体构架。盛京文化是历史发展的产物，是各民族共同创造的成果，但其中起到决定性作用的，是以皇太极为代表的统治集团。历史选择了具有雄才大略和改革创新精神的皇太极，皇太极也以其特有的胸怀、胆略、才智创造了历史。

---

①《中国地方志辑成·省志辑·辽宁》，南京：凤凰出版社，2009年版，第329页。

② 苏里，郭欣欣：《盛京文化——沈阳地域文化中的核心优势文化》，《沈阳干部学刊》，2017年第3期。

皇太极能够从努尔哈赤的多位皇子中脱颖而出，并以一代英主的形象立于史册，在他的主导下，能够创造如此辉煌的盛京文化，与他所具的深厚的文化修养和文化人格有着重要关系。

皇太极是在女真文化和汉文化共同熏陶下成长的。在其文化人格形成过程中，女真文化与儒家文化均起到了重要作用。自幼年起，皇太极就接受汉文化教育，打下了汉学的功底。成年后，他更是坚持研读儒家经典等汉文著述。他对中原王朝的历史沿革、典章制度和兴盛之经验、衰亡之教训等，有着全面了解和深刻认知。皇太极还深谙儒家修身、齐家、治国之道，并将此作为自己的人生理想。在本族文化与汉族文化中的正面因子的共同塑造下，皇太极形成了完善的文化人格：一是以仁义忠孝信勇律己责人，以儒家的伦理道德塑造自身，规范国人；二是崇尚节俭，反对奢靡；三是以礼待人，谦恭自守，主张忠言直谏，反对阿谀奉承；四是具有强烈的反思意识和批判精神。

一般来说，文化人格决定文化选择。在重大的社会变革中，主导者的文化人格既是社会与文化改革的内在动力，也决定着改革的举措与方向。皇太极的文化人格，决定了他必然要选择以中国传统政治制度治理急剧变化和发展的后金社会；选择接纳儒家以民为本的政治理念，以此促进社会的发展；选择礼法并用的统治方式和改革路径，以此规范社会秩序[①]。可以说，皇太极的文化选择，在一定程度上决定了盛京文化的走向与高度。

二、"参汉酌金"文化改革政策的形成

"参汉酌金"，既是一种文化理念，也是文化方针与政策。这一理念的形成及皇太极由此而展开的一系列改革，对于后金（清）摆脱危局、增强国力进而得以入关统一全国，具有决定性的意义。"参汉酌金"政策的实施，对于盛京文化的形成与繁荣，同样起到了主导性的作用。

皇太极继位时，后金政权处于动荡之中，可谓危机四伏。外部四方临敌，在南部和西南部与明军对峙，东有一直与女真人敌对的朝鲜，西北则有时服时叛的蒙古。内部危机更为严重，且多为因努尔哈赤采取的不当政策而遗留下的问题。努尔哈赤时期，尽管能够顺应大的趋势，不断走向汉化，但对待汉文化的态度多变，时而积极接纳汉文化，时而抗拒汉文化；对待汉族人的态度更是摇摆不定，时而安抚，时而对其进行压制。特别是在推进女真族与汉族一体化的过程中，努尔哈赤所采取的政策，对经济文化发展造成了破坏，使大批汉族人或逃离或进行反抗，后金的统治受到严重冲击。在统治集团内部，努尔哈赤晚年制定了八和硕贝勒共掌大权且公举新汗王的政

---

① 刘仁坤：《略论皇太极的文化选择》，《满语研究》，2004年第2期。

策，使国君的权力受到极大限制。这种制度也引发了统治集团内部的激烈纷争。同时，这种带有奴隶制色彩的制度显然不能适应后金社会向封建化转型的需要。皇太极继位后，出台了一系列政策和措施，调整对外关系，缓和内部矛盾，稳定社会秩序，使危机得到了缓解。

在破解危机、稳定局势的过程中，皇太极也开始酝酿、探索一系列更为深入、全面的改革，以期实现后金的振兴，进而成就大业。在前期的调整与改革中，皇太极首先调整了民族政策，改变了努尔哈赤统治时期对待汉族等其他民族的政策。他强调"治国之要，莫先安民"①，提出在制定安民等政策过程中，应遵循满汉一体的原则，在一定程度上改变了压迫其他民族的政策。调整民族政策后，他又在汉族和女真族儒臣、文人的引导下调整了文化政策，"由重武轻文、抵制汉化，调整为'参汉酌金'和'振兴文治'，特别是把'渐就中国之制'——学习、吸收汉文化摆到了重要的位置上来"②。皇太极对汉族上层人士和知识分子格外重视，提高他们的地位，并逐渐将其中的出类拔萃者纳入自己的智囊团。这些智囊人物和女真族的儒臣一起不断向皇太极推介儒家的观念、理论，并在政治、军事、经济、文化等领域多有建言，这些建言得到皇太极的认同。在后金急需革除弊端、弊政的背景下，经深入思考和充分准备，皇太极最终做出了调整文化政策的决定。皇太极所制定的"参汉酌金"政策的核心，是坚持汉化，主张大力吸收汉族先进文化，但不能全盘汉化，要坚守"国语骑射"等本民族的优良传统。他在要求通过科举选拔人才的上谕中表达了采纳汉制、加强文治的决心："自古国家，文武并用，以武功勘祸乱，以文教佐太平。朕今欲振兴文治，于生员中考取其文艺明通者优奖之，以昭作人之典。诸贝勒府以下，及满汉蒙古家，所有生员，俱令考试。"③他也一再强调要坚守本族文化传统，认为各朝"各有制度，不相沿袭，未有弃其国语，反习他国之证明者，事不忘初，是以能垂之久远，永世弗替也"④。并警告本族人："我国家以骑射为业，今若不时亲弓矢，惟耽宴乐，则田猎行阵之事，必致疏旷，武备何由得习乎。"⑤

三、皇太极的改革与新的文化形态的生成

皇太极推行的"参汉酌金"改革政策，将儒家文化的思想体系确定为统治思想，以汉文化治理国家，以女真传统文化凝聚民族精神、巩固统治秩序。其改革主要包括三个方面的内容，一是改革政治制度和行政管理制度，二是改革和发展八旗制度，三

① 李治亭：《清史》（上），上海：上海人民出版社，2002年版，第231页。
② 佟东主编：《中国东北史》（第四卷），长春：吉林文史出版社，2006年版，第1198页。
③《清太宗实录》，北京：中华书局，1986年版，第70页。
④《清太宗实录》，北京：中华书局，1986年版，第237页。
⑤《清太宗实录》，北京：中华书局，1986年版，第446页。

是对农业生产、文化教育、宗教、社会管理等领域进行改革。

皇太极继位后，在政治上面临的最大问题是如何摆脱八和硕贝勒共理国政的制约。他在汉官们的辅佐下，对这种落后政体进行了改革，参照汉制，逐步建立起中央集权制，提高君主地位。按照原有的政体和努尔哈赤生前的规定，八王置汗，而且在上朝时，汗王皇太极要和代善、阿敏、莽古尔泰等三大贝勒并坐。皇太极"虽有一汗之虚名，实无疑正黄旗一贝勒也。"①这种由各旗主分享君权的制度，与封建社会的经济基础不相适应，也不利于后金政权的建设。经过一系列的斗争，皇太极于天聪六年（1632年）取得了南面独坐、独揽大权的地位，废止了共理国政的制度。在着手提高君权的过程中，皇太极也开始了以设六部为开端的行政管理和职官制度改革。天聪五年（1631年），皇太极按照"参汉酌金"的原则，参照明朝的制度，设立了六部：吏、户、礼、兵、刑、工。六部的职官、职能设置和运行体系，基本参照明制，但以贝勒主事，下设承政（尚书）、参政（侍郎）、启心郎（负责监察事务）等，按比例由满族、蒙古族、汉族人充任。后又按照明制设最高监察机构都察院，将文馆改为内三院（内弘文院、内国史院、内秘书院），根据当时民族宗教管理的具体情况，设立了理藩院。上述机构完全听命于皇太极。改革行政管理机构和体系后，崇德三年（1638），更定官制，按照大学士范文程的奏请："每衙门止宜设满洲承政一员，以下酌量设左右参政、理事、副理事、主事等官，共为五等。"②至此，中央集权的政治制度基本形成。在强化中央集权的过程中，皇太极还通过开科取士选拔任用官员，以新的官僚队伍制约旧势力，使君主的意志得到更好的贯彻。参照汉族传统，结合自身情况，确认了后金（清）的封建等级制度，要求全体社会成员接纳此制度。

皇太极的改革，"参汉"不忘"酌金"，他通过发展八旗制度，不断强化了对八旗的管理，提高组织力和战斗力，而且在此过程中逐渐完成了对一大批汉族人、蒙古族人等的"金化"。天聪五年（1631年），始设一旗汉军，崇德七年（1642年），编成汉军八旗，将辽东地区的大部分汉族人纳入了八旗组织体系中。八旗汉军的旗帜与满洲八旗一样，这些汉族人逐渐被"金化"，成为满族民族共同体的成员。天聪九年（1635年）二月，正式设蒙古八旗，"编审内外喀喇沁蒙古壮丁，共一万六千九百五十三名，分为十一旗（含外藩蒙古三旗）"③。建蒙古八旗后，八旗中的蒙古族人的民族性和游牧生活方式等基本未变，但因其在八旗制度之内，受女真——满族文化影响也较深。

皇太极进行的改革，涉及的范围很广。在农业生产上，为了调动农民的生产积极性，改变了努尔哈赤时期的政策，让很多汉族人拥有了自耕农的身份，使他们"分屯

---

① 《天聪朝臣工奏议》（卷上），辽宁大学历史系编，1980年，第30页。
② 李澍田主编：《清实录东北史料全辑》（二），长春：吉林文史出版社，1990年版，第217页。
③ 李澍田主编：《清实录东北史料全辑》（二），长春：吉林文史出版社，1990年版，第460页。

别居，编为民户，择汉官之清正者辖之"①。立法保护农业，使农业生产得到了较大的发展。在文化教育上，组织翻译和推广汉文典籍；令达海创制了新满文；组织编修国史；大办学校，教授汉满文化。皇太极对八旗子弟读书的年龄做了明确要求："自今凡弟子十五岁以下，八岁以上者，俱令读书。"②皇太极的改革，还涉及规范国家的庆典、礼仪和本民族的婚丧、服饰，保护各民族的宗教、习俗等诸多方面。

经过皇太极在"参汉酌金"政策指导下所进行的一系列改革，盛京文化的主体形成，沈阳的地域文化也呈现出新的形态。

四、对沈阳影响深远的文化共同体——满族的形成

满族形成较晚，但对中国历史和文化产生的影响是巨大的。满族的形成也深刻地影响着沈阳地域文化。努尔哈赤进入辽沈地区特别是迁都沈阳后，沈阳文化的发展与繁荣，与满族这个文化共同体在形成过程中所创造的成果、体现的文化特色是密不可分的。满族形成后，沈阳作为清朝的都城和陪都，作为大清王朝的龙兴之地，作为满族的主要居住地，创造了异常发达的满族文化。可以说，清代的沈阳文化史，也是满族文化发展和满汉文化交融的历史。

"满族是以女真人为主，吸收部分汉、蒙等族成员，于明朝末年形成的一个新的民族共同体。"③关于满族最终形成的时间，具有一定的争议，但多数学者的意见，认为皇太极发布上谕正式确定满洲族称，是满族形成的重要节点。这道发布于1635年11月22日的上谕称："我国原有满洲、哈达、乌喇、叶赫、辉发等名，向者无知之人往往称为诸申（女真）。夫诸申之号，乃席北超墨尔根之裔，实与我国无涉。我国建号满洲，统绪绵远，相传奕世，自今以后，一切人等，止称我国满洲原名，不得仍前妄称。"④可以说，皇太极时期，满族已经"完成了族群的整合，满族的族源意识成为民族意识中的一种自觉意识，满文也创制完成，这标志着女真向满洲演变的完成，满族已经成为一个自觉的民族"⑤。

满族的形成，经历了一个较长的历史过程。15世纪中叶，女真社会出现大变动，曾一度衰落的一些女真部落开始恢复活力。实力得到增强的建州女真首领李满住提出了联合壮大本族的意向，并率先向明廷挑战，后遭到镇压。尽管李满住等人的反抗斗争没有成功，但当时的女真社会中出现的这种联合、统一和壮大自身的趋势，也开启了满族形成的序幕。随之，海西女真和建州女真的强大，为新的民族共同体的形成打

---

① 李澍田主编：《清实录东北史料全辑》（二），长春：吉林文史出版社，1990年版，第114页。
② 李澍田主编：《清实录东北史料全辑》（二），长春：吉林文史出版社，1990年版，第266页。
③ 翁独健：《中国民族关系史纲要》，北京：中国社会科学出版社，2001年版，第675页。
④ 李澍田主编：《清实录东北史料全辑》（二），长春：吉林文史出版社，1990年版，第512页。
⑤ 孙虹：《满族形成之我见》，《文化学刊》，2015年第9期。

下了坚实的基础。明万历十一年（1583年），努尔哈赤开始了统一女真诸部的战争，加快了满族共同体形成的进程。努尔哈赤集团统一女真诸部、创制满文、创建八旗制度、建立以满族人为核心的统治政权、大力发展经济①。统一女真诸部，为满族的形成打下了民族基础；创制满文，为满族的形成提供了文化保障；八旗制度的建立，为满族的形成打下了社会基础；后金政权的建立，为满族的形成提供了政治保障；经济的发展，为满族的形成打下了物质基础。在努尔哈赤统治后期，满族共同体已经基本形成。1635年，皇太极宣布废止"诸申"之号，定族名为"满洲"，标志着新的民族——满族最终形成。

第三节　陪都时期旗民二重格局下的文化变迁

一、作为陪都的清代沈阳

顺治元年（1644年），清军入关，迁都北京，并"分命何洛会等统兵镇守盛京等处，以正黄旗内大臣何洛会为盛京总管，左翼以镶黄旗梅勒章京阿哈尼堪统之，右翼以正红旗梅勒章京硕詹统之"②。盛京的政治地位和城市功能再次发生转变。在政治上，盛京虽已不具备首都的地位，但清统治者仍将其视为"龙兴之地"、后方基地，将盛京确定为陪都，并不断完善陪都体制，不断巩固其东北地区政治、军事、文化、经济中心的地位。陪都时期，经过短暂的萧条后，盛京的城市功能在悄然地发生变化，在其政治、军事功能得到巩固的基础上，城市经济得到了较快的发展，农业、手工业、商业逐渐走向繁荣，城市的经济地位不断得到提升。

在中国古代，有多个朝代设置了陪都，但设置陪都的原因及陪都所发挥的作用略有不同。如西周设洛阳为陪都，是为了有效地控制中部地区；明以南京为陪都，主要目的在于控制南方各地。专家们认为，"盛京总体上属留都型陪都"，"在留根的现实需要基础上形成了较完备的陪都制度"③。清统治者设立陪都盛京，既有留根的考虑，同时也便于以沈阳掌控东北、稳定边疆。

清政府参照历史上的陪都体制，遵循"参汉酌金"的原则并考虑现实需要，建立了一系列政治管理制度。根据盛京的特殊情况，清廷设盛京将军，驻盛京城，总管清代盛京区域的军政。设盛京五部，即户、礼、兵、刑、工各部，主管皇家在东北的事

---

① 王景义：《关于满族形成中几个问题的探讨》，《满族研究》，1999年第2期。
② 李澍田主编：《清实录东北史料全辑》（三），长春：吉林文史出版社，1990年版，第43—44页。
③ 丁海滨，时义：《清代陪都盛京研究》，北京：中国社会科学出版社，2007年版，第13页。

务，并介入赋税、武备、祭祀、司法等领域的管理。设盛京内务府，隶属于北京总管内务府，负责掌管上三旗包衣、宫禁等事务。清代盛京，长期实行旗、民分治。旗政由旗署衙门负责，旗署衙门或直属于盛京将军，或隶属于副都统。奉天府负责管理民人。

陪都时期，特别是康熙中叶以后，政治趋于稳定，人口不断增加，大量荒地得到开垦，沈阳的农业经济得到恢复和发展。以修建盛京宫殿和"关外三陵"为契机，"先后产生了石、瓦、纸、油漆、铜、锡等多种手工业部门；榨油、烧锅、造纸、金银首饰等手工业也逐渐发展起来"[①]。同时，由于沈阳交通便利，加之城市基因中原本就具有较多的商业元素，商业贸易也得到了较快的发展。沈阳作为东北商业中心的地位得到了进一步确立。

二、旗民分治格局下满汉文化的对话、交融与发展

经过短暂的萧条和恢复后，沈阳的经济进入了发展期。对于沈阳的文化，清政府管控很严，封禁等政策也对文化的活跃度产生了一定的影响。但经过各方的推动，沈阳的文化仍然在康雍乾时期走向了繁荣，并在旗民分治的格局下，体现出自身的特点。整个陪都时期，沈阳地区文化的变迁与发展，始终以满汉等多民族文化的对话、交融乃至碰撞为主线。这一阶段的文化成果，既蕴含着各民族文化发展的成就，也体现了民族文化融合的特色。

清代的沈阳，经历了旗民分治政策的变迁。这种变迁，是统治者适应不同阶段对满汉民族进行管理的需要而做出的调整，也折射了当时满汉文化对话与交融状态的变化。顺治帝迁都北京后，由盛京总管也就是后期的盛京将军负责一切事务，由旗署进行一元化管理。顺治十年（1653年），政府开始向东北地区移民。清政府于同年置辽阳府，下辖辽阳、海城二县，负责管理迁入的民人。顺治十四年（1657年），"置盛京奉天府"[②]，作为管理民籍移民的专门管理机构，与管理旗人的机构并立。当时管理旗人的层级依次为盛京将军衙门、驻防衙门、八旗界官、屯催领；管理民人的层级依次为奉天府尹衙门、各州县衙门、民社乡约、甲长村守。康熙三年（1664年），在沈阳区域内设承德县，为奉天府首县。承德县负责管理盛京城周边的民人。康雍乾时期，随着移民数量的增加，满汉族人杂居的现象越来越多，奉天府及所属各县均增设了民政官。康熙初年，清统治者对待盛京地区各民族的态度，以安抚为主，鼓励各民族共同发展，并不断推动民族融合。在处理旗民冲突时，朝廷和官府往往会倾向于民人。从康熙中期起，汉民数量大增，且发展很快，对土地等的要求日益强烈。此时，清统治

---

① 张树范主编：《沈阳通史》（古代卷），沈阳：沈阳出版社，2014年版，第385页。
② ［清］赵尔巽：《清史稿》（卷五），北京：中华书局，1976年版，第149页。

者转向站在满族人旗人的立场上处理满汉矛盾。与此同时，随着满汉融合程度的加大，满汉之间的差距日益缩小，在某些区域甚至出现了旗民不分的情况。为强化满族人的民族意识、维护统治，乾隆二十七年（1762年），清廷颁布新规，制定"盛京将军节制奉天府尹例"①。后又规定由盛京五部侍郎兼任府尹。到了清代晚期，随着民族融合的加强及各民族生产、生活水平差距的缩小，旗民分治导致的上层之间及旗民与汉民之间的矛盾越发尖锐，为缓和矛盾，清政府下令废除了旗民分治制度。

陪都时期的沈阳，在清政府"重农贵粟"政策的引导下，多数旗人虽不事耕作，但逐渐认同了以农为本的经济模式，他们与本就擅长农耕的民人，逐渐在土地上结成了相互依存的租佃户关系。随着时间的推移，旗人对农业的参与程度越来越深，甚至其中的少数贫困者也开始从事农业生产。在农业生产得到发展、居民逐渐增多的同时，沈阳的城市化进程也开始加快。在城市化的过程中，商业供应与消费将汉族移民和盛京城内的满族人联结得更为紧密。当时在盛京城中从事商业和手工业的人员，多为汉族移民。他们为八旗官兵等满人提供物质服务，使满族人逐渐对商业和商人产生了依赖。当时，"在盛京一带聚居的数万乃至数十万、百万的商贾佣工，在为旗人提供服务的同时，也与之结成一定的经济关系"。"在旗人与商人结成共同经济利益的关系后，旗人'不贾'的规矩也已形同虚设了。"②可以说，这一时期，满汉民族在对话与交融中实现了生产方式和生活方式上的转变。

陪都时期沈阳的教育事业的发展，同样是在满汉民族的对话与融合中得以实现的。人们的宗教信仰则在多民族文化融合中发生了较大的改变。各民族的生活习俗同样在交流与融合中发生了变化。教育方面，按照当时的规制，盛京的学校有官办、民办两种。官办学校包括八旗官学和儒学，八旗官学是专为旗人子弟设立的学校，府州县的儒学主要接纳民人子弟入学。清入关初期，盛京未专设八旗官学，八旗子弟曾与民人子弟一起在儒学内学习。康熙十三年（1691年），设立盛京八旗官学，八旗子弟和民人子弟开始分校学习。分校学习后，八旗官学仍将汉学确定为教学的重要内容之一，要求八旗子弟学好汉文化。在儒学中学习的民人子弟，也同样要接触和了解满学和骑射等。清代盛京开设的书院，则使满汉学子在更高的层次上实现了深入交流。作为儒学中层次较高的教育机构，清代的书院多"择一省文行兼优之士读书其中，使之讲颂，整躬厉行，有所成就，俾近远学子观感奋发"③。书院的一个重要特点，是满汉学子在此共同学习。当时位于盛京城的萃升书院，规模和影响力在东北居于首位。萃

①《清高宗实录》，北京：中华书局，1987年版，第668页。
② 刘凤云：《陪都盛京：满族入主中原后对"根本之地"的政治与文化选择》，《清史研究》，2018年第2期。
③ 索尔讷纂修：《钦定学政全书校注》，霍有明，郭海文校注，武汉：武汉大学出版社，2009年版，第285页。

升书院初建于康熙五十八年（1719年），乾隆三十一年（1766年）形成了一定的规模。该书院"学员中既有满族，也有汉族，既有旗人，特别是皇室子弟，也有一般民人，而且是来自盛京各地，不限于沈阳"[①]。陪都时期，沈阳地区居民的宗教信仰在各民族的对话与交融中发生了较为明显的变化，一是汉族移民的大批到来，使原流行于中原的民间信仰成为盛京宗教文化的一部分，并渗入到满族等其他民族的精神生活中。如建立药王庙，尊崇黄仙、狐仙等，就属于汉族移民带来的中原民间信仰。佛道两教也在一定程度上得到了强化，成为更多满族人的信仰。当时的普济寺、慈航寺、永安寺、大宁寺、广慈寺、向阳寺、接引寺等，香火兴旺，各族信徒云集。建于康熙二年（1663年）的三教堂，于雍正七年（1729年）重建后更名为太清宫，成为东北道教中心，吸纳了大量各族信众。二是堂子祭和清宁宫萨满祭祀等被确定为国祭后，禁止官员和庶民进行堂子祭，但作为满族古老信仰的萨满教在民间仍然盛行。萨满信仰也不断地影响着其他民族。三是统治者推行藏传佛教，不但丰富了沈阳的宗教文化，而且促进了满蒙汉文化的交流。由于蒙古族人信奉藏传佛教，为了团结蒙古等民族，清初统治者特别是皇太极推崇藏传佛教，使之成为在沈阳地区盛行的宗教。由于统治者的大力推行，陪都时期的沈阳建有实胜寺、延寿寺、法轮寺等12座藏传佛教寺庙，信众既有蒙古族、满族、锡伯族人，也有汉族人。随着满汉民族的相间杂处，双方的生活习俗都发生了相应的变化。这里的满、汉居民在饮食、服饰、语言乃至婚俗、葬俗、节庆等方面，均受到了对方的影响。

陪都时期，对盛京城城郭进行了较大规模的改建、扩建和增建。这些建筑，无论是在设计上，还是建筑装饰上，均体现了满汉蒙等多民族文化交流与融合的特色。康熙年间，对城郭进行了大规模的增建和维修。增修16公里的盛京缭墙，为版筑法夯土墙，高一丈余，宽约6尺，不设敌楼，与原城门相对应，设立了8个栅门，称边门，在城门与边门间形成关厢。盛京城遂有"八门八关"之称。

第四节　文化流人和清帝东巡对地域文化的提升

一、清代盛京的文化流人与流人文化

关于流人的说法，最早见于《庄子·徐无鬼》："子不闻夫越之流人乎？"释文："流人，有罪见流徙者也。"[②]据《隋书·刑法志》记载："流刑谓论犯可死，原情可降，

---

① 佟东主编：《中国东北史》（第四卷），长春：吉林文史出版社，2006年版，第1850页。
② 郭庆藩：《庄子集释》（下），北京：中华书局，2004年版，第822—823页。

鞭笞各一凫之，投于边裔，以为兵卒，未有道理之差。"①据《大清律例·五刑之图》记载："流者，谓人犯重罪，不忍刑杀，流去远方，终身不得还乡。"②东北作为流人发遣地，始于秦汉时期，到了明清两代，发配到东北充军的流人数量开始增大。清代谪戍流人的因由主要有文字狱、犯颜极谏皇帝、贪污、失职、内部斗争、科场案、叛逆、违犯"逃人法"等③。清入关后，于顺治年间开始向盛京地区发配流人，主要安置地为尚阳堡（今铁岭开原东）、威远堡（今铁岭开原东北）、铁岭、沈阳、辽阳、锦州、金州等，流人比较集中的是尚阳堡、威远堡、铁岭、沈阳、辽阳等地。在流放地，流人一般会被安排接受管束、为奴、当差。

在数量庞大的流人群体中，有一部分为文化流人，即流人中的各类知识分子。他们多因反清、与清廷不合作或失职、贪腐获罪，也有少数被构陷者。这些人原来的身份或是士子，或是官吏，有着较高的文化修养和一定的专长。文化流人初到流放地，地方不会做特殊的安排。但随着时间的推移，地方官员一般对他们会给予一定的关照。乾隆元年（1736年）后，清政府在政策上开始对文化流人有了一些宽待。因此，尽管同样流戍他乡，生活窘迫，但文化流人一般能够自由活动，从事自身比较擅长的职业。随着他们在地方文化、教育活动中发挥的作用越来越大，也逐渐得到了社会和地方官的尊重。对于盛京流人中的"职官及缙绅子弟，地方官皆优礼待之，不复视为齐民也"④。

清代盛京地区有影响的文化流人，按流放地域，大致可分三个人群："以函可、陈梦雷为代表的沈阳（盛京城）流人群，以左懋泰、郝浴为代表的铁岭流人群和以季开生、丁澎为代表的尚阳堡流人群。"⑤这些文化流人当时所从事的职业多与他们的专长有关，其中多教学授徒、著书立说、行医救人。

沈阳（盛京城）流人群在地域文化建设上做出了巨大贡献。其中的代表人物函可，字祖心，广东博罗人，明礼部尚书韩日缵之子，因家道中落，出家为僧。顺治四年（1647年），函可因《再变记》等诗文获罪。顺治五年（1648年），清廷将函可发配至盛京。居留盛京城期间，函可带领门徒在慈恩寺讲经论道，广受欢迎。他与流人中的文人墨客交往较多，于顺治七年（1650年）创办了东北历史上第一个文人结社组织——冰天社。冰天社汇集了盛京城、铁岭、尚阳堡等地文化流人，"开了清代辽沈文

① ［唐］魏征：《隋书》（第一册），上海：汉语大词典出版社，2004年版，第622页。
② 《大清律集解附例·四库未收书辑刊》（第一辑），北京：北京出版社，2000年版，第36页。
③ 廖晓晴：《清代辽人流人与辽人文化述论》，《辽宁大学学报》（哲学社会科学版），2008年第6期。
④ ［清］王一元著，靳恩全注释：《辽左见闻录注释》，《铁岭文史资料》（第二十辑），2007年，第34页。
⑤ 张玉兴：《清代盛京流人文学论述》，《北京联合大学学报》（人文社会科学版），2011年第1期。

人结社集会之先河，活跃了辽沈地区的文化气氛，在东北诗词及文化发展史上都有重要意义"①。另一位代表人物陈梦雷，字震泽，号天一道人，福建闽侯人，康熙九年（1670年）进士，翰林院编修。康熙二十一年（1682年），陈梦雷被诬获罪，随即被流放至尚阳堡。奉天府尹高尔位看重陈梦雷的才学，将其招至奉天府，责成他主修《盛京通志》。由陈梦雷主持修撰的32卷本《盛京通志》"是清初盛京地区所修志书的集大成优秀之作"②。在清代盛京城文化流人中，影响较大的还有李呈祥、魏琯、僧赤峁、陈之遴、戴梓、高启元、马光、鹿廷瑛、杨瑄、顾永年等。对于当时文化尚不发达的沈阳来说，"流人们将中原薪火相传的传统文化智慧之灯点燃，对开启民智，提升盛京地区百姓的文化素质，曾做出了不可磨灭的历史贡献。"③"是盛京这块肥沃的黑土地，养育了这些遭受遣戍的文人志士；同时，他们又给封禁时期的荒凉文化、贫瘠的盛京大地注入了新鲜的血液，增添了新的活力。"④

二、清帝东巡对盛京文化的影响

在中国历史上，皇帝离开京城进行巡视并不罕见，秦始皇、汉高祖、隋炀帝均多次出巡。但清代皇帝的巡视，与其他朝代皇帝出巡有着很大的不同：规模大，次数多，持续时间长。清代四位皇帝十次东巡故里，在中国古代历史上更是前所未有之举。清帝东巡，是清代帝王所主导的政治和文化活动中的一项重要内容，对出巡的主要目的地盛京产生了极其深远的影响。

早在顺治朝，就曾提出过东巡的动议，但因战事和国内灾荒不断等客观因素的存在，加之诸王大臣的反对，最终未能成行。康熙帝亲政后，于康熙九年（1670年）、十年（1671年）连续两次提出要实现东巡祭祖的愿望，并降旨："朕仰体世祖章皇帝遗志，欲躬诣太祖太宗山陵展祭，以告成功。……兹当海内无事，欲乘此躬谒福陵、昭陵以告成功，用展孝思。"⑤由此，拉开了康熙帝三次东巡盛京的序幕。第一次东巡于康熙十年九月三日起驾，十一月初返回北京，历时两个多月。主要活动有亲自到福陵、昭陵举行告祭礼；派遣王公大臣代祭永陵；巡视盛京北部的叶赫、开原、铁岭等重地；饱览盛京形胜，沿途与官员一起行围狩猎。第二次东巡于康熙二十一年（1682年）二月十五日起驾，80天后返回北京。主要活动有：拜祭永陵、福陵、昭陵，向先祖祭告平定三藩叛乱成功等事；部署阻遏、驱逐北疆的沙俄侵略者；巡视吉林等地。

① 姜念思：《沈阳史话》，沈阳：沈阳出版社，2017年版，第224页。
② 朱诚如主编：《辽宁通史》（二），沈阳：辽宁民族出版社，2009年版，第382页。
③ 廖晓晴：《清代辽人流人与辽人文化述论》，《辽宁大学学报》（哲学社会科学版），2008年第6期。
④ 顾奎相主编：《沈阳文化史》（古代卷），沈阳：沈阳出版社，2014年版，第386页。
⑤ 《清圣祖实录》，北京：中华书局，1985年版，第2页。

康熙帝第三次东巡始于康熙三十七年（1698年）七月二十九日，历时三个半月。主要活动有通过巡行塞北等地部署军务，安抚此处的蒙古诸部王公；到永陵、福陵、昭陵祭祖，祭告平定噶尔丹叛乱成功一事。乾隆帝共四次东巡盛京。第一次东巡于乾隆八年（1743年）七月八日起驾，十月二十五日返京，历时三个半月。主要活动有巡视内蒙古牧区和吉林境内重点区域；拜祭永陵、福陵、昭陵；入盛京城内，下令继续扩建沈阳故宫等。第二次东巡于乾隆十九年（1754年）五月六日起驾，十一月十一日返京，历时五个多月，其行程中除增加了祭祀长白山神外，其余与第一次相同。第三次东巡于乾隆四十三年（1778年）七月二十日起驾，九月二日返京，共历时66天。此次东巡，乾隆在途中召见并赏赐蒙古王公；拜祭永陵、福陵、昭陵；入住盛京旧宫等。第四次东巡于乾隆四十八年（1783年）五月二十四日起驾，十月十七日返京，历时近五个月。此次东巡的路线是经承德、过朝阳、入盛京城。活动与第三次基本相同。乾隆帝的四次东巡，祭祖等活动基本遵循康熙帝旧制。此外，他"对盛京的文教、宗室勋归及陵寝事务有所关心而采取一系列措施"，"对盛京地区的政治、经济、文化起了一定的促进作用"[1]。嘉庆帝共两次东巡，第一次是嘉庆十年（1805年），第二次是嘉庆二十三年（1818年）。在盛京期间，嘉庆帝均循例祭祖，在陪都行宫举行庆典，进行宫廷祭祀萨满活动。道光皇帝仅有一次东巡，于道光九年（1829年）东巡盛京谒陵，其路线和活动内容与嘉庆帝东巡基本相同。道光帝后，清王朝面临内忧外患，国力日渐衰微，东巡也难以继续。道光帝东巡是清代皇帝的第十次，也是最后一次东巡。

关于如何评价清帝东巡，学界一直有着两种截然不同的意见，否定意见认为"皇帝出巡，靡费国家钱财，骚扰所经之地的百姓，增加额外负担，故出巡意义不大"。肯定意见认为"皇帝到社会生活中，了解社会，体察世风民俗，考核地方官吏的表现，对于治国多有益处"[2]。实际上，从当时的历史环境和客观效果来看，清帝东巡的积极意义还是远大于消极影响的。从总体上看，对于治国安民是有利的。清帝的十次东巡特别是康熙、乾隆朝的巡视，使盛京文化在整体上得到了提升。除上文已提及的康熙、乾隆二帝主导改扩建盛京宫殿、城内建筑，乾隆帝关心盛京文教等之外，清帝东巡对盛京文化建设的提升还体现在多个方面：清帝的祭祀活动使祭祀文化得到了弘扬；支持盛京教育事业，使教育事业得到了发展；东巡中决定在盛京皇宫内恭藏重要文化典籍《四库全书》《古今图书集成》、皇室家谱《玉蝶》和清帝《圣训》《实录》等；向盛京皇宫送贮各类宫廷珍藏品；清帝东巡时，还留下大量的诗文、匾额、楹联等。这些都是盛京文化及沈阳地域文化的重要成果，对于沈阳文化的传承、发展，具有极其重要的意义。

---

① 丁海滨，滕春娥：《谈清帝东巡与陪都盛京》，《东北史地》，2009年第1期。
② 张丹卉：《辽宁文化通史》（清代卷），大连：大连理工大学出版社，2009年版，第261页。

第六章　沈阳地域文化的近代转型与现代探索

自1840年鸦片战争起，中国历史进入近代转型、现代探索和英勇抗争的时期。经过百年的艰难跨越，在中国共产党的领导下，中华民族完成了民族解放大业，并建立了人民当家做主的新中国。沈阳在由封建文化向近代文化转型的过程中，经受了被侵略被压迫的屈辱，但同时也传承和发展了民族自强和勇于抗争的精神。刚刚开启的沈阳城市发展的现代化进程，在日本侵略的炮火中戛然而止。"九一八"事变后，日本的殖民统治使沈阳笼罩在殖民文化的阴影下，地域文化陷入畸形发展中。但在此过程中，中国人民始终在坚持反抗侵略、反抗压迫，在文化上同样有所创造。沈阳光复后，解放区文化与国统区文化在沈阳所在的东北地区对垒交织。经过3年的斗争，沈阳——这座东北最大的城市获得解放，自此，在中国共产党领导下，新的文化形态得以逐步确立。

第一节　异质文化冲击下与国内变革风潮中的文化转型

一、沈阳近代文化萌芽与城市的艰难转身

所谓近代化，即指"通过资产阶级革命或改良，使社会摆脱中世纪的封建形态而进入资本主义社会"。一个国家的近代化，"既涉及物质层面的工业化、城市化，也包括社会意识意义上的民主化、社会化、理性化、大众化"①。中国近代意识萌生

---

① 刘兴豪：《魏源与中国近代化的早期进展》，北京：光明日报出版社，2017年版，第11页。

于明代中叶,但发展极其缓慢。当列强的坚船利炮打开了中国的大门,引发了社会的强烈震颤,在严重的民族危机中,为寻求救国救民之路,中国近代化的进程陡然加快。

作为清王朝陪都的盛京,尽管封建统治比一般地区更加牢固,也更加保守,但同样很快地汇入了中国近代化潮流中。因为盛京的陪都地位,这里的保守势力强大,列强争夺激烈,也使它的近代转型经历了更多的波折与磨难。沈阳地域文化近代转型中所呈现出的特点,也大多与它的特殊地位和境遇有关。

与整个国家一样,沈阳的近代转型的进程与西方列强的影响有着密切关系,但沈阳近代意识的萌芽,不是西方列强输入近代文明的结果,也不是源于政府的主动变革,它是历史发展到一定阶段的产物。"沈阳的近代化萌芽植根于两千年来城市发展的积累,来源于清代中后期的总态势的变化。沈阳的近代文明的火花并不是哪些外国列强的恩赐。"[1]

自明代中叶起,中国的资本主义萌芽产生并缓慢发展,明代的沈阳虽仅仅是卫城,但因其地理位置的特殊性,商品交换和消费需求较大,在手工业生产领域已经出现了工厂化萌芽。后由于战乱和改朝换代,刚刚萌生的新的生产方式的发展进程被迫中断。在清代初期和中期,沈阳出现了具有一定规模的烧锅和丝坊。其中开设于康熙元年(1662年)的义隆泉(后改为万隆泉)烧锅,乾隆二年(1737年)开设的天成酒店,嘉庆三年(1798年)开设的万隆合烧锅等,都是具有一定规模的工厂化作坊。其中的万隆泉烧锅最负盛名,因盛京为"龙兴之地",万隆泉地处龙城东口,后来所出的酒被称为"老龙口"[2]。乾隆年间开设的永源德丝坊,嘉庆年间开设的天合利丝坊等,是最早出现的由商业资本主导的柞蚕制丝业作坊。

进入清代晚期,盛京城的城市工商业虽远逊于京津和江浙宁沪等发达地区,但仍然有了一定的发展。这一时期,盛京的手工业数量多,种类全,已经迈开了走出家庭作坊的步伐,但距离近代化的生产方式和形成产业化的规模尚有一定的差距。到19世纪末,盛京城内已经出现了1000多家各种门类的作坊。其中"已有豆油坊48家,酱油坊60家,铸银炉4户,白铜首饰铺47户,铁匠炉41户,洋铁器具铺36户,烧酒坊13户,金银首饰户105户,红铜器具铺53户,大车铺33户,小车铺25户,靴鞋铺38户,毡铺8户,纸房9户,纱灯坊10户,帽子铺37户,机房(织布)40户,白皮房7户,染房44户,锣网户9户,等等,制造业已涉及制油、副食品、工艺、金属制品、车辆制造、鞋帽、皮革、纺织、印染、造纸、粮食加工、酿造等许多门类"[3]。当时盛京城

① 张志强:《沈阳城市史》,大连:东北财经大学出版社,1993年版,第128页。
② 大东区地方志编撰委员会:《大东区志》,沈阳:辽宁民族出版社,1999年版,第121页。
③ 张志强:《沈阳城市史》,大连:东北财经大学出版社,1993年版,第126—127页。

内商业的主要形式是前店后坊和多属自发形成的行与市。这些商业形态，能够在一定程度上满足生产和社会生活的需要，但远落后于西方和国内发达地区。前店后坊的店铺的经营种类包括服装鞋帽、金银首饰、文房用品、饮食糕点等。其中有知名的老天合、广兴合绸缎庄，吉顺昌、吉顺兴丝坊，广庆祥、元丰泰皮铺等。市、行主要有位于盛京城内铜行胡同的铜行，钟楼南大街街西和小西门里大街街南的皮行，位于北通天街木行胡同的木行，小东门内大街的鱼行，大南门外、小东门外的菜行，鼓楼西的车马行，位于灰市胡同的灰市，位于小西门内大街路南的石头市，与小东门内大街鱼行毗邻的鸡鸭市等[①]。19世纪中期，盛京的金融业出现了较为初级的钱庄（钱铺）、票号，但近代银行、官银号待稍晚才得以开办。盛京城最早的钱铺是创立于咸丰三年（1853年）的万忆恒。到19世纪末，陆续开办了义泰长钱铺、渊泉溥钱铺、咸元会钱铺、锦钱铺、豫丰长钱铺、秦汉钱号、德兴泰钱铺等，从事金融业的商家一度达到了200户之多。但这些钱庄"仅有营业房屋及少量活动资金。主要活动是结交官吏，收集存放公款和从中外银行、官银钱局挪借银钱；然后加以周转，乘机买卖中外货币"[②]，对于金融发展起到的作用并不大，仍然仅是一些较为初级的金融机构。

　　客观来看，西方列强的挑战与野蛮侵略，在使中国蒙受灾难的同时，对于缺乏内在发展动力的中国社会，确实起到了一定的警醒和刺激作用，使刚刚处于萌芽状态的近代化运动骤然加速。此时的沈阳同样如此，在民族危机的背景下，本土的新政主张逐渐成为社会的主流思潮，资本主义思想和民主主义思想开始传播，近代思潮强烈地冲击着沈阳社会。民主思想在沈阳的传播始于1905年，孙中山派同盟会会员到辽宁后，在沈阳成立了中国同盟会辽东支部。革命党人利用多种方式宣传资产阶级民主革命思想，开启民智，激发民众的爱国热情。但与此同时，当地的封建势力仍然非常强大；工商业的发展在国内大城市中处于相对落后状态；俄日等列强对东北发动的侵略战争给中国人民带来了深重的灾难，也使社会近代转型面临着重重困难。就是在这种背景下，沈阳开始了艰难的转身。

二、在内忧外患中走上文化转型之路

　　19世纪末20世纪初沈阳的地域文化转型之路是在内忧外患中开启的。因此，对沈阳的近代文化转型产生影响的因素主要有二：一是西方异质文化的冲击，二是国内改良、革命的风潮。当然，还有西方列强军事侵略所造成的阻碍与破坏。

　　西方异质文化对沈阳的冲击基本上是通过四个途径完成的，一是以传教士为主体所进行的文化传播与渗透；二是以日俄为主的列强通过外交讹诈和军事威胁等攫取特

---

　　① 张志强主编：《沈阳通史》（近代卷），沈阳：沈阳出版社，2014年版，第27—28页。
　　② 佟东主编：《中国东北史》（第五卷），长春：吉林文史出版社，2006年版，第415页。

权，在中国领土上修筑铁路，输入资本，开展贸易活动，设立"铁路用地""满铁附属地"等，在物质层面和科学技术层面上强烈地影响着沈阳的社会形态；三是俄日等对东北等地发动的军事侵略，在使沈阳及周边地区遭受重创、城市发展受到破坏的同时，也使沈阳受到了异质文化的冲击；四是具有近代启蒙思想的中国知识分子引进的西方文化、科学技术，特别是通过洋务运动、戊戌变法、立宪运动等所带来的新的思潮，也逐渐地影响到了当时相对保守的盛京城。

早在19世纪上半叶，天主教传教士就开始在东北南部一带进行活动。光绪元年（1875年），法国传教士在沈阳的小南门附近建立了天主教堂。光绪二年（1876年），英国基督教长老会在沈阳大东关附近设立分会和文会中学。光绪八年（1882年），英国传教士司督阁由上海经营口抵达盛京城，开始传教，后开设了盛京施医院[①]。逐渐增多的西方传教士在传播宗教的同时，还带来了西方的教育、科技、医疗等领域的知识、理念和技术。西方商品的大规模输入始于19世纪中叶以后，西方列强通过设立在盛京城的商行，大量地输入煤油、棉布、火柴、蜡烛、铁钉、人力车等。这些舶来品，使传统的民族手工业受到沉重打击，对原有的工商业文化等也产生了一定的冲击。在对华商品输出中，列强大肆输入鸦片，改变了对华贸易逆差。当时盛京城及其周边的民众也深受鸦片毒害，并引发了一系列社会问题。

在光绪二十年（1894年）到光绪三十一年（1905年）间，俄日为了攫取在华特别是在东北的利益、争夺势力范围，先后发动了三次战争，即1894年的中日甲午战争，1900年俄国强占东北的庚子战争，1904年至1905年末为争夺东北权益而发生的日俄战争。三次战争使沈阳受到严重破坏，阻碍了刚刚开始的城市近代化进程。甲午战争经过黄海大海战后，日军很快将战火烧到了辽东半岛，攻陷岫岩，占领海城，进犯辽阳，北窥盛京城。日军在辽东战场的主要目标是"欲进逼辽阳、奉天（沈阳）"，"声言必取奉天度岁"[②]。为了确保东北中心城市盛京城的安全，清政府命依克唐阿、长顺和聂士成等率部阻击日军，反攻海城，暂时解除了辽阳之危。甲午战争以清王朝与日本签订丧权辱国的《马关条约》而告终。盛京城虽然在战争中未落敌手，但战争带来的创伤同样严重。而且经此一战和《马关条约》的签订，助长了日本侵略者的嚣张气焰。1900年，义和团运动兴起后，在八国联军出兵攻占北京的同时，沙俄以护路为名出动了17万多兵力，分7路入侵我国东北地区。其中南路俄军由旅顺出发，先后占领了熊岳、盖平、营口、海城、辽阳等地，"十月一日，俄军攻占沈阳，在故宫设立指挥部，将宫内珍宝、典籍劫掠一空"[③]。并抢劫商户，烧毁民房，虐杀平民。在日俄战争

　　① 齐守成：《盛京施医院史话》，政协沈阳市大东区文史资料委员会编：《大东文史资料》第八辑，1994年，第55—56页。
　　② 戚其章：《甲午战争史》，上海：上海人民出版社，2014年版，第219页。
　　③ 佟东主编：《沙俄与东北》，长春：吉林文史出版社，1985年版，第420—421页。

中，交战双方展开的盛京会战，共动用了近90万的兵力，给沈阳城市和居民带来了空前的浩劫。侵略军所到之处，"抢掠奸淫，无恶不作，妇女因此丧命的不知多少"①。盛京城及周边，被侵略军"蹂躏殆遍"②。日俄战争后，双方重新瓜分在东北的权益，东北南部被划分为日本的势力范围，北部被俄国控制。至此，沈阳地区成为日本侵略者的势力范围。

早期，俄国对东北的侵略，其战略核心是进行远东移民和修筑铁路，通过不平等条约获取了一系列在东北修筑铁路的特权。光绪二十四年（1898年），沙俄与清政府签订《旅大租借条约》，以此获得了修筑中东铁路南线的特权。在修筑铁路的过程中，俄国人以铁路用地为名，强占了铁路所经的位于今老道口和西塔一带的一片土地，并无视中国主权，将其作为国中之国进行经营。日俄战争后，日本继承了沙俄在东北南部的一切特权，并"接管了沙俄控制的南满铁路，将'铁路用地'改为'南满铁路附属地'"③。日本接管后，将"满铁附属地"不断扩充，"逐步向东与商埠地相接，向南扩展到南五马路，北部与西部已越过铁路"④，其面积超过了沈阳古城。日本完全无视中国主权，在"满铁附属地"内非法行政，行使对市政、司法、税收、金融、文化、教育等的建设和管理权，使其俨然成为一个"独立王国"。

沈阳近代文化转型发生在中国半封建半殖民地社会形成的过程中，是在异质文化的冲击下，在改良运动、进步斗争和革命运动的推动下进行的。19世纪中期后，旧的统治制度、管理体制造成的民族压迫、阶级压迫日甚一日，社会缺乏活力，经济凋敝，盛京地区不断爆发农民起义和城市抗暴斗争。与此同时，列强咄咄进逼，不断输入的西方文化和科学技术也对社会产生了较大的影响。在上述背景下，清政府决定顺应潮流，整饬东北军政，以巩固其统治。主要是整顿吏制，变通官制，调整机构，设立了适应近代社会管理的厘捐总局、澱局、粮饷总局、官帖局、电报局、牛痘局、测绘总局等。随之，民族工商业也得到了一定的发展，政府和工商业者在提高劳动者素质和改善民生等方面，均做出了一定的努力。但由于封建保守势力的强大和西方列强不断地以军事、文化、资本等手段进行侵略，沈阳地区近代转型的步伐艰难而缓慢。到了19世纪末20世纪初，当局开办盛京机器局，开建关东铁路，开设奉天大学堂，设立奉天官银号，掀开了沈阳近代化进程的新的一页。也是从此时起，随着列强侵略的加剧，在新思潮的影响下，沈阳及附近地区的反帝反清斗争和爱国民主运动此起彼伏，民主主义思想开始得到传播。以张榕、宝琨等为代

① 杨余练等：《清代东北史》，沈阳：辽宁教育出版社，1991年版，第283页。
② 杨余练等：《清代东北史》，沈阳：辽宁教育出版社，1991年版，第281页。
③ 沈阳市人民政府地方志编纂办公室编：《沈阳市志》（一），沈阳：沈阳出版社，1989年版，第37页。
④ 张志强：《沈阳城市史》，大连：东北财经大学出版社，1993年版，第167页。

表的革命党人开始传播革命思想，开展革命运动。传播近代思想文化的报刊也得到大量出版。

三、具有地域特色的近代文化的形成

20世纪初，在近代化浪潮中，在全国推行新政的大背景下，清政府为求自保，在危机四伏中主导了东三省改制。清政府原本在1901年就酝酿推行新政，但由于受日俄战争的影响，新政在沈阳的推行被迫中止。光绪三十一年（1905年）四月，在日俄战争刚刚停火后，赵尔巽出任盛京将军。曾在湖南巡抚任上大力推行新政的赵尔巽立即着手推行奉天官制改革，裁撤盛京五部和奉天府尹，以求提高行政效率。此举与赵尔巽随后进行的经济、警务、教育等领域的改革，被视为东三省改制的发端。光绪三十二年（1906年），清政府决定在东北全面推行新政，并派载熙、徐世昌进行了为期三个月的考察。徐世昌等人撰写的考察报告，直陈东北旧制存在的弊端，并提出系统解决之道。如在行政体制改革方面，他们提出："国家统治领土之法，莫要于行政机关有指臂相使之效，而我三省官职则以军署为之长官，以郡县为之僚佐，夫以治兵之职，而辖理民之官，所务不同，利害亦异，隔阂既甚，牵制斯多，其终乃无一利之能兴。"[①]徐世昌等在报告中，也指出了东北在经济体制、军事体制上存在的问题，提出了改革建议。在此基础上，徐世昌又结合袁世凯的东北改革建议，提出了一个更加完备的改革方案，其主要内容包括：废除军府制，改为行省制；统一东北事权；开发东北，移民实边；开放东北，引进外资，设立东三省银行，修筑新齐铁路，抵制日俄在经济上的垄断；加强国防力量，扩建新军等[②]。光绪三十三年（1907年）四月，清政府批准了徐世昌提出的改制方案，徐世昌就任东三省总督，开始推行新政。在随后的两年间，徐世昌在东北推行新官制，设置新机构，彻底废除旗民分治的管理制度。在经济上奖励工商，整顿金融，改奉天官银号为东三省官银号，在奉天创办大清银行；引进与发展现代科学技术，设立奉天工艺传习所、农业实验场、植物研究所等；加强市政建设，设立电灯厂，开通马车铁道，建设奉天公园等；废除科举，开办新式学堂，推行新式教育；在军事上，改革军制，编练新军；设置警察，改革司法，设立"奉天模范监狱"。因受种种条件制约，徐世昌所推行的新政，实际效果有限，但它毕竟是沈阳在近代化道路上迈出的较大的一步，在一定程度上改变了古城盛京的面貌。东三省改制后直至奉系军阀统治初期，尽管政局一再陷入动荡之中，但东北的各项事业基本沿着

---

① ［清］徐世昌：《秘陈考察东三省情形折》，《退耕堂政书》，文海出版社印行，1973年版，第229页。

② 张华滕：《袁世凯对东北问题的关注与东三省改制》，《中国边疆史地研究》，2010年第2期。

"新政"所设定的方向在逐步发展。

奉天开埠,是沈阳近代转型中的重要事件。东北地区最早开埠的城市是营口。咸丰十一年(1861年),根据此前签订的中英《天津条约》的有关条款,营口正式开埠通商。营口开埠后,成为西方近代产业和文化进入东北地区的窗口,迅速由一个小渔村转变为东北第一大港口和金融中心。1906年,根据《中美通商行船续约》和《中日通商行船续约》,清政府确定奉天自行开埠通商。商埠地位于沈阳老城和"满铁附属地"之间,"东至边墙(今大、小西门边墙),南至大坝(今十四纬路),西至'满铁附属地'(今和平大街东侧),北至皇寺前(今皇寺路)"[①],总面积包括预备界在内共7.1平方公里。政府专设商埠局负责管理商埠地事务。在沈阳开埠的同时,新民、法库等也对外开放。随之,多国在商埠地内开设工商业机构、银行、领事馆等。在外资涌入商埠地的同时,民族资本和官僚资本也在商埠地内得到了发展。奉天商埠地的开发与建设,与关内约定商埠地略有不同,尽管它也受到帝国主义的干涉,但拥有较大的自主权,中国政府拥有独立的立法权、司法权、行政管理权,"商埠一切事权均归主管该埠之中国官署掌理,埠内中外商民一律受其监督保护"[②];"埠内所有事业,应由中国自主办理"[③]。地方政府能够基本自主地在此建立新的城市管理系统,进行现代化的市政建设,改变人们的传统观念和行为模式。到辛亥革命前,沈阳已经初步形成了具有地域特色的近代文化。

沈阳近代文化的发展和特色的进一步形成,与辛亥革命对奉天的影响及其后的政局走向有着密切关系。在辛亥革命中,以同盟会辽东支部成员为骨干的革命党人曾积极筹划奉天独立,因赵尔巽和张作霖的镇压,行动失败。随后,革命党人成立奉天联合急进会,由张榕任会长,将斗争目标确定为"将以相应南方,牵制北军势力,使清帝不敢东归"[④],建设满汉联合共和政体等,并在省内发动了大规模的武装起义。在行动中,革命党人受到了反动势力的疯狂反扑,张榕、宝琨被杀,东三省的革命领导机关被破坏。1912年2月,由蓝天蔚领导的北伐军在辽东半岛登陆并向奉天省城进军,就在行动取得节节胜利的时候,袁世凯与南京临时政府达成协议,清帝退位,"立定共和政体"[⑤]。于是,军事行动停止。至此,"一度轰轰烈烈的东北地区辛亥革命运动,就这样以封建地主官吏攫取胜利果实而宣告失败"[⑥]。辛亥革命及其前后的反抗斗争充分表明,包括沈阳在内的东北人民是富有反抗精神和革命传统的。革命的失败,其主要

---

① 沈阳市和平区人民政府地方志编纂办公室:《和平区志》,沈阳:沈阳出版社,1989年版,第33页。
② 辽宁省档案馆藏:《东三省自行开埠总章草案》,《奉天省公署档》JC10-3707-3。
③ 辽宁省档案馆藏:《开埠档案》(微缩胶片),第3458页。
④ 辽宁省档案馆编:《辛亥革命在辽宁史料》,1981年10月,第143页。
⑤ 王魁喜等:《近代东北史》,哈尔滨:黑龙江人民出版社,1984年版,第392页。
⑥ 佟东主编:《中国东北史》(第五卷),长春:吉林文史出版社,2006年版,第481页。

原因是东北地区封建势力和帝国主义势力的强大，民族资产阶级及其领导人的软弱。辛亥革命后，东北地区的殖民文化和军阀统治的色彩更趋浓厚，对沈阳近代文化的走向与发展产生了深刻影响。

第二节　复杂形势下开启的城市早期现代化进程

一、奉系军阀的崛起及其对沈阳的统治

辛亥革命后，作为北洋军阀主要派系的奉系军阀逐渐形成。奉系军阀以奉天为中心，统治东北地区十几年，曾一度控制京津地区，势力范围到达过长江流域。奉系军阀首领张作霖发迹于清末民初的乱世之中，在辛亥革命中因镇压革命而得到了赵尔巽、袁世凯等人的信任，成为奉天的实力派人物。1912年9月11日，袁世凯下令改编张作霖部为陆军第27师，任命张作霖为师长，部队驻扎在省城及辽北、辽南一带。手握重兵的张作霖掌握了奉天的军事实权，标志着奉系军阀的崛起。之后，张作霖在与中央政府及奉天军政大员的斗法、博弈中不断积蓄力量，其所拥有的军事实力和影响力得到增强，势力范围逐渐扩大。1916年4月，在成功驱逐了奉天将军段芝贵后，张作霖被任命为盛武将军、暂署督理奉天军务并代理巡按使，全面掌握了奉天军政大权。张作霖就职后，按照"奉天人治奉天"的原则，重用奉省出身的文武官员，排挤外省官员。在重用追随他起家的军事将领的同时，"袁金铠、王永江、王树翰、杨宇霆等奉天名流，先后聚集在张作霖麾下并受到重用，形成了以张作霖为中心的奉系势力"[1]。

以张作霖为首的奉系军阀在政治上保守而反动，在军事上穷兵黩武。但是，为了实现独占东北、争雄关内的政治目标，他们需要一个稳固而强大的基地。所以，在军阀统治体制下，奉系势力能够在一定程度上顺应时代潮流，通过在政治、经济、文化教育、军事等领域的变革，加快了东北的近代化进程。当时的沈阳是奉系军阀的统治中心，也是他们经营和建设的重点。

奉系军阀实施政治改革，最主要的目的是稳定政局，底线是绝不能触动军阀集团的利益。因此，他们在政治改革方面没有太大的作为，其中较有进步意义的是加强基层政权建设和改革警政。奉系集团对基层政权的改革，改变了奉天地区在县级以下缺乏科层化行政管理的局面。与此同时，为整顿城乡治安秩序，张作霖起用王永江为奉天省警务处长兼省城警察厅厅长，改革警政。王永江提出，他担任警务处长兼警察厅

---

① 张志强主编：《沈阳通史》（近代卷），沈阳：沈阳出版社，2014年版，第351页。

长后，"且于任用各县警务长事，不必求省长同意，他如警费支配、警额之分布亦随意办理"①。上述要求得到批准后，王永江着手实施警务改革，通过改革警政内务、制定维护警权的一系列措施、调整保甲制度等，使社会秩序趋向安定有序。

因经济与金融事关奉系军阀的根基与命脉，奉系军阀统治集团在实业和财政金融等领域进行了力度更大的改革。张作霖执政之初，奉天财政几近崩溃，为挽救颓局，决定按照现代制度整顿和改革财税金融。在财政厅长王树翰主持的改革失败后，张作霖任命王永江为奉天省财政厅长兼烟酒公卖局局长、东三省官银号督办，主导财税金融改革。王永江用了四年的时间，建立了具有现代特征的财税金融管理和运行体制，"开东省未有之局"②。奉系军阀统治集团积极发展实业，出台了一系列经济改革和鼓励经济开发的措施，主要有："1. 废止省内没有收益希望的官营事业。2. 开垦荒地，奖励移民。3. 省内矿山之开采完全收归官营。4. 官有财产有归民实之必要者，速归民实，以免损失。"③同时鼓励创办各类私营企业。上述改革措施，在一定程度上促进了民族工商业的发展。

奉系统治集团在推行改革和进行建设的过程中，意识到了人才的重要性，决心大力发展教育事业，改革奉天省的学制，发展民众教育，创办东北大学等高等教育机构。通过学制改革，确立了幼儿教育和职业教育的地位，并建立了一举三得的教育制度，使中学毕业生"升学则裕如，不升学则亦可恃专门技术以谋生。即使退而不能入分科中学者，亦能得普通教育"④。奉天省的民众教育具有早期现代化的特征，包括进行扫盲识字教育，以戏剧、影片、小说等开启民智、增强道德观念、启发公众审美意识等。

此外，奉系军阀统治集团还按照初步现代化的理念，通过一系列措施，改革军事，改革市政管理体制，加强城市规划和建设，加强交通和通信建设，加强文化机构和设施的建设，从而加快了区域发展的进程。

1928年，张作霖在日本人制造的皇姑屯事件中被炸身亡，主政东北的张学良选择了改旗易帜，归附南京国民政府，实现和平统一，并于1929年改奉天省为辽宁省，奉天市改称沈阳市。张学良主政三年，基本继承和延续了奉系时期的发展思路。但他主张息兵罢战，将更多的精力投入到经济和文化建设中，成立东北新建设委员会，使沈阳的发展进入了前所未有的高峰期。

---

① 《王永江受任》，《盛京时报》，1916年11月11日，第4版。
② 金毓绂：《王永江别传》，卞孝萱，周文权编：《辛亥人物碑传集》，北京：团结出版社，1991年版，第448页。
③ 陈裕光：《王永江整理奉天省财政之前前后后》，《吉林文史资料》，长春：吉林人民出版社，1983年版，第115页。
④ 王凤杰：《王永江与奉天省早期现代化研究》，长春：吉林大学出版社，2010年版，第145页。

二、沈阳早期现代城市管理体系的建立及城市文明的养成

经过近半个世纪的转型与发展，到了20世纪20年代，沈阳基本完成了城市社会形态的转变，由一座承载着农业文明的封建化城市，转变为依托于工商业发展并具有现代化特征的都市。这种转变是城市的物质文化、制度文化、精神文化得到整体性提升的结果。它也使沈阳的地域文化形态发生了质的变化。对于当时的沈阳来说，这种变化，首先表征于城市管理体系的变化、都市基本格局的形成、都市整合能力的提升和城市文明的养成等多个方面。

中国最早设立市的建制是在1908年，在清廷颁布的《城镇乡地方自治章程》中，明确规定城市为行政序列中一单位："凡府厅州县治城乡地方为城（市）"[①]。1915年，奉天成立省会警察厅，开始将省城作为一个特定的区域进行建设和管理。因原有的军政一体的官僚体制难以适应城市发展的需要，当局开始着手建立新的市政管理体系。在设立省会警察厅后，奉天省公署陆续成立了政务厅第四科、市政厅等，专门负责省城的市政管理。1923年5月，成立奉天市政公所筹备处。1923年8月，奉天市政公所正式成立。根据《奉天市暂行章程》，"奉天市设市政公所直隶于省长为办理市政之机关"。奉天市政公所负责的事项为"市财政及市公债；市公产管理及处分；街道沟渠桥梁之建筑及其他关于土木工程事项；市公共卫生及公共事项；市户口及市选举事项；市教育风纪及慈善事业；市交通、电力、煤气、自来水及其他公用事业"[②]等。

奉天市政公所成立后，在一定程度上推动了沈阳的城市化进程。城市化一般指"原有市区的重新组合与城市的自我更新；城市地域的扩大；城市关系圈的形成和变化；大城市地域的形成"[③]等。以奉天市政公所为主体的管理机构，主要在四个方面推进了城市化进程，一是立法，二是规划和建设，三是管理，四是对市民进行文明养成教育。加强立法，是对城市进行依法管理的基础。自奉天市政公所成立到"九一八"事变前，市政公所共颁布了《建设万泉河公园章程》《管理三陵章程》《北陵公园售票暂行章程》《卫生清洁法则》《管理肥料章程》《管理公厕章程》《街道 沟渠 桥梁及一切土木工程统一管理章程》《翻修马路施工办法》《考核建筑技术人员办法》《电车厂规则》《东三省兵工厂市政管理处暂行章程》《西北工业区限制建筑期间办法》等近百个法规[④]。根据总体规划，市政公所将原沈阳县管辖的城区和新设立的商埠地确定为主市区，同时进行工业区和商业区的规划与建设。拆除古城边墙和整理旧路是奉天市政公

---

① 钱端升，萨师炯等：《民国政治史（下）——省制与县制》，北京：商务印书馆，2018年版，第423页。

② 辽宁省档案馆藏，奉天市政公所编：《奉天市政公所章则汇编》，第1—2页。

③ 杨贵庆编：《城市社会心理学》，上海：同济大学出版社，2000年版，第109页。

④ 沈阳市城建局编：《沈阳城建大事记》（法规卷），沈阳：沈阳出版社，1995年版，第757页。

所为拓展城市发展空间而确定的一项重要工程。由于奉天古城的城墙阻碍了旧城改造和城市发展、城市布局，市政当局实施了拆除边墙的计划，到1930年夏，边墙被全部拆除①。市政公所因"市内街道太窄，拟定整理旧路，丈尺标准为城内干路宽度均以七丈为标准。自马路中心起算两旁应展三丈五尺"②。并规定了其他地点的城市街道宽度分别为两丈、三丈、四丈。这一时期建设的重点工业区、商业区有位于古城东部的大东工业区、位于古城西北部的惠工工业区、位于古城东北的奉海市场等。在城市管理上，市政公所对财政、市政、卫生、教育和其他公用事业等，进行了既有分工又有合作式的管理。城市文明的形成与发展，与市民整体素养的提高有着密切关系。奉天市政公所通过进行文明宣传，提高公民素养，也促进了早期现代城市文明的形成。当时采取的主要举措有创办《市政公报》，以"启迪市民之知识，促进市民责任义务之自觉协助市政进行"③；组织在《盛京时报》上发表宣传市政建设的文章和共建城市文明的评论，以"增进市民常识，广市民见闻"；设立市立通俗书报阅览社，"提供各种杂志报纸，随意阅览"④；成立通俗教育讲演社及组织演讲员和警察等，以讲演和游行的形式宣传法制、道德和劝导卫生，呼吁重视体育、启发美感等。

经过规划、建设与管理，奉天城市化的步伐明显加快，其作为区域政治、经济、文化中心的地位得到进一步确立。到20世纪30年代末，城市总人口达到了约60万，其中汉族人口最多，少数民族包括满族、朝鲜族、回族、锡伯族、蒙古族等。这一时期所形成的城市格局，已经具备了今天沈阳城区的雏形。建市之初的沈阳市区仅为古城和商埠地，奉天市政公所将所辖范围划分为六个区："一区所辖范围在沈阳方城内，二区所辖地为东关，三区所辖地为南关，四区所辖地为西关，五区所辖地为北关，六区管辖范围是商埠地。"⑤建市后，城市空间不断向外拓展。当时的奉系军阀统治集团为了遏制日本殖民扩张，避开日本方面的干扰，做出了将城市向古城以东、以北拓展的决策，大规模建设惠工工业区、奉海市场和沈海工业区，依托大东工业区逐渐建设完善了大东新市区。在北陵地区建设了东北大学校园和附属工厂，在东郊天柱山、东山嘴子一带建设东大营。东北大学校园和附属工厂地区，以及北陵机场等，成为奉天北部新市区。随着京奉铁路工厂的建立，皇姑屯地区得到开发与建设，与其相邻的今华山路、天山路、珠江街一带也发展为新的聚居区，形成了皇姑区早期的城市板块。同时，在今铁西区滑翔地区建成了冯庸大学，这个在奉天城市西部出现的板块，后来发展成为铁西区的南部城区。

---

① 曲晓范：《近代东北城市的历史变迁》，长春：东北师范大学出版社，2001年版，第132页。
② 《市道展宽之办法》，《盛京时报》，1923年9月22日，第4版。
③ 辽宁省档案馆藏，奉天市政公所编：《奉天市政公所公则汇编》，第153页。
④ 辽宁省档案馆藏，奉天市政公所编：《奉天市政公所公则汇编》，第157—160页。
⑤ 张志强：《沈阳城市史》，大连：东北财经大学出版社，1993年版，第182页。

需要特殊提及的是，在奉天社会和城市转型、发展过程中，始终存在一个硕大的毒瘤——"满铁附属地"。随着日本侵略的加剧，其范围不断扩大。到1926年，"满铁附属地"的面积由"满铁"刚接收时的5.95平方公里扩大到10.44平方公里，并继续向南扩展[①]。由于"满铁附属地"的存在，奉天建市之初，就形成了二元市政体制。日方成立的"奉天地方事务所"在附属地内非法行政，"不仅管理铁路事务，举凡行政、司法、教育、警察，乃至经营、驻军各项权力无不加以攫取"。"满铁附属地"的规划、建设、管理等，"奉天地方政府无权干涉"[②]。这种殖民区域和二元市政体制的存在，必然会使城市的文化形态呈现出二元化的特征：民族文化与殖民文化既彼此独立，相互对立，相互斗争，又互相渗透。

三、大都市地位的确立与城市文化的初步繁荣

奉系军阀统治后期及张学良改旗易帜后，随着城市社会形态的转变和城市现代化进程的加快，沈阳作为东亚地区的大都市的地位得到确立。其地位的确立，既依托于城市社会经济的发展，也得益于在此基础上形成的城市文化。

奉系军阀统治集团为了增强自身的实力，在发展军事工业上投入了巨资，在主导发展军事工业的同时，也带动或鼓励发展其他民族工业，创造宽松环境，支持民族资本投入实业。奉系军阀在奉天建立了庞大的军事工业系统，其中包括由原奉天机械厂扩建而成的东三省兵工厂，由原修械司扩建而成的奉天迫击炮厂，迫击炮厂附设的民生工厂（设计制造出了我国第一辆汽车），集制造、修理为一体的东北航空工厂，具有现代化粮食加工和食品生产能力的奉天粮秣厂，引进美国先进技术的军需工厂——奉天陆军被服厂等。在打破列强垄断、抵制洋货的强大动力下，其他民族工业也得到了前所未有的发展，并初步建成了具有一定规模的民族工业体系。在改造传统的旧式工厂的同时，还大力发展缫织、染色、皮革、火柴、窑业、烟草等新式工业，并筹备建设纸张制造、织毛等工厂[③]。建成于这一时期的奉天纺纱厂、东兴纺织厂、肇新窑业公司、东北大学工厂、大亨铁工厂、皇姑屯铁路修车厂、惠临火柴公司、八王寺啤酒汽水酱油股份有限公司等，是其中的重要代表。据1929年统计，当时奉天民族资本的投资总额达到841万元，拥有雇工13200人[④]。奉天军工系统的工人，最多时达到了5万多人。奉天工业的发展，不但奠定了沈阳早期的工业基础，而且在改变沈阳经济结构的同时，也改变了城市的社会和文化结构。

① 苏崇民：《满铁史》，北京：中华书局，1990年版，第366—369页。
② 高灵灵主编：《沈阳通史》（现代卷），沈阳：沈阳出版社，2014年版，第66页。
③ 王树楠等：《奉天通志》，影印版，沈阳：东北文史丛书编辑委员会，1983年，第2558页。
④ 陈立英，王建辉：《20世纪初年沈阳市近代私营工业的产生发展》，《沈阳航空工业学院学报》，2005年第6期。

商业与城市相生相伴也是城市文化的重要组成部分。奉天建市后，商业呈现出更加繁荣的景象。传统的四平街（今中街）商业区得到了拓展：当局在对古城进行市政改造和修建电车路线后，改造了大西至小西的城门中间的旧商业区，改造后，原有的商家一部分在新街路上的新建楼宇中继续营业，一部分则迁至在太清宫至小西门路北新建的奉天第一商场内；对四平街进行了拓宽和改建，修建了吉顺丝房、吉顺隆丝房、利民商场、萃华金店总号、同义合等商厦。经过改造后的中街商业区焕然一新，商贾云集，成为当时沈阳最繁华的商业街区。奉天市政当局在商埠地先后建成的北市场、南市场，也很快得到了发展，既有大量的外资商业入驻，也有奉天的民族资本和官僚资本所开办的商业在此进行经营。在奉天当局发展商业的同时，日本在其所强占的"满铁附属地"内也进行了大规模的商业升级，对今太原街及附近街区进行商业规划与建设。1905年，奉天的中国人商号总数为1803户；到1924年，奉天的中国人商号总数为6598户；1931年，则增至8000户[①]。其中多数商号设在老城区和商埠地内，极少数商户在"满铁附属地"内进行经营。

便利的交通是促进城市经济发展和文化繁荣的重要条件，也是城市发展的重要指标。到20世纪20年代，奉天市初步建成了比较完备的交通体系。1925年10月，奉天市自办的有轨电车正式开通。同年末，日本人在"满铁附属地"修建的有轨电车通车，并于次年6月与奉天市政的有轨电车实现联运。到"九一八"事变前，奉天市共建成了3条有轨电车线路，总长度为7公里，日均客运量为1.65万人次[②]。此外，公共汽车也成为奉天的重要交通工具之一。在铁路运输上，奉天作为东北地区铁路枢纽的地位得到了强化，修建了自办铁路奉海铁路和辽宁总站。至此，奉天市拥有了辽宁总站、皇姑屯站、沈海站、"奉天驿"等多家车站，连通的铁路线有奉海铁路、京奉铁路、"南满铁路"、安奉铁路、苏抚铁路等，成为东北地区最大、在国内位居前列的铁路枢纽城市。

奉天建立市制后，电力、医疗、通信、供水等也得到了较大的发展：对初建于1909年的奉天电灯厂进行扩建，使发电设备的总容量达到了办厂初期的21倍[③]；到1931年，沈阳市已经能够与国内的160多个城镇直通长途电话；新建的医院有奉天公立医院、东北陆军医院以及大东医院、私立雨辰医院、私立吉祥医院等20多家。市政当局还对建筑、桥梁、道路进行现代化管理，使城市面貌得到较大改观，城市环境卫生条件得到很大的改善。开放和建设城市公园，是丰富市民生活的重要举措。奉天市

---

① 冯彻影：《解放前沈阳工商业概况》，政协辽宁省文史资料委员会：《辽宁文史资料》（第二十六辑），沈阳：辽宁人民出版社，1989年版，第37页；沈阳市商业局商业志编纂办公室：《沈阳市商业志》，沈阳市商业局商业志编纂委员会，1990年版，第24页。
② 高灵灵主编：《沈阳通史》（现代卷），沈阳：沈阳出版社，2014年版，第75—76页。
③ 沈阳电业局局志编辑委员会：《沈阳电业局志（1908—1985）》，1990年版，第91页。

政公所建立后，即认识到"公园为市民安慰之所，各文明国之都会无不安设，以改良人民之生活"①，以原皇家园林为基础建设了北陵公园、东陵公园，并先后对市民开放，修建了东三省兵工厂花园和街心花园、儿童游园等多个公园。

在教育方面，奉天市影响最大、教学层次最高的是东北大学和冯庸大学。东北大学是当时国内教育质量最好、教学设施最完备的高等学府。冯庸大学由初创时的工科大学，迅速发展为综合性大学。相继建立了省立师范专科学校、同泽新民储才馆等专门高等学校。公立、私立中学的数量也得到大幅度增加，建立的私立中学有著名的同泽中学、同泽女子中学、兴权中学等。奉天建市后，在近代城市转型过程中出现的报业更加兴盛，《醒时报》《新民晚报》《东三省公报》《东三省民报》是当时知名度最高的报纸。1927年，当局创立了奉天广播电台，向市民及外部播报政治、经济、文化信息。1924年1月，中法电影公司开业，这是奉天首家面向中国人的电影院②。随后，又建立了东北电影院等。张学良主政时期，特别注重保护和弘扬传统文化，组织编纂了《奉天通志》，支持编辑了汇集东北古代典籍的《辽海丛书》，组织影印藏于故宫文溯阁的《四库全书》，并恢复了萃升书院。

在奉天各项事业得到发展、城市文化出现繁荣局面的同时，在二元市政体制下，日本加紧在"满铁附属地"内建设"殖民帝国"。同时通过军事侵略、外交讹诈、文化侵略等，不断扩大势力，攫取特权，掠夺资源，为全面侵占东北做准备。

这一时期的东北，特别是沈阳，在民族产业和各项事业得到发展的过程中，民族自主、自强的意识在逐步增强，物质文化和精神文化都得到了较大的发展。尽管奉天长期处于奉系军阀的严密控制下，但爱国主义思想、革命思想和马克思主义也得到传播。特别是中国共产党成立后，在党的领导下，沈阳人民反抗压迫和侵略的意识得到了空前强化，并不断进行反抗压迫和侵略的斗争。随着日本侵略步伐的不断加快，殖民文化给这个城市带来的影响也越来越大，城市的文化生态更趋复杂。

第三节　在屈辱与抗争中发展的地域文化

一、沈阳城市正常发展进程被迫中断

日本帝国主义悍然发动"九一八"事变后，沈阳沦陷，城市的正常发展进程被迫

① 《奉天·曾市长之谈话》，《盛京时报》，1923年12月7日，第4版。
② 辽宁省地方志编纂委员会办公室：《辽宁省志·文化志》，沈阳：辽宁科学技术出版社，1999年版，第319页。

中断。在被殖民统治的14年间，沈阳虽仍然保持着区域经济中心的地位，城市规模得到扩大，但这种发展完全是在日本侵略者的殖民化战略下进行的。侵略者不断地强化殖民统治，他们所制定的城市发展规划和实施的建设、管理举措，完全以奴役、压榨、掠夺为目的，严重破坏了沈阳的良性发展秩序，使城市发展完全脱离了正常的轨道。

"九一八"事变前，日本帝国主义曾长期筹划吞并东北。1930年初，日本武装侵占东北的步伐加快，不断地制造事端，甚至进行了军事进攻沈阳城的演习。"围绕着攻占沈阳城，从1930年初到1931年9月，日军在不同方位、不同的行动路线，进行了近百次的军事演习。"[①]1931年9月14日至9月17日，日军的实战演习地点接近了东北军驻地北大营的围墙，参加演习的日本警察悍然闯进北大营内，切断了电线[②]。9月18日，日军炸毁柳条湖铁路，武装进攻北大营。在蒋介石和南京政府的不抵抗政策下，北大营守军遭受重大损失，被迫撤退。随后，日军对于沈阳全城的进犯，同样仅遭遇了零散的、自发式的抵抗。

"九一八"事变的第二天，沈阳城完全沦于日军之手。9月20日，日本侵略者改沈阳为奉天，成立奉天市政事务所，并任命土肥原贤二为伪市政事务所市长。伪市政事务所成立后，完全按照日本人的意图设置机构、确定职能，设立了由日本人担任课长的各课，负责管理地方行政事务。随后，日本制定了《满蒙问题解决方案》，谋划在"满蒙"建立伪政权，即"建立在我国（日本）支持下的，以东北四省及蒙古为领域，以宣统皇帝（溥仪）为元首的中国政权"[③]，谋求更有效地进行殖民统治。在日本关东军和土肥原贤二的操控下，成立了"奉天地方自治维持委员会"，后改为"辽宁省地方维持会"。"维持会"名义上由中国人袁金铠等主持，但实权掌握在日本顾问手中。土肥原贤二让位后，关东军改由汉奸赵欣伯出任"奉天市长"[④]。同时，将伪奉天市政事务所下设各课改为处，处长由中国人担任，日本人退居幕后。伪政权建立后，在日本人的操控下，按照《满蒙开发方策案》等所设计的侵略和殖民政策，将包括沈阳在内的东北纳入日本帝国主义经济体系中，使沈阳走上了畸形发展的道路。

二、沦陷时期畸形发展的城市与文化

在沈阳沦陷的14年间，城市格局、社会结构、社会生活和民众的文化心态等均发生了剧烈变化。从客观上看，在城市规划建设上有了一定的变化；城市建筑、交

① 高灵灵主编：《沈阳通史》（现代卷），沈阳：沈阳出版社，2014年版，第377页。
② 曾宗孟：《九一八痛史》（上卷），北平九一八学社，1932年版，第28页。
③ ［日］美田治，岛川进彦著，王振锁，王家骅译：《满洲事变》，上海：上海译文出版社，1983年版，第266—267页
④ 王明伟：《东北抗战史》，长春：长春出版社，2016年版，第76页。

通和市政等均有了改变；服饰、饮食等受西方尤其是日本的影响而趋于多样化；市民的文化娱乐方式向多元化发展。但是，因为沈阳的城市建设和经济、文化、社会发展是在殖民政策主导下进行的，并且其发展成果完全被日本侵略者及伪满当局、达官显贵掠夺和享用，其所呈现出的发展形态是畸形的，后果也是带有破坏性和灾难性的。

随着伪政权的建立，日本为了满足其继续侵吞中国的野心，开始着手强化对沈阳的殖民统治并加强掠夺。在城市规划、建设上，制定和实施了扩大铁西工业区的计划，编制和实施了《奉天都邑计划》；在经济和金融方面，控制和垄断工商业、铁路运输业，管控金融机构，掠夺土地和农业资源；在文化教育上，建立了一套殖民文化管制体系和奴化教育体系，使沈阳原有的民族文化和教育体系备受摧残。

早在日本侵略者占据紧邻"南满铁路"之东的"满铁附属地"后，即已非法向铁路以西拓展。"九一八"事变前，已经在铁西建成了"满毛""满麻""南满制糖"等28家工业企业。"九一八"事变后，为了给日本侵略者提供大量的战略物资，"满铁"开始在沈阳重点发展重工业、化学工业。伪满洲国、"满铁"和关东军开始规划和大规模发展铁西工业区。到1937年，铁西区实际面积达到17.136平方公里。1939年，日本侵略者再次强行购地18.75平方公里，使铁西区成为全市面积最大的区，也是工业总产值最高的区。到1941年6月，铁西工业区拥有各类工业企业254家，其中金属工业35家，化学工业36家，机械和器具工业66家，电气工业6家[1]。1938年2月，由日本殖民者主导的《奉天都邑计划》编制完成。该计划的规划期为15年，在规划中，城市区域面积将达到400平方公里，城市人口到1943年达到100万，1953年达到150万[2]。日本殖民者炮制的《奉天都邑计划》及对铁西工业区的建设，完全是为了维护殖民者的利益，无视经济规律和市民权益，造成了城市产业畸形发展、城市布局不合理的严重后果，使整个城市的发展受到了极大的破坏。

沈阳沦陷后，日本侵略者控制了所有的官营、民营金融机构，由"满铁"控制了铁路经营权，并对东北的工业资源进行全方位的垄断。对东三省兵工厂、奉天迫击炮厂、东北航空工厂等大型军工厂进行了近乎掠夺式的改组。官僚资本和民族资本所建设的东北大学工厂、大亨铁工厂等也完全被日资企业强占。为了最大限度地进行殖民掠夺和压缩中国人的消费，日伪当局对城市的消费品几乎全部实行配售，"建立了各种商业'组合'和'配给'机构，垄断了内外贸易购销市场"。当时，"大批日本商品倾销于沈阳市场，大批粮豆产品、毛皮产品、矿产品运往日本"[3]。在日伪的统治下，沈

---

① 辽宁省档案馆藏：《铁西工业区概括》（日文资料），第8页。
② ［日］佐佐木孝三郎编：《奉天经济三十年史》，奉天商工工会，1940年，第248页。
③ 沈阳市人民政府地方志办公室：《沈阳市志·商业》，沈阳：沈阳出版社，1999年版，第6—7页。

阳的民族工商业完全破产，日资日商独霸市场，生活用品奇缺，中国人民生活在水深火热之中。

在进行政治压迫、经济掠夺的同时，日伪当局还通过殖民文化统治和奴化教育，摧残沈阳的民族文化，严重破坏了地域文化生态。日本侵略者设立专门机构进行殖民文化统治，伪满洲国成立初期设立的思想统治机构为"资政局""弘法处"，后废"资政局"，设立"情报处"，统管思想领域和新闻舆论工作。1937年，将"情报处"扩大为"弘报处"，根据伪法令，"弘报处"的任务扩大为九项，既包括控制舆论、控制文艺，也包括掌管情报和一切对内对外的宣传，包揽文化宣传的一切方面[①]。在教育上，日本侵略者根据各阶段的形势和需要，采取不同的政策进行奴化教育。"九一八"事变后，关东军关闭了所有学校，破坏了原有的教育设施。后来，为了维持殖民统治和奴化东北的青少年，开始逐步恢复学校教育。1932年，初步建立了殖民教育管理体系，推行"王道主义"教育，即伪满《建国宣言》中所宣称的"进而言教育之普及，则当惟礼教是崇，实行王道主义"[②]。"王道主义"教育的实质是要根除东北人民的反抗意识和斗争精神。1937年，日伪当局制定了完整的奴化教育方针，提出"以咸使体会日满一德一心不可分之关系及民族协和之精神"，"养成忠良之国民，为教育之方针"[③]，并于次年实行"新学制"，确立了殖民地的教育制度。到了1941年，随着战争形势的变化，伪满政权将包括沈阳在内的东北教育纳入了战时体制，强化奴化教育，使教育体系受到空前的破坏。

在日本侵略和沈阳沦陷期间，自"九一八"当日北大营打响抗战第一枪起，沈阳人民争取自由、反抗奴役和侵略的斗争从未停止。9月19日，设在沈阳的中共满洲省委召开紧急会议，开始号召、组织、领导东北地区的抗战。因沈阳在伪满洲国中居于极其重要的地位，日伪当局的统治异常严密，对反抗斗争的镇压也非常残酷，但沈阳人民在中国共产党的领导下，始终坚持以多种形式进行反抗奴役、反抗殖民、反抗侵略的斗争。在此期间，抗战军民参与创造了伟大的抗战文化。

三、沈阳解放和新的先进文化形态的确立

1945年8月，苏联对日宣战，大举进攻占领中国东北的日军。8月9日，毛泽东发表《对日寇的最后一战》，八路军受命进军东北。8月15日，日本宣布无条件投降。8月19日，苏军开始占领沈阳。9月6日，由曾克林、唐凯率领的八路军部队进入沈

---

① 姜念东：《伪满洲国史》，大连：大连出版社，1991年版，第427页。

② 齐红深主编：《日本侵华教育史》，北京：人民教育出版社，2002年版，第235页。

③ 武强主编：《东北沦陷十四年教育史料》（第一辑），长春：吉林教育出版社，1989年版，第451页。

阳①。面对这座东北最大城市光复后的混乱局面，中国共产党立即争取苏军支持，着手恢复秩序。9月18日，彭真、陈云、伍修权、叶季壮等抵达沈阳，组成中共东北局，领导中国共产党在东北的各项工作。10月10日，由白希清、焦若愚分任市长、副市长的沈阳市民主联合政府成立。

在沈阳市民主联合政府开始恢复社会秩序的同时，国民党反动派在不停地进行破坏。1945年12月，共产党的军政机关被迫撤离沈阳。国民党接管沈阳后，建立了政权组织，并对市政建设和工业等领域进行重点管理，使城市秩序和工业生产得到了一定的恢复。但因国民党政权的腐败，加之不断挑起内战，沈阳很快又陷入了经济萧条、财政崩溃、民众困苦不堪的状态中。与此同时，沈阳地区反对国民党黑暗统治的斗争此起彼伏，给反动政权以沉重打击。在国民党占领沈阳期间，八路军独立二团和各区中队等武装力量一直坚持在沈阳郊区开展游击战争②。解放战争中，双方经过在东北战场上近三年的较量，中国共产党领导的解放军与国民党军队的力量对比发生了决定性的改变，中共中央决定发动辽沈战役。1948年11月2日，沈阳解放，11月9日，辽沈战役结束，东北全境解放。

沈阳的解放和新中国的成立，使这座城市的历史进入了一个崭新的阶段。在中国共产党的领导下，沈阳在政治、经济、文化和社会发展上均取得了前所未有的成就。在发展中，以中华优秀传统文化、革命文化和社会主义先进文化为主体的先进文化形态逐步得以确立，地域文化也不断走向了繁荣。改革开放后，"沈阳文化再次进入新的、具有深刻时代特色和时代精神的时期，以扩大的规模、急速的进度、深刻的程度、广泛的方面，在短时期内，得到长足的发展。划时代、划历史阶段性的大发展，达到了大繁荣的局面"③。

---

① 中共沈阳市委党史研究室：《中共沈阳地方史（1919—1949）》，北京：中央党史出版社，2001年版，第234—236页。

② 张志强：《沈阳城市史》，大连：东北财经大学出版社，1993年版，第256页。

③ 顾奎相主编：《沈阳文化史》（古代卷），沈阳：沈阳出版社，2014年版，第4页。

沈阳地域文化的
历史积淀与当代价值

引　言

一个区域的文化厚度与其历史积淀有着重要关系，地域文化的历史积淀恰恰也是文化发展动力的来源之一，是形成地域文化特色的历史性因素。地域文化的历史积淀是一个物化、制度化、精神化的过程，是在历史进程中发展并在当代情景中被优化的过程。

地域文化的历史积淀体现出几种特性，即历史性、当代性、形态多重性、深层次性。第一，这种积淀是在漫长的历史进程中完成的；第二，地域文化的历史积淀包含着当代人的认知与整合，在某种程度上呈现出一定的当代性；第三，地域文化的历史积淀体现于物质文化、精神文化和制度文化中；第四，地域文化的历史积淀往往会以特定的观念形态和社会情感的形式存在，并植根于深层的社会文化心理中。

本编主要选择了具有代表性和对今天的沈阳文化影响较大的"辽金文化""盛京文化""民国文化""抗战文化""工业文化"等加以阐述，以期更加全面、深入地认识沈阳地域文化历史积淀的价值和影响。

第一章 辽金文化

第一节 辽金文化概说

一、辽文化

辽文化是辽王朝统治区域内各民族所创造的文化，它具有丰富的成果和鲜明的特色，在中国文化史上具有不容忽视的地位。

辽王朝的统治政策是因俗而治，因此辽文化的发展过程与成果均与这种特殊的政策有关。在上述政策影响下，在民族文化碰撞、融合的过程中，汉族等其他民族的文化得到发展与传播，契丹的民族文化在汉文化的影响下得到不断提升、优化，其民族特色在一定程度上得到保留。可以说，辽在政治制度、社会生产、生活习俗、宗教信仰、科学技术、文学艺术等方面，都形成了自身的特色。其中对当世和后世影响较大的有契丹族所创造的骑射文化及四时捺钵制度、契丹人在汉人协助下创制的契丹文字、各族共同创造的文学艺术等。

契丹人所创造的骑射文化是辽代特色文化的重要组成部分，而且其与契丹民族的生产方式、生活方式、生活习俗、民族的文化性格等有着密切关系。从现有的历史文献、出土实物和辽墓壁画中，均能见到反映契丹骑射文化的影像，如驰骋于草原和山林的契丹马，精美而先进的契丹马具，在四时捺钵中射猎习武的契丹勇士，髡发佩弓的契丹族猎人形象，威震四方的契丹铁骑与铁马金戈的骑战场景，击鞠、角抵、射柳及岁时节日游艺中的马术演练等。由于契丹族长期生活在寒暑变化剧烈的北方草原、荒漠或者山林中，逐渐形成了"秋冬违寒，春夏避暑，随水草就畋猎，岁以为常"[①]的生活习俗，由此而产生了四时捺钵制度。捺钵是契丹皇帝在逐水草畋猎过程中所设的行帐。早期契丹皇帝的游猎并无固定目的地，后来形成制度化，春、夏、秋、冬四时捺钵有了相对固定的区域。从表面上看，四时捺钵是契丹皇帝四季出行的制度，但其中所涵纳的内容是极其丰富的，既包括政治制度、执政方式、典章礼仪，也蕴含着契丹民族所熟悉的生产方式、坚守的生活习俗和形成的文化心理等。在四时捺钵制度中，捺钵就是国家的政治中心，皇帝在捺钵所在地，召集臣僚会议，议决国家大事。通过捺钵，安抚笼络当地的各民族首领、部落酋长等。在捺钵地和出行中，还要进行军事整训，提升军队战斗力。

建国前，契丹人"本无文记，唯刻木为信"[②]。辽神册五年（920年），辽太祖耶律阿保机命耶律突吕不、耶律鲁不古等人创制本族文字。随后，在汉人的协助下，契丹人创制完成了契丹大字，"汉人教之以隶书之半增损之，作文字数千，以代刻木之约"[③]。因契丹大字的数量太大，令人一时难以掌握，耶律阿保机的弟弟迭剌参考回鹘文字，又创制了新的民族文字——契丹小字。契丹小字属拼音文字，共使用了约350个原字（即表音符号）作为基本读写单位拼成文字，使用起来更为方便。"契丹文字通用于辽朝和金朝前半期，多用在记功碑、诸部乡里之名、外交书函、旗帜、符牌、写诗、译书、考试、哀册和墓志等方面"[④]，没有被平民普遍掌握，但对辽代文化的发展和传播产生了深远的影响。

辽文化的成就和特色，还体现在文学与艺术等方面。自辽初起，在唐代文学的影响下，契丹贵族即以吟诗作赋为荣，创作了一大批有着独特的艺术风格和审美价值的诗歌。在现存的辽诗中，最能体现其艺术特色的当为契丹族诗人之作。契丹族诗人大多为君主、后妃与贵族，因为他们有更多的机会接触汉文化。萧观音与萧瑟瑟是出身于皇室的契丹族女诗人，从作品数量和艺术水准上看，她们的诗歌创作成就超出了同时代的契丹族男性诗人。两位女诗人的创作，代表着辽代文学的最高水平。在皇帝及皇族的倡导下，契丹贵族纷纷撰诗结集，影响较大的有耶律隆先的《闻苑集》，耶律良的《庆会集》等。根据《全辽诗话》的统计，辽代的诗文集有30多种。寺公大师创作的契丹文歌行体长诗《醉义歌》，是迄今为止所发现的契丹人所创作的篇幅最长的抒情诗。耶律楚材认为寺公大师为"一时豪俊也，贤而能文，尤长于歌诗，其旨趣高远，

① 许嘉璐主编：《二十四史全译·辽史》（一），北京：世纪出版集团·汉语大词典出版社，2004年版，第263页。

② 李锡厚，白滨：《辽金西夏史》，上海：上海人民出版社，2016年版，第400页。

③ 许嘉璐主编：《二十四史全译·新五代史》，北京：世纪出版集团·汉语大词典出版社，2004年版，第709—710页。

④ 冯继钦，孟古托力，黄凤岐：《契丹族文化史》，哈尔滨：黑龙江人民出版社，1994年版，第24页。

不类世间语，可与苏、黄并驱争先耳"①。辽代的艺术成就，集中地体现于建筑、雕塑、绘画、工艺美术上，有着极其鲜明的宗教特色与民族特色。在建筑上，辽继承了唐雄浑而又简朴的风格，通过改造与创新，修建了大同华严寺、蓟县独乐寺、应县佛宫寺、义县奉国寺等经典性建筑和大量辽塔。在雕塑上，辽开创了佛教造像的新风。在工艺美术上，辽创造了以辽三彩等为代表的具有民族风格的陶瓷工艺品。辽代的绘画艺术，承接了唐、五代的画风，在人马画上有所发展，且创作了众多具有独特民族风格和较高艺术水准的壁画。

二、金文化

与辽不同，初始阶段文化发展水平更低的女真人，对异族文化特别是汉文化的接纳更为积极。特别是金在入主中原、迁都中都后，积极吸收汉文化和契丹文化，加速了自身汉化的过程。与辽相比，金王朝的有效统治区域已经涵盖了更多的中原地区，在更大程度上接纳、延续了北宋的文化。北方的文化传统、艺术传统，如道教文化，文人画、山水画传统，在金均得到了极大的重视和传承。与此同时，金也非常重视传承和保留本民族的文化传统，一直保有着牧猎民族的底色，并始终将传统的女真文化视为自身的根脉所在。

总体来看，金文化在发展中，强化了女真人重史的传统；在吸纳先进的汉文化的基础上，重视发展本民族文化，创制了女真文字，坚守并弘扬本民族的骑射文化传统；重视辞赋之学和具有民族特色的艺术创造。

女真人在建立政权和控制北方地区后，将儒家思想确定为统治思想，并大量印制经书史书。由于金统治者格外重视德运、正统的问题，女真人原本就有的重史意识不断得到强化。在女真文字创制前，他们曾以口碑形式世代传述本民族的历史。金初，统治者开始组织编撰女真族的创业史，如《祖宗实录》《太祖实录》等。后来，又根据辽代的实录和记注等着手编撰《辽史》。因种种特殊原因，两部《辽史》均未最终完成，但为后世留下了一些重要的史料。金设立了两个重要的文史机构，一是隶属于秘书监的著作局，二是记注院，负责掌记皇帝言行，修起居注等。

与契丹人一样，女真族原来也没有文字。建政之初，在国内颁布的政令、通行的各种文书上，均使用契丹字和汉字，外交往来中多使用契丹字。为了改变上述局面，金太祖完颜阿骨打命完颜希尹等创制了本民族的文字。据《金史》记载："太祖命希尹撰本国字，备制度。希尹乃依仿汉人楷字，因契丹字制度，合本国语，制女直字。天

---

① 章培恒，骆玉明主编：《中国文学史新著》（中），上海：复旦大学出版社，2011年版，第346页。

辅三年（1119年）八月，字书成。太祖大悦，命颁行之。"①天眷元年（1138年），金熙宗又"颁女直小字"②，并于皇统五年（1145年）开始正式使用。前者被称为女真大字，后者被称为女真小字，相对来说，女真小字的笔画较简单。金代，女真大小字一直被并行使用。女真族是牧猎民族，骑射文化原本就曾植根于其文化传统中。金建立后，女真统治者将本民族原有的围猎习俗、中原的巡狩制和契丹人的"四时捺钵"制等融为一体，形成了金代的狩猎制，既坚守了骑射文化传统，也使民族文化得到了发展。

在宋文学、辽文学两块基石上发展起来的金代文学，吸收了宋、辽文学的精华，并融入了女真族特有的文化精神和民族意识。金代文学成就较大的有代表着"借才异代"现象的宇文虚中、高士谈、吴激、洪浩等；有对辛弃疾产生了较大影响的蔡松年；有地域风格鲜明、开创北方文学新风的蔡珪、党怀英、王寂、王庭筠、元好问等；有对民族文化融合与文学发展起到引领作用的完颜亮、完颜雍等。金代的艺术，在雕塑、建筑、绘画、书法上均有不俗的表现。金受辽和北宋的影响，在城市、宫殿、塔、寺等建筑上体现了融合性特征。金代在山水、人物、鞍马画上均有所成就，并对元代绘画产生了重要影响。金代书法因党怀英、王庭筠、赵秉文等几位汉人书法家的存在而焕发异彩。特别值得一提的是，金创造了被称作院本的戏剧，院本与北宋时流行的诸宫调共同孕育了元杂剧，这是金代对中国戏剧文化发展所做出的重要贡献。

第二节　辽金文化的特征及其深远影响

一、辽金文化均为出自多源、融合而成的文化

辽文化与金文化，均为出自多源、由多民族文化融合而成、民族特质凸显的文化。

辽文化由契丹文化、汉文化、渤海文化、奚文化、回鹘文化、女真文化等汇聚而成。契丹建国之初，耶律阿保机在攻掠汉地的过程中，俘获了大批汉族人，汉文化开始正式大规模地汇入辽文化。后来，辽不断地将原汉族居住地纳入统治范围，并迁移汉民到东北地区。为了加强统治，阿保机开始重视对汉文化的学习，以汉文化治国理政。汉文化中的制度文化、思想文化被纳入辽的统治文化中。汉文典籍也迅速得到传播。汉族的生产方式、生活习俗等，也逐渐影响了辽境内的契丹人。渤海文化受中原文化影响较深，契丹灭渤海国、置东丹国后，将相对发达的渤海文化纳入了辽文化体

① 许嘉璐主编：《金史》，北京：世纪出版集团·汉语大词典出版社，2004年版，第1218页。
② 许嘉璐主编：《金史》，北京：世纪出版集团·汉语大词典出版社，2004年版，第59页。

系中。契丹与奚族为同属鲜卑的两个部落，在契丹崛起的过程中，奚部落走向衰落。耶律阿保机数次伐奚，占领奚地，将其纳入了辽王朝的统治，二者的文化迅速实现了交融。契丹兴起时，回鹘共分三部，分别为位于河西走廊的甘州回鹘、位于今新疆东部的高昌回鹘、位于葱岭以西的阿萨兰回鹘。甘州回鹘和高昌回鹘曾先后被辽征服。回鹘文化对契丹影响较大，"一些重要的契丹习俗受到了回鹘摩尼教文化的影响，所谓木叶山祭祀就是受到回鹘文化影响的结果"[①]。女真人因长期受辽政权的控制，当时辽境内的女真文化也是辽文化的一部分，与其他各族文化不断产生碰撞和融合。

金文化是由女真文化、汉文化、契丹文化、渤海文化、奚文化等交汇融合而成的文化体系。渤海与女真同为靺鞨人的后裔，金占领辽东，将渤海人纳入其统治后，对渤海人尤其是辽东渤海大姓采取了安抚、笼络政策，对渤海文化也颇为接纳。女真人灭辽克宋之后，占领了原属契丹和北宋的广阔区域。他们将汉文化和契丹文化置于比较重要的地位，并且在积极推进文化融合的过程中，最大限度地保持了各民族文化的特色。与辽相比，金的统治者更乐于接受汉文化，文化融合和发达程度也更高，即"金用武得国，无以异于辽，而一代制作能自树立唐、宋之间，有非辽世所及，以文而不以武也"[②]。

二、辽金文化是少数民族特质凸显的文化

辽金文化是汉文化和诸多少数民族文化融汇而成的文化，在融汇与生成过程中，处于统治地位的少数民族文化所产生的影响是巨大的。在少数民族不断被汉化的过程中，中国北方地区的汉族人同样经历了胡化。胡化改变了辽、金统治区内原有的文化格局。因此，我们可以说，在辽金文化的形成和发展过程中，通过汉化和胡化，中国北方文化发展水平在整体上得到了提高。同时，中国文化中的游牧、渔猎民族的文化基因得到了强化。

辽代与金代，虽然所采取的统治政策和控制的区域并不相同，但由于两个王朝的统治者均积极吸纳汉文化，并最大限度地实现了民族融合，加之辽金均有和平时期的存在，所以，辽金两代，文化的整体水平均得到了提升。辽统治者改造了政治制度，改变了生产方式，通过推行双轨执政的两面官制度、发展农耕业，加快了辽代社会封建化的进程；契丹统治者善用汉人，以汉文化改造本民族文化，既使契丹族文化得到发展，也丰富了辽文化；契丹建政之初，即大规模开发其统治中心——今内蒙古东部、辽宁西部和吉林西部一带，使这里的牧业、农业、手工业、商业都得到了发展，一度出现繁荣景象。"檀渊之盟"后，辽与宋在相当长的时间内能够和平相处，两国间

---

① 王小甫：《契丹建国与回鹘文化》，《中国社会科学》，2004年第4期。
② 许嘉璐主编：《金史》，北京：世纪出版集团·汉语大词典出版社，2004年版，第2105页。

的商贸往来、经济交往、文化交流比较频繁，在客观上也确保和促进了文化的发展。金代文化发展的路径与辽略有不同，女真统治者对金文化的改造和提升，也将吸纳汉文化作为主要方式，但他们对汉文化的学习，或间接取于辽，或直接取于宋。金代早期，在与辽交往或征伐辽的过程中，金人获取了大量汉文化典籍，了解到了很多汉文化习俗。如金太祖收国五年（1119年）伐辽，要求"若克中京，所得礼乐仪仗、图书文籍，并先次津发赴阙"①。后来，金与宋接触增多，对先进文化的学习开始"直接取之于宋"，"其一，则人材也"；"其二，则制度也"；"其三，则文献也"；"其四，则文学也"；"其五，则理学也"；"其六，则科学也"②。

根据许倬云的研究，自唐代晚期契丹兴起延续到金代，从西部的关陇地区到东部的燕云地区，包括河北的大部，"这一大片土地，胡化大于汉化"③。当时统治区域大于宋的辽及曾统治淮河、秦岭一线以北大部分地区的金，以东北为主要根据地，将本民族的游牧、渔猎文化强势渗透到他们所控制的广大地区。在辽文化中，契丹民族文化的影响可谓无处不在，契丹民族的文化性格在捺钵文化、文学艺术中都得到了强烈体现。综观整个辽代的诗词、文章，无论作者是男是女，作品都散发着刚劲之气。诗文中所具有的那种本色天然之语、朴野之风，反映出契丹人豪放伉爽的民族性格。契丹民族的生活习俗等也对其他民族产生了较大影响。契丹人的服饰逐渐为各族所接受，汉族人也开始学着缝制和穿着契丹服装。契丹人的饮食习俗，如喜食乳酪、鹿肉和兔肉等，不但影响了辽统治区的各民族，甚至传到了北宋的京城，"契丹民族风味食品在北宋东京到处都是，包括鹿脯、冬月盘兔、炒兔、葱泼兔、奶房、野鸭肉等"。辽代的城郭建筑，包括五京和其他中小城市的建筑，都深受契丹居住文化的影响。如辽上京，没有采取隋唐时代都城的布局方式，没有中轴线，"在大内以北的大片地域留有搭设毡帐的旷地，反映出契丹游牧民族骑马射猎的传统布局"④。北京的大觉寺、云居寺等建筑，都是按照契丹人东向拜日的习俗而进行设计的。在金文化中，女真民族淳朴刚健的民族精神和诸多文化习俗，同样深刻地影响着汉族人及其他民族。金世宗曾坚持认为："女直旧风最为纯直，虽不如书，然祭天地、敬亲戚、尊耆老、接宾客、信朋友，礼意款曲，皆出自然，其善与古书所载无异。"⑤金统治者也极力维护女真旧俗，使其对金代文化的发展产生了较大影响。可以说，辽金两代的文化，是少数民族特质凸显的文化。

---

① 许嘉璐主编：《金史》，北京：世纪出版集团·汉语大词典出版社，2004年版，第31页。

② 陈登原：《中国文化史》（下），北京：商务印书馆，2015年版，第607—608页。

③ 许倬云：《说中国——一个不断变化的民族共同体》，桂林：广西师范大学出版社，2015年版，第111页。

④ 冯继钦，孟古托力，黄凤岐：《契丹族文化史》，哈尔滨：黑龙江人民出版社，1994年，第531页。

⑤ 许嘉璐主编：《金史》，北京：世纪出版集团·汉语大词典出版社，2004年版，第130页。

三、辽金文化的影响

辽金两代的文化，虽然在总体水平上逊于唐宋，但在这两个王朝统治时期，中国北方得到了进一步开发，各民族文化得到了发展。少数民族文化的传播与发展，在一定程度上改变了北方及中原地区的文化结构，农耕文化与游牧文化实现了具有一定高度和深度的融合，为中国文化的发展注入了活力，增添了动力，使中华文化呈现出更加刚劲、健朗的气质。

首先，辽金两代的文化是中华历史文化的重要组成部分。在诸多辽金文化成果中，两代所形成的一些价值观念和思想意识，在中华文化的形成与发展中发挥了良性的推动作用。辽金两代的统治者在吸收借鉴汉文化的同时，均在防止"全盘汉化"上做出了努力。在两代的发展中，逐渐形成了保持本民族的文化习俗和特色，同时以汉文化提升社会文明水平的意识。这种意识的确立，在一定程度上丰富了中华文化，确保了中华文化中各民族文化特色的存在。在儒家文化中，有着"严华夷之变""内诸夏而外夷狄"等比较狭隘的观念。辽金两代，对这种观念是持批判态度的。萧观音的《君臣同志华夷同风应制》，直接地反映了契丹人对待这个问题的认识和观点。她认为，契丹民族同样是"虞廷盛轨"的继承者，也担负着弘扬中华文化道统的使命，"唯有'华夷同风'才能'大寓交泰'而奠定无古今之别的天下一体，各族皆昌的盛世"[1]。这种进步思想在元代、清代都得到了进一步的强化，在促进我国多民族国家的形成和发展过程中起到了一定的积极作用。

第二，辽金两代的文化，特别是辽文化，是有着国际影响的文化。辽与西方的文化交流，辽代草原丝绸之路的繁荣，使中国文化更趋丰富和开放。公元10世纪末至11世纪，随着辽王朝的建立和对回鹘诸政权的征服，中国北方各地的对外交往更趋频繁，贸易往来逐渐得到加强。辽与大食、波斯、高丽及日本等，均遣使通好。辽在对外交往中特别重视与西域地区的关系。辽代草原丝绸之路的北线，"是由葱岭经塔克拉玛干沙漠南缘进入河西走廊和蒙古草原的路线"。辽代草原丝绸之路的南线，"自漠北南下经过阴山至丰州（今呼和浩特），东行至辽西京（今大同），再东行至归化州（今河北宣化），又分为两路：一路正东行翻越七老图山至辽中京（今赤峰市宁城县）；另一路东南行至辽南京（今北京市）"[2]。通过草原丝绸之路，辽从西域等引进了西瓜等经济作物和种子，从波斯等进口精美玻璃器，辽的工艺品也吸纳了来自西亚、中亚、西域等地区的文化元素。金建立后，通过使节与高丽等保持着联系，开展边贸，互通有

---

① 冯继钦，孟古托力，黄凤岐著：《契丹文化史》，哈尔滨：黑龙江人民出版社，1994年版，第413页。

② 王大方：《草原丝绸之路》，《实践》（思想理论版），2004年第1期。

无。日本、波斯、大食等也都与金保持着贸易关系和文化交流。

第三节 辽金文化在沈阳的部分遗存及其价值

辽金文化的遗存，包括器物性文化、制度性文化、精神性文化三类。辽金文化在沈阳的遗存，既有器物性文化遗存，也有制度性文化遗存，二者中也承载着一定的精神性文化。

一、建筑

现存的辽代建筑主要为分布在辽宁、内蒙古、北京、山西、河北的寺庙、佛塔、石窟造像、城址和辽墓。辽的建筑受唐的影响较大，并在一定程度上保持着本民族的特色。早期的辽代建筑直接地继承了唐代的风格，简洁、粗犷、雄健。北宋初期，因地理阻隔及军事冲突等因素的影响，地处北方的辽在建筑上受中原文化、南方文化影响较小。北宋中晚期，随着两个政权间交流的增多，辽开始吸纳宋的建筑风格，部分建筑在造型与装饰上趋向华美柔和，在定式和工艺上受到了《营造法式》等的影响。金代建筑的遗存相对较少，且受宋、辽影响较大，但其仍具有一定的成就和特色。金代建筑中著名的有山西境内的五台山佛光寺文殊殿、朔州崇福寺弥勒殿、大同善化寺山门，永定河上的卢沟桥，河南洛阳白马寺塔，北京房山皇陵建筑群，山西侯马砖室墓等。金代的殿堂式建筑既有唐的宏伟，辽的雄阔，又有宋的富丽、精致，在结构设计和细部表现上又有一定的创新；金代的桥梁，在一定程度上遵循着隋制，并注入了时代精神，使桥梁的造型更加美观、稳固、坚实；金代的砖室墓，在宋代早期墓和辽墓的基础上，对仿木结构和砖雕做了一定的改进；金代佛塔多为仿唐式塔和仿辽式塔，在建筑设计和装饰上达到了一定的水准。

沈阳境内的现存的辽代建筑，主要为辽塔和辽墓。辽塔具有多民族文化融合的特色，是中国古代建筑和造型艺术发展高峰期的产物，也是北方草原文化系统中具有里程碑意义的佛教建筑。辽墓能够体现出辽代丧葬习俗、建筑的技术、工艺水平和基本特征。因战火损毁等原因，沈阳境内现存的金代建筑不多，以小北金墓最具代表性，在一定程度上反映了金代墓室建筑及丧葬文化的特色。

自辽太祖耶律阿保机提倡佛教并先后建开教寺、大广寺、天雄寺后，辽的各代君王和契丹贵族均积极倡导信仰佛教。佛教逐渐发展成为辽的国教，也成为社会各阶层的普遍信仰。在佛事益盛的社会背景下，辽代统治者和民间大力兴建佛塔、佛寺，培养僧才，刊印佛藏等，使佛教文化和艺术得到了发展和弘扬。佛塔和佛寺的建筑及雕塑集中地体现了辽代佛教文化和艺术的精华。现位于沈阳市塔湾地区的无垢净光舍利塔建于辽重熙十三年（1044年），塔高33米，为八角十三级砖筑密檐塔，包括地宫、塔基、塔座、塔身、塔檐、塔刹等。此塔为同类建筑中仅有的空心塔。塔的地宫为圆形，上面设计有天花板，下面铺有地板，四壁均绘有壁画。中空的塔腹平面呈圆形，穹隆顶，通高为18米，被两层木板分隔为三部分。下层高为5.5米，底部的直径为2米，环形内壁由大青砖砌成，墙壁以白灰勾缝；中层高2.43米，直径1.8米，内壁用青砖砌成，壁面抹白灰，上绘有壁画；上层高约10米，底径约2.4米，以黄褐色砖砌成内壁[①]。在地宫和中宫内，均储有珍贵文物，地宫有石函、货币、银块、五谷等；中宫有舍利子、咒语经卷、铜鼎、鎏金铜佛、铜镜、木龛、瓷瓶、锡烛台、黄釉执壶、净瓶、骨珠、绿松石饰件等。辽滨塔位于新民市公主屯镇辽滨塔村，建成于辽天庆四年（1114年），塔高44米，为八角十三层密檐砖塔。塔身八面均有佛龛。其形制与无垢净光舍利塔基本相同。在塔的地宫内，藏有舍利子、佛珠、铜币、木函、金函、银函、铜函、银塔、铜香炉、铜净瓶、珍珠幡、瓷碗、瓷盘等佛物和供养物，都是罕见的珍品。位于沈北新区石佛寺乡七星山上的石佛寺塔建于辽咸雍十年（1074年），为六角七层密檐砖塔，在建筑上具有典型的辽塔特征。地宫内有石函套装铁函、银函、金函，金函内有珍珠、水晶珠、玛瑙珠等。

辽墓分为砖（石）室墓和土圹墓两种形制，较高级的均为前者。对于现已发现的辽墓，学界将其分为两区、三期[②]。北区包括今东北三省和内蒙古中部、东部的大部分地区。南区包括今北京、河北、山西等地区。北区辽墓早期可分为两段，前段为辽太祖时期和辽太宗早期（907年—930年），墓室多为砖筑或石筑的单室墓，墓室平面呈方形，墓门前有庭院式天井，均有长斜坡墓道，墓内筑有石房，砌筑棺床于石房之内。早期后段为辽太宗后期至辽圣宗前（930年—983年），开始出现多室墓，部分墓室的平面呈圆形，多为斜坡墓道。在墓门外侧、耳室、甬道和前室，多有雕塑和壁画。中期为辽圣宗、辽兴宗时期（983年—1055年），圆形墓室完全取代了方形墓室，均建有天井与木护墙，流行阶梯状墓道，更加注重墓内的装饰和壁画的布局。晚期为辽道宗至天祚帝时期（1055年—1125年），开始流行六角形、八角形等多角形墓，尚存少部分长方形、圆形墓。多室墓中的主室增大，部分墓葬的结构更趋复杂。位于沈阳市法库县西部的叶茂台辽墓群，内有20多座辽代后族萧氏家族的墓葬。这些墓葬集中地反映了辽代契丹人的墓室建筑文化、丧葬文化、生活习俗和宗教信仰等。如墓门东向源于契丹人的"东向拜日"之习俗；圆形的墓葬形制是仿制阳宅——契丹穹庐毡帐的结果；方形或长方形的形制是受唐文化影响的结果；八角形的形制与契丹人的佛教信仰有

① 沈阳市文物管理办公室，沈阳市文物考古工作队：《沈阳塔湾无垢净光舍利塔塔宫清理报告》，《辽海文物学刊》，1986年第2期。
② 冉万里：《汉唐考古学讲稿》，西安：三秦出版社，2008年版，第367页。

关。在叶茂台辽墓群中，最具代表性的是早期的 7 号墓和晚期的 19 号墓。叶茂台 7 号墓为多室砖墓，由墓门、墓道、甬道、前室、主室、耳室组成。各室的平面均为方形，高券顶。墓门"外有仿木的楹柱、门簪、前檐及檐下斗拱、脊墙等结构，斗拱与门簪上绘有花饰"[①]。叶茂台 19 号墓为斜坡式墓道，用碎石铺成并进行了多次夯打。甬道为不规则石块垒砌而成，叠涩向上，内部被斜筑成拱龛式。主室平面为多角形（因损毁严重，难以确认），周壁由长方形或楔形的石块砌成，用较小的石块砌成穹隆顶，向上叠涩[②]。

早期的女真葬俗以土葬为主，不使用棺椁。后来随着发展，受辽和宋的影响，出现了砖室墓和石室墓。金的砖室墓有着自身的特点，单室墓居多，平面多为长方形、方形，壁画没有辽墓发达，但重仿木结构建筑。位于沈阳小北地区的金墓是金代晚期墓，墓为两座，形制基本相同，均为砖室墓，墓室为长方形。四壁用青砖砌成，东西向以平砖铺底，椁内置木棺[③]。

二、雕塑与绘画

沈阳地区现存的辽代雕塑主要有辽塔的砖雕、辽墓的石雕和康平姜家沟石雕像等。辽塔砖雕多位于须弥座、塔身、塔檐和塔刹等处。须弥座的雕塑题材多为佛教人物和故事，常见的人物有供养人、侍者、舞者、酒仙、散仙、胡奴等。此外，还有莲瓣、蕃草和连珠等各种纹饰和少量的佛像、力士像、狮子等；塔身的雕塑，常见的题材是诸佛之像和菩萨、飞天、力士、灵塔等；在塔檐、塔身与塔座等部位，一般会雕出仿木结构的斗拱、柱枋和门窗等；在塔刹上，会雕出莲座、覆钵、宝瓶、仰月、宝珠、圆光、伞盖、相轮、胡桃或火焰等。沈阳无垢净光舍利塔塔身和须弥座的砖雕，反映出典型的辽塔砖雕风格，也代表着辽代沈阳地区雕塑艺术的最高水平。该塔须弥座的"上下边缘镶砌仰覆莲瓣，内砌青砖砌檐枋及斗拱，角砌有半圆形角柱，每面各置有拱门形佛龛"。在佛龛内均雕有佛像。在佛龛外雕有胁侍、飞天、宝盖等。"佛龛下部为双层大仰莲瓣。仰莲之上砌有长方形壸门，其东、南、西、北壸门中部嵌砌石雕伏兽、兽头各一。"[④]辽滨塔和石佛寺塔的砖雕同样精美别致，具有鲜明的地域特色和时代特色。辽代的石雕艺术成果主要体现为宗教造像、辽墓的画像石和石雕器物等，也有少部分艺术成就较高的世俗造像。辽代的石雕深受唐、宋雕塑艺术的影响，但在

① 温丽和：《法库叶茂台古墓群》，孙进己等主编：《中国考古集成·东北卷·辽（三）》，北京：北京出版社，1997 年版，第 2191 页。

② 马洪路，孟庆忠：《法库叶茂台十九号辽墓发掘简报》，孙进己等主编：《中国考古集成·东北卷·辽（三）》，北京：北京出版社，1997 年版，第 2221 页。

③ 李晓忠，林茂雨，刘长江：《沈阳大东区小北金墓清理简报》，《沈阳文物》，1993 年第 2 期。

④ 沈阳市文物管理办公室，沈阳市文物考古工作队：《沈阳塔湾无垢净光舍利塔塔宫清理报告》，《辽海文物学刊》，1986 年第 2 期。

造型上较唐、宋更为修长，姿态更为舒展，呈现出独特的美学风貌。沈阳现存的叶茂台辽墓石雕和康平姜家沟石雕，在一定程度上体现了上述特色。叶茂台7号辽墓的石棺除棺底外，其余各面均雕有花纹。石棺四壁为青龙、白虎、朱雀、玄武四方神像。前和为《朱雀展翅图》和《妇人启门图》。棺盖上雕有龙牙蕙草和缠枝牡丹花。在四刹雕有十二生肖图，均为兽首人身。在棺盖四角雕刻了四只伏狮。在石棺的浮雕纹饰中填绘朱、赭、紫、黑等多种颜色，使图案既显艳丽，又异常生动。在康平姜家沟发现的辽代石雕含7尊佛像、1尊菩萨像和1尊力士像。佛像由乳白色滑石雕刻而成，均为坐像，须弥座或半须弥座，仰莲台，有饰卷云纹和火焰纹的背光。菩萨像为半结跏趺坐像。雕像均面庞饱满，身躯圆润，神情泰然，极具力量感与感染力。所着服饰与中原地区相同。此外，出土于小西边门的辽代李进墓的石雕俑像、法库萧袍鲁墓的石雕人像、法库和平乡辽代窖藏的石雕像等，也是具有一定文化价值和艺术价值的辽代雕塑作品。

辽代的绘画艺术是在隋唐的基础上发展起来的。他们将游牧文化传统与汉地绘画传统进行了巧妙的结合，参与了中国北方画派及其风格的建构。沈阳地区现存的能够代表辽代绘画水平和特色的作品，主要有叶茂台辽墓出土的《深山会棋图》《竹雀双兔图》，辽无垢净光舍利塔壁画，叶茂台辽墓壁画等。《深山会棋图》与《竹雀双兔图》均于1974年出土于叶茂台7号墓，悬挂于墓室墙壁上。因画作藏于墓内，又经过装裱，虽历经近千年，但保存完好，现藏于辽宁省博物馆。叶茂台7号墓为辽景宗墓葬，两幅画作应为辽代早期的作品。《深山会棋图》，绢本，设色，纵106.5厘米，横54厘米。该画被视为辽代早期山水画的典范作品，反映了10世纪辽宁地区流行的一些艺术风格及相关特征。《竹雀双兔图》，绢本，设色，纵106.5厘米，横54厘米，是辽代花鸟画代表作品之一。画面中有双勾墨竹多竿，枝叶微染，其中的三竿竹子上各栖麻雀一只，姿态、神情各异。地面上布满了蒲公英、车前子等野生花草，以青绿重彩描绘。在竹下的草地上，卧有两只野兔，一低头吃草，另一昂首探望。从绘画技法和所表现的内容上，可以看出该画作既受到了汉地绘画的影响，又具有一定的民族风格和地域特色。在沈阳无垢净光舍利塔的地宫四壁绘有反映四大天王形象的壁画。在中宫四壁绘有僧人、火焰宝珠、金刚、莲花等。中宫的壁画线条拘谨，形象缺乏立体感，艺术水平较低。地宫的壁画则具有较高的艺术价值，在结构设计、线条运用及对人物形象的刻画等方面，均表现出较高的绘画技巧。在叶茂台7号墓，除发现《深山会棋图》与《竹雀双兔图》外，还有着多处兼具汉族风格和契丹风格的壁画。在前室的三个券门两旁绘有男仆女侍的形象，人物以墨线勾勒填彩，形象生动，风貌朴素，为汉人工匠的笔法。在前室券门两侧绘有男性守卫形象，髡发，着契丹服饰。在棺室的右窗棂板内壁绘有骑猎图等，笔法稍显稚嫩，但充分展示了契丹的民俗风情，也在一定程度上反映了契丹鞍马画的风格。

三、工艺品

在辽代所创造的工艺品中，以"辽三彩"等为代表的陶瓷器最有特色，织绣、金银器、漆器、玉器、铜器等也均有上乘之作。

在沈阳境内的辽墓中，存有数量较大的陶瓷艺术品，其中最具代表性的有出土于法库叶茂台7号辽墓的白釉剔花盘口长颈瓶、叶茂台3号辽墓的白瓷刻划花大碗，出土于新民市巴图营子辽墓的牡丹双蝶纹海棠花式长盘、丹纹笔洗等。白釉剔花盘口长颈瓶的胎质较细，通体挂白粉衣，器身挂透明釉。在以腹部为中心的主体部位剔划花叶和牡丹花。白瓷划花大碗，淡红色胎，施白釉，"碗内壁雕刻3朵六叶牡丹花，外轮廓均剔去一层胎骨，使花纹凸起，花叶内则划沟纹，表示叶脉、花瓣"[1]。其形制、花纹及刻画手法均具辽代特色。牡丹双蝶纹海棠花式长盘、丹纹笔洗均为三彩器。长盘胎为黄白色，挂白色陶衣，施黄、绿、白三色釉，外壁和牡丹花为黄釉，蔓草纹和牡丹花枝叶为绿釉，内底为白釉，牡丹花两侧的对飞蝴蝶为三色釉。三彩笔洗由盘与圆座两部分构成，陶胎为黄白色，白陶衣，盘身施黄釉，圆形的底座施黄绿釉，上有连珠纹和牡丹图案。

在法库叶茂台7号墓中，共出土了7类90个规格的织绣品，其中最具代表性的有"缂丝祫被""双龙棉袍""双天鹿缠枝纹绣"等。"缂丝祫被"主色为金色，图案复杂，有升龙、火珠、山水、海怪等形象。"双龙棉袍"上有双龙、桃花、鸟、蝶、簪花羽人骑凤等图案。"双天鹿缠枝纹绣"地为棕色，图案为飞奔在缠枝花卉丛中的双鹿，均以金线绣出。辽代织绣的造型、色彩、图案，均具有鲜明的特点，有着重要的美学价值。它也从一个侧面上反映了契丹民族习俗和民间信仰、民族文化心理等。

出土于新民市巴图营子的龙舟形金簪、叶茂台7号墓的银鎏金镂花捍腰等辽代金银器，出土于叶茂台7号墓的镂胎花式漆奁盒、漆碗、漆盆、漆双陆、漆椅等漆器，出土于叶茂台7号墓的水晶琥珀璎珞、叶茂台23号墓的圆形玉饰件等玉器，出土于叶茂台19号墓的铜灯檠等铜器，均具有丰富的文化内涵和较高的艺术价值。

金代的瓷器，没达到宋瓷的精美程度，但具有自身的特色，也有一定的发展，在审美上趋向于多元化，既吸纳了汉地的民间文化传统与艺术传统，也反映了游牧民族的文化习俗。出土于辽中区鸭厂的白釉褐彩花卉纹长颈瓶，小口外侈，颈细长，器腹下垂，圈足，瓶体施不到底的白色釉，在腹部装饰了三组萱草花纹，为铁锈色。该瓶的形制和装饰风格在金代均比较流行。出土于辽中区潘家堡乡的"风花雪月"四系瓶，喇叭状口，圆腹，有外撇的短圈足。除足跟外，器体均施白釉。在肩部与腹下部装饰了弦纹，腹部有"风花雪月"四字。弦文与文字均为褐釉。从形制上看，该瓶属于磁州窑系的器物。

---

① 佟柱臣：《中国辽瓷研究》，北京：社会科学文献出版社，2010年版，第174页。

第二章　盛京文化

第一节　盛京文化概说

　　盛京文化孕育于满洲崛起的过程中，基本定型于皇太极时期，清代初期、中期进入发展阶段，清代晚期走向衰落。关于盛京文化形成的过程，在本书上编中已做评介。本节仅就盛京文化的基本特征、影响和主要成果做概述性介绍。

　　一座城市的建筑凝结着其所创造的物质文化、制度文化、精神文化的精华。中国古代城市建筑中的城的建筑和宫殿建筑，体现了特定时期的经济形态、社会发展程度和文化艺术水平。清代所建的盛京城和皇宫、福陵、昭陵等，是盛京文化成熟期的产物，标志着城市文化发展达到了新的高度。如盛京城的建筑与设计，既尊重了满族的文化传统，也体现了新的理念和时代精神。在明沈阳卫城基础上改建的盛京城，在一定程度上延续了满族早期的建城模式：内外城的布局形式，双城环套的形制，与兴京城极其相似；在地势较高处建内城与重要建筑，也是满族人的习惯；按八旗方位划分城区，宫城合一，宫殿分离，与汉族的营建规制截然不同。同时，盛京城的建筑，也深受汉文化影响，在形制、规模、结构与分区，宫城、朝、市、总社、官署等的分布，道路系统的布局等方面，与汉族王城的规划设计相似[①]。盛京城的建筑和城市布局也体现了当时参与设计的喇嘛的理念。按照藏传佛教曼陀罗的法式，以皇帝为中心，

---

　　① 李声能：《盛京城——大清帝国的理想城市空间》，白文煜主编：《清前史研究学术文集》（第1卷），沈阳：沈阳出版社，2014年版，第472—488页。

外面建方形城，在方形城外建圆形城，在城外的东南西北四个方位，建有对称的四塔四寺。盛京城是中国古代都城规划建设史上唯一一个"曼陀罗城"的范例。

随着满族的发展与后金（清）政权的崛起，其宫殿建筑也经历了由粗陋、简单到精致、宏大、复杂的过程。由位于兴京城内的"尊号台"和位于东京城内的宫殿，发展到了宏伟的盛京宫阙。盛京宫阙有建筑90余所、300多间，占地6.3万平方米，是现存仅次于北京故宫的完整的宫廷建筑。盛京宫阙的建筑继承了中国古代传统，融汉、满、蒙各民族的建筑风格于一体，反映了清代民族文化融合后在建筑上取得的辉煌成就。清代关外三陵——永陵、福陵、昭陵的建筑，同样也是盛京文化发展高峰期的产物。关外三陵的建筑与装饰既吸收和继承了唐、宋，特别是明陵的规制与风格，又融入了满族文化元素，体现了满汉文化深度融合的建筑特色。

八旗制度和清帝东巡制度，是盛京文化中最具特色的部分。八旗制度是一种严密的军事制度，它孕育于女真人的骑射文化之中。在女真人的射猎活动中，形成了以血缘和地缘为单位进行集体狩猎的组织形式，即牛录制。在牛录制的基础上，努尔哈赤以旗帜为标志，将部族成员编为八旗。八旗兼有生产、军事、行政等多种职能。八旗成员战时出征，平时生产。在部分地区，八旗还负有行政管理的职责。清帝东巡盛京原本是一种政治活动，但在其实行过程中，逐渐形成了一种制度，蕴含了丰富的文化内容。就其本身来说，清帝东巡盛京具有制度文化的价值。同时，在清帝东巡盛京的过程中所形成的文化成果，也是盛京文化的重要组成部分。

盛京文化中也包含着具有地域和民族特色的宗教文化、民俗文化。清代盛京地区的宗教文化是多元而发达的，主要有萨满教、佛教、道教、基督教、伊斯兰教等。萨满教是满族传统的宗教，由萨满信仰而生的萨满祭祀活动，是当时盛京满族人的重要习俗之一。皇太极即位后，对萨满教进行了改革，禁止野祭，但家祭和堂子祭得到了延续和发展。佛教在清代的盛京也得到了发展，统治者将藏传佛教视为国教，汉传佛教在民间得到进一步传播，二者同样兴盛。盛京流人中的诸多文士热心佛事，积极推广汉传佛教文化。在清统治者的保护和提倡下，藏传佛教的信众不断增加，既有藏族人、蒙古族人，也有汉族人、满族人和锡伯族人。满、汉、蒙等多民族共同生活在盛京地区，创造了丰富多彩的民俗文化。其中最具特色的是满族的民俗文化。由于经历过独特的发展历程和特殊的生活环境，满族在婚丧育儿习俗、生活习俗、社会习俗和岁时及游艺习俗等方面，都形成了自己的特色。在满汉等文化交融过程中，满族的习俗虽发生了演变，但仍然保持着自己的风格，反映着丰富的民族文化内涵。

繁荣的史学、文学与艺术，是盛京文化的重要组成部分。在清王朝崛起过程中，创制并改进了满文。在此基础上，在当时的盛京还创造了发达的史志文化。编制于盛京的史志有很多，其中最具代表性的有中国历史上第一部用满文书写的编年体史书《满文原档》，具有重要文史价值的《满洲实录》《清太祖武皇帝实录》，首部以沈阳为中心、涵盖全省的方志《盛京通志》等。盛京文学是地域文化的重要组成部分，其中成就最高的是满族文学、流人文学、市井文学等。在艺术领域，雕塑与建筑彩绘的艺术成就较高，并体现出传承性、民族性、融合性和宗教性特征。清代盛京，书法名家辈出，各具特色。

第二节　盛京文化的特征及其深远影响

一、盛京文化的地域性和历史性特征

首先，盛京文化是一种地域文化，它是以沈阳为中心包括周边地区的各族人民在生产生活过程中创造的独有的文化。在清代的版图上，盛京是一个特殊的区域。在皇太极更名沈阳为天眷盛京的时候，仅仅确定了盛京城的中心地位，但未明确疆域。清军入关及置盛京将军后，基本明确了盛京将军的辖境，并根据人口管理等实际情况陆续设置府、州、县等民治机构。根据《盛京通志》的记述，盛京将军的辖境为：以盛京城为起点，向东行280余里，到达当时的兴京边（今新宾县），向西行800余里，到达当时的山海关卫，向南行至730余里，到达金州临海之地，向北行260余里，到达当时的开原边，向东南行540余里，到达当时的镇江城（今丹东市附近），向西南行800余里，到达渤海，向东北行230余里，到达当时的威远堡（今开原北），向西北行450里，到达当时的九官台边门（今义县西北）①。设立奉天府后，盛京将军的辖境未变，只是实行了旗民分治。有清一代，沈阳地区一直处于区域中心地位，因此，盛京文化主要是在沈阳创造的，是沈阳地域文化的重要组成部分。

盛京文化是在地域文化不断积淀和历史演进过程中形成的，因此，我们不能忽视盛京文化的历史传统和形成过程。在盛京文化主体形成后的两个多世纪中，它仍然在不断发展并得到极大的丰富。盛京文化形成和发展的历史主要由三部分组成，一是沈阳的文化积淀史，二是满族的文化传统和初期的创造史，三是盛京文化主体形成后进一步发展的历史。作为沈阳的地域文化，盛京文化的形成与史前时期新乐人所创造的原始文化，自燕置候城起所创造的城市文化，汉族人所创造的文化成果，契丹、女真、蒙古等少数民族所创造的别有特色的民族文化等，有着极其密切的关系。没有上述的历史积淀，也就不会有丰富而厚重的盛京文化。盛京文化是在满族统治者主导下所创造的文化，满族的历史与文化传统对盛京文化的形成起到了决定性的作用。盛京文化的形成和发展贯穿于整个清代。顺治入关后，盛京成为陪都，一直保持着尊崇地

---

① 阿桂等纂：《盛京通志》（卷二十四），沈阳：辽海出版社，1997年版，第1页。

位，发挥着东北地区中心城市的作用。在清代初期和中期，盛京文化一直保持着自身的特色并处于良好的发展状态。清代晚期，随着清王朝的没落，盛京文化的发展也不可避免地走向了衰落。

二、盛京文化是以满汉为主体的多民族共同创造的文化

参与创造盛京文化的有女真、满、汉、蒙古、锡伯、回等多个民族。明末女真人崛起的过程，是满族逐渐形成的过程，也是盛京文化萌芽、发生、发展和定型的过程。在盛京地区，尽管满族人口不是最多的，但由于其处于统治民族的地位，在创造盛京文化的过程中始终发挥着主导作用。汉族虽然是被统治民族，但由于人口众多、文化发达，汉族在盛京文化的创造中发挥着至关重要的作用。如汉文化的儒家思想在盛京文化中处于指导性地位。对汉族文化的吸纳与弘扬，决定了盛京文化所达到的高度和成熟度。历史上，沈阳的北部地区曾是蒙古族的游牧地。明末清初，努尔哈赤为了加强军事力量、推动满蒙联姻，允许蒙古族大量进入盛京城及周边地区。满蒙的特殊结盟关系，既促进了两个民族的融合与发展，也为蒙古族人参与盛京文化的创造提供了条件。作为鲜卑族后裔的锡伯族，坚忍勇武，擅骑射。女真人征服锡伯族后，将其编入八旗满洲和八旗蒙古。康熙年间，清政府将部分锡伯族人迁到盛京，担负守卫任务。锡伯族文化也是盛京文化的一部分。自元代起，回民开始陆续迁入沈阳。到了清代，沈阳已经形成了回族聚居区。生活在沈阳的回族民众一直保持着独特的文化习俗，并深刻地影响着其他民族的文化。

盛京文化是由多民族共同创造的，各民族的文化既保持着独立发展，又在相互融合中实现了共同繁荣。如从文化形态上来看，盛京文化是由牧猎文化和农耕文化交融而成的融合性文化，以农耕文化为主。中国的牧猎经济多出现在北方地区。女真族的传统经济类型是牧猎经济，女真的先民们以射猎、游牧为生产方式和生活的主要来源，并形成了牧猎文化。在牧猎生活中，人们的流动性强，组织性强，强调武力，轻视文化教育，社会结构和社会运行机制等都较为原始。中原地区是中国农耕经济的重要发源地，农耕是以种植业为主、以家畜饲养为辅的生产方式。在聚族而居、提倡精耕细作的农业社会，产生了特有的生活方式、文化传统、农政思想、乡村管理制度等，这是农耕文化的核心内容。生活在传统农耕文化中的汉人安土重迁，且有着重视文化教育，特别是儒家文化的传统。盛京文化的形成与发展过程，也是满族牧猎文化与汉族农耕文化冲突、交流、融合和发展的过程。在此过程中，汇入了蒙古族的游牧文化因子。

盛京文化具有鲜明的满族文化特色。如在政治和教育方面，八旗制度、科举制和教育制度都体现了满族文化传统。八旗制度是兵民合一的制度，它是盛京文化的核心内容，盛京文化的许多典章制度都与八旗军事制度有着密切关系。皇太极时期，在盛

京开始举行八旗科举考试，汉、满、蒙文均可使用，考试内容以国语和骑射为重点。武科考试以骑射为主，文科应试者也先要考马、步、箭。在教育上，同样坚守国语和骑射。此外，有清一代，满族的历史、文字、文学、艺术、宗教信仰和习俗等，都得到了较大发展，成为盛京文化中最具特色、最为光彩夺目的部分。

三、盛京文化的辐射性特征及其影响

盛京文化的辐射性特征，一是体现为地理上的辐射性。随着社会的发展，盛京的实际影响在逐渐扩大，盛京文化也不断地向外辐射并趋于丰富。同时，由于盛京是东北地区的文化中心，加之历史传统和地缘关系，盛京文化也逐渐强势辐射到了整个东北地区。二是体现为政治上的辐射性。盛京文化是各民族共同创造的物质文化与精神文化的总和，但其核心理念与重要内容则体现了满族统治集团的意志。清入关前，盛京文化是区域性政权的统治文化。入关后，盛京文化的核心部分对全国产生了一定程度的影响。

可以说，盛京文化为清王朝的奠基和发展提供了有力的物质保障和精神支持，对全国范围内的社会发展、文化发展均产生过重大影响。努尔哈赤和皇太极时期，处于萌芽和发展期的盛京文化为女真的崛起和政权的建立奠定了物质和文化基础。皇太极所实行的一系列改革对于清王朝早期的发展起着决定性作用。以皇太极为代表的清统治者能够正确对待本民族文化，积极吸纳汉族文化，形成了"参汉酌金"的文化改革理念，实现了"熔铸满汉"。可以说，没有盛京文化发展所创造的物质基础和形成的凝聚力、战斗力，也就不会有统一而强盛的清王朝。定都北京、统一全国后，盛京文化中的一些典章制度、文化理念等，经过改造，被上升为全国性的统治文化。

盛京文化不但提升了沈阳地域文化的整体品质，改变了东北乃至中国北方的地域文化生态，而且通过其自身所创造的文化成果和所发挥的辐射作用，推动着中华文化发展进入了一个新的、更高的历史阶段。奠定了清王朝基业和创造了盛世图景的清代帝王和诸多文化巨人，如皇太极、顺治、康熙、乾隆和纳兰性德、曹雪芹等，均深受盛京文化的影响。在康乾盛世中能够出现全国性的文化繁荣，盛京文化起到了奠基和推动作用。

盛京文化不但内蕴丰厚，特色鲜明，并且得到了有效的传承，具有完整性与连续性。今天，盛京文化的遗存已经成为沈阳的重要文脉所在。

第三节　盛京文化在沈阳的部分遗存及其价值

由于盛京具有特殊的政治地位，盛京城是区域性的政治、文化、经济中心，盛京

文化的遗存非常丰富。其中最重要的有以一宫两陵、四塔四寺等为代表的建筑；创造于盛京的制度文化；诸多文化名人在盛京完成的历史著述、文学和艺术作品等；收藏于盛京皇宫的清宫秘籍、宫廷珍玩、重要典籍、谥宝谥册等。本节择其要者进行介绍。

一、八旗制度

八旗制度是女真人在崛起过程中建立，后来又经不断调整和发展而形成的一种社会制度。其最为重要的特征是军政合一、兵民合一。

八旗制度创制于1853年努尔哈赤起兵之时。该制度源于女真人的牛录制度。牛录是女真氏族部落进行狩猎活动的生产组织。据记载，当时的女真人"凡遇行师、出猎，不论人之多寡，照依族寨而行。满洲人出猎开围之际，各出箭一支，十人中立一总领，属九人而行，各照方向，不许错乱。此总领呼为牛禄厄真"[1]。在随后的部落战争中，女真人逐渐以牛录为单位，将部落成员编制为战斗组织。在努尔哈赤统一女真各部落的过程中，牛录的数量逐渐增多，于是开始重新编制牛录，将每300人编为一牛录（佐领），每牛录设额真一人，旗帜颜色整齐划一。当时建立了正黄、正白、正红、正蓝四旗。后来又增设了镶黄、镶白、镶红、镶蓝四旗，合称八旗。皇太极时期组建了蒙古八旗、汉军八旗等，使八旗制度得到完善。入关前，二十四旗共包括满、蒙、汉等佐领583个，半分佐领28个。他们是强大的军政力量和社会组织。

入关前的八旗组织和成员，兼具军事、行政和生产的职能，"出而为兵，入即民也。所来之兵，皆可修造军械，办理家务，监视耕耘田地"。"其制以旗统人，即以旗统兵"[2]。

早期的八旗制度发挥了重要作用。首先，实行八旗制度，通过对八旗和满洲社会的整合，推进社会形态向更高层次发展。随着八旗制度的建立，八旗职官制度、八旗法律制度、八旗军事制度和军功制度、八旗人口户籍制度等也随之建立，与之相关的还有教育、婚丧、祀典、冠服、礼仪等一系列制度。这些制度将八旗整合成了一个严密完整的社会集团。最为重要的是，通过这些制度，"实现满洲与八旗等级制度与观念的形成，和满洲及至八旗整体化的形成，以及实现满洲与八旗社会形态向更高层次推进的变革"[3]。第二，八旗制度促进了满族的形成和文化的融合。八旗制度建立后，首先对女真族的部民进行组织和管理，后来又将一些蒙古族人、汉族人、锡伯族人、高丽人及东北北部一些小的部族编入其中。在八旗制度的约束和规范下，来自不同民族、不同地区的几十万人共同生活、生产和参加军事行动，很快实现了深度融合。在

---

① 郑天挺主编：《明清史资料》（上），天津：天津人民出版社，1980年版，第287页。
② 孟昭华：《元清户政考》，北京：中国社会出版社，2014年版，第173页。
③ 张佳生：《八旗制度与八旗社会之整合》，《满语研究》，2011年第2期。

各民族原有的宗法关系被打破后，属于新的群体的共同的价值观逐渐形成，进而产生了新的民族共同体——满族。第三，八旗制度的实施为清代早期社会的稳定和文化繁荣提供了制度保障。在女真人崛起和清王朝初创时期，可谓百废待兴，社会处于动荡之中。八旗制度的确立使社会秩序趋向稳定。在八旗制度建立后，实现了对满族文化的整合，通过统一语言文字、强化骑射传统、移风易俗、革除陋习等，不断地为满族文化注入活力，促进了文化的繁荣。

二、满文

女真人曾有过自己的文字：女真大、小字。在金王朝灭亡后，女真人开始使用蒙古字。随着时间的推移，到明代早期，女真人讲女真语，但女真文字已基本失传。在努尔哈赤统一女真各部落的过程中，内政与外交活动不断增加，需要使用文书的情况也随之增多，但"时满洲未有文字，文移往来必须习蒙古书，译蒙古语通之"①。这种在语言交流中使用女真语，在内部文告和对外文书中借用蒙古文的方式，不利于女真统治集团内部的沟通和对外交流，而且无统一的本族文字，也不利于强化女真各部的民族意识，影响女真统一大业的顺利完成。为了解决上述问题，努尔哈赤决心创制本族文字。

明万历二十七年（1599年），女真大臣额尔德尼与噶盖受命创制了满文，史称"老满文"或"无圈点满文"。二人创制老满文，受到了努尔哈赤的启发："写阿字下合一玛字，此非阿玛乎？额字下合一默字，此非额默乎？"②他们参考女真人的语言，仿照蒙古字的字母，创制了新文字，将这些新文字连缀成句，可因文见义。老满文使用了33年，在推进统一、增强民族凝聚力、促进新的民族共同体形成的过程中，发挥了巨大作用。在使用过程中，人们逐渐发现，老满文很不完善，存在着诸多需要改进的地方，如"字母书写没有划一""一字多音、时常混乱""汉语借词难以拼写""相互假借、不够规范"③等。天聪六年（1632年），皇太极发布汗谕，命巴克什达海等改进满文："尔可酌加圈点，以分析之，则音义明晓，于字学更有裨益矣。"④达海按照皇太极的要求，"增添圈点，分别语气。又以满文与汉字对音未全者，于十二字头正字之外，增添外字。犹有不能尽协者，则以两字连写，切成一字。其用韵之巧，较汉文切法更为精当。于是满文无不全备。"⑤达海改制的满文，即"新满文"，或称"有圈点满文"，也是后来所说的满文。"满文有38个字母，其中辅音字母22个，元音字母6个，用以拼

① 《满洲实录》，台北：华文书局股份有限公司，1964年版，第2页。
② 《诸太子武皇帝实录》，台北：华文书局股份有限公司，1964年版，第1页。
③ 阎崇年：《满文的创制与价值》，《故宫博物院院刊》，2002年第2期。
④ 《清太宗实录》，北京：中华书局，1985年版，第13页。
⑤ 《八旗通志·初集》（第八册），长春：东北师范大学出版社，1985年版，第5325页。

写汉语借词字母10个。元音字母和多数音节形式有单独、词头、词中、词尾四种形体，无大小写区别。有篆字、花体字多种字体。行款直书左行。"①皇太极大力推行满文和满语文教育。满文成为官方文字，用于发布政令、记录满族的口头文学和档案、编写史书、翻译汉文书籍等。满文是盛京文化的重要组成部分，满文的推行和应用，也促进了盛京文化的发展。

三、建筑

历经近400年沧桑的沈阳故宫，至今仍保持着清代建筑的风貌和格局。现在此设有沈阳故宫博物院。沈阳故宫在建筑上的突出成就和特点主要体现在以下两个方面，一是创造性地继承了汉族传统的楼台殿阁的建筑规制、技术和装饰手法。主要院落的围合与中国传统的院落结构一致。沈阳故宫在设计与建筑上，尊崇"前朝后廷"式的传统皇家建筑理念，如崇政殿就是"前朝"的中心。崇政殿为"唯我独尊"的一殿式建筑，在立体造型和平面设计上均体现了君权神授的思想。建筑的屋宇高大，空间开敞，尽显皇家气派。宫殿为大木架、大屋顶、前后廊柱式结构。文溯阁是以建于明代中期的天一阁为蓝本而建造的，在形制、构造、装饰和技术等方面，更多地体现了中国传统特色。故宫的建筑在柱、梁、房、檩等大木作，门、窗、隔断、栏杆、外檐、天花、楼梯等小木作，须弥座、地面、墙体、屋顶等砖瓦石作上，多采用传统技术和手法，但也在诸多环节上做了改进和创新。如使用减柱法、移柱法，形成完整、开阔的室内空间。为解决承重不足的问题，在楼板底部以纵横向的枋条增加了楼板的承重力，在凤凰楼的建筑中即采用了上述手法。大政殿的天花和藻井既"吸收了汉族文化的传统做法，又结合具体建筑做灵活处理"②。二是具有极其鲜明的满族特色，也吸纳了蒙、藏等民族建筑的精华。大政殿、十王亭建筑群的满族特色最为突出，君臣联席会议式的建筑格局与满族人在行军打仗中安营扎寨的模式相仿，远区别于中国传统的唯我独尊的宫殿布局模式。大政殿"没有采用满族传统的硬山建筑形式，而是打破常规选择了八角重檐攒尖顶的亭式建筑"③，是在本民族建筑传统的基础上进行创造与革新的结果。将凤凰楼和五宫建于高台之上是出于满族人高台筑屋的习惯。故宫的楼阁式建筑较多，共有十座，这与满族传统中为防止潮湿和畜禽袭扰而多采用阁楼式建筑的习俗有关。清宁宫的建筑采用了满族民居建筑中典型的布局方式，并设置了较大的萨满祭祀空间。受满、蒙、藏等民族文化的影响，宫殿内的盘龙雕饰，檐下的柱头兽面、叠经状额枋等，动物造型强悍，装饰色彩浓烈。

---

① 陈永龄主编：《民族词典》，上海：上海辞书出版社，1987年版，第1162页。
② 武斌主编：《清沈阳故宫研究》，沈阳：辽宁大学出版社，2006年版，第327页。
③ 武斌主编：《清沈阳故宫研究》，沈阳：辽宁大学出版社，2006年版，第250页。

清福陵为清太祖努尔哈赤与孝慈高皇后叶赫那拉氏的陵寝，位于沈阳城之东，也称东陵。福陵背依属于长白山脉的天柱山，前临发源于满族之乡的浑河，是符合古代帝王陵寝选址要求的"风水宝地"。该陵初建于后金天聪三年（1629年），清崇德元年（1636年）命名为福陵，清顺治八年（1651年）建成。康熙、乾隆、嘉庆年间，又对陵墓进行了增建和改建。福陵仿效内城外郭的形式，建有方城、红墙两重。这种城堡式建筑在明清的皇陵中较为罕见，是清初的山城建筑与中国传统陵园建筑相结合的产物。陵寝四周为矩形缭墙，陵内的建筑沿中轴线布局。自南部的正红门起，主体建筑依次为神功盛德碑亭、隆恩楼、隆恩殿、明楼、月牙城、宝城（地宫）等，两侧的附属建筑有东红门、西红门、茶膳房、果房、涤器房、东配殿、西配殿、焚帛亭等。这种中轴线布局模式，显示了帝王君临天下的气势，会令瞻仰之人顿生敬畏之心。在环境与景观设计上，福陵注重吸纳中国传统园林建筑设计风格，注意根据地形和周边环境营造景观，在一定程度上实现了自然美与建筑美的结合。

　　清昭陵为清太宗皇太极与孝端皇后博尔济吉特氏的陵寝，位于沈阳城北，也称北陵。由于当地地势较为平坦，人工挖土堆建了"隆业山"，形成了帝王陵寝应有的气象。该陵初建于清崇德八年（1643年），清顺治八年（1651年）建成。后经康熙、乾隆、嘉庆年间的增建和改建，终成今天的规模。在关外三陵中，昭陵规模最大，其主要建筑同样沿中轴线分布。从下马碑至正红门前，分别建有擎天柱、石狮、石牌楼、更衣亭、宰牲亭等。石牌楼为四柱三间三楼单檐歇山顶仿木结构建筑，与关内同类牌楼风格相似。因陵前有河道，修建了雕饰精美的石桥，即"神桥"。神道两侧排列着精美的石雕：华表两对，望柱一对，狮子、麒麟、獬豸、骆驼、马、象等各一对。石兽北为碑楼，内立有康熙撰文的"大清昭陵神功圣德碑"。碑亭以北，两侧为擎天柱、涤器房、仪仗房、茶膳房等。昭陵的方城与福陵一样，为城堡式建筑，城的面积小于福陵，但城墙被加高，高达7米，周长263米。城的正门为隆恩门，正殿为隆恩殿，两侧为东、西配殿，右前方为焚帛亭，后为明楼，建筑雄伟，其布局如众星捧月。方城北部为月牙城，月牙城之后为宝城，宝城正中为宝顶，宝顶之下为地宫。昭陵在园林设计上更胜福陵一筹，建筑完全随山水形势配置。院内古松参天，草木葱茏，湖水荡漾，楼殿威严。对人造山、水体、植物、建筑等景观的营建，使其成为一处实现了皇家陵寝和园林景观完美合一的建筑群。

　　清代盛京的寺、塔等建筑较多，其中较有代表性的有实胜寺、四塔四寺、慈恩寺、太清宫等。实胜寺位于沈阳市和平区（小西关外），俗称"黄寺""皇寺"，是沈阳最著名的藏传佛教寺庙。开工于清崇德元年（1636年），次年竣工。皇太极钦赐寺名"莲花净土实胜寺"。因其为皇太极所敕建，故又称"皇寺"。因实胜寺喇嘛属藏传佛教中的格鲁派（俗称黄教），又称"黄寺"。实胜寺的主体为典型的明清风格建筑，也具有十分鲜明的佛教建筑和满族建筑特色。值得注意的是，除供奉之外，其在细部和装饰上也体现出一定的藏式风格，与北京的雍和宫、青海的瞿昙寺相似，均为汉式藏传佛教寺院。实胜寺的山门为黄绿琉璃瓦顶建筑，南侧有一对飞檐斗拱的木牌楼。寺院建筑坐北朝南，沿轴线呈长方形分布。共两进院落，第一进院落的主体建筑为天王殿，是清代常见的单檐硬山式建筑，殿内有四大天王塑像等，殿东西两侧为钟楼、鼓楼。天王殿后为东西配殿和两座碑亭，配殿内有木制佛城和金刚护法佛，碑亭内立有满蒙藏汉四体文字碑。第二进院落的中轴线上为该寺院的主建筑大雄宝殿，建于高台之上，为面阔五间、进深三间、黄琉璃绿剪边屋顶的歇山式建筑。

四塔四寺即东塔护国永光寺，供奉主尊为地藏王佛；西塔护国延寿寺，供奉主尊为阿弥陀佛；南塔护国广慈寺，供奉主尊为千手千眼佛；北塔护国法轮寺，供奉主尊为天地佛。清崇德八年（1643年），皇太极敕令于盛京城四面各建庄严宝寺，意在希望佛祖保佑盛京城。清顺治二年（1645年）竣工。四塔的建筑结构基本相同，为藏式塔，塔高33米，由基座、塔身、相轮三部分组成。基座为方形束腰须弥座，每面有三个壶门，壶门内有砖雕的宝盆、火焰、立式雄狮等，壶门旁的立柱和上下框均雕有西番莲、宝相花等纹饰。宝瓶式塔身的南面有佛龛，内有随寺供奉的泥塑佛像，周围镶嵌着流丽云珠。塔身之上为13层相轮，再上为由宝盖、日、月、火焰珠组成的铜铸塔刹[1]。四寺为中国传统风格建筑，建筑布局基本相同。以北塔护国寺为例，寺院建筑包括山门、钟楼、鼓楼、天王殿、大殿、东西配殿、碑亭等，沿中轴线布局。主体建筑坐北朝南。山门、天王殿与东西配殿为硬山顶式建筑。大殿为歇山顶式建筑。钟楼、鼓楼为四角攒尖顶建筑。碑亭为卷棚歇山式建筑。因四寺为实胜寺的下院，以青砖青瓦为主要建筑材料，未使用琉璃瓦件。

慈恩寺位于沈河区，是沈阳市现存规模最大的寺院，共有房舍135间。该寺始建于后金天聪二年（1628年），清顺治元年（1644年）、道光三年（1823年），两次进行扩建和修缮。由于清统治者比较重视藏传佛教，慈恩寺早期的规模并不大，清末和民初，按照原有风格，又对其进行了大规模的扩建。寺院建筑由东向西展开，进入山门后，建筑分布在中、南、北三路。中路建筑最多，依次为天王殿、大雄宝殿、比丘坛、藏经楼。南路为禅堂、斋堂等。北路为客堂、方丈室等。天王殿为木结构的硬山式建筑，檩枋有精美的彩绘，殿内供奉着弥勒佛、韦驮菩萨、四大天王等塑像。大雄宝殿为硬山式建筑，面阔五间，进深三间，前后出廊，殿内供奉着如来三世佛、航海观音、四大菩萨、十八罗汉等塑像。比丘坛为单檐歇山前廊式建筑，瓦脊两端有正吻和仙人走兽，坛内供奉着木雕的"西方三圣"像。藏经楼为两层硬山前廊式建筑，面阔七间，共十四间，原存有明正统五年（1440年）的木版藏经1600卷。

太清宫位于沈河区，为东北道教第一丛林。始建于康熙二年（1663年），时任盛京

---

① 王建学等主编：《辽宁寺庙塔窟》，沈阳：辽宁美术出版社，2002年版，第415页。

将军的乌库里感念郭守真祈雨有功，为他修建了这座修行之所，命名为三教堂。乾隆三十一年（1766年）至三十四年（1769年），经重修后，改称太清宫。嘉庆、光绪年间，两次进行扩建。太清宫平面南宽北窄呈梯形，建筑坐北朝南，山门辟于东侧，采用了四合院对称轴式的建筑格局。共有四进院落，前院主要建筑为灵官殿（原为山门）和关帝殿。前者为两层硬山前后廊式建筑。后者为歇山式建筑，殿面阔三间，进深三间，须弥座，青瓦顶，正脊两端有鸱吻，垂脊有跑兽。在殿内木雕的暖阁中，供奉着关公像。第二进院落的主要建筑，也是该宫主要建筑之一的老君殿，面阔三间，进深两间，为硬山前廊式建筑，殿内有垂花式木阁，供奉的主像为老子坐像。第三进院落正殿为玉皇阁，为硬山前后廊式建筑，面阔三间，进深两间，供奉着道教最高神明之一的玉皇大帝。两侧有吕祖楼和丘祖楼，分别供奉吕洞宾像和丘处机像。第四进院落有法堂、郭祖塔、碑楼等。

四、文学、史志

清代盛京地区，文学创作和史志著述的成就较高，且具有鲜明特色。在盛京文学中，流人文学成就最高，帝王和满族文人所创造的诗赋影响最大，属于满族民间文学的"子弟书"最具特色。

根据文学史家的研究，沈阳地区最早出现的具有较高价值的文学作品，多出自清初的流人之手。在活动于沈阳地区的文化流人中，文学创作成就最高的是函可、陈之遴、陈梦雷、戴梓、徐灿等。顺治七年（1650年）冬，函可在盛京城发起成立"冰天诗社"，参加诗社的文化流人开始以诗唱和，并以特有的情感和视角，创作了大量既具思想性又具艺术性的诗作。仅在左懋泰生日、函可生日两次相聚中，就创作了诗歌86首。作为当时东北文坛核心人物的函可，其遗诗后被编为《千山诗集》二十卷，收录诗歌1500余首。函可的诗歌，充满了斗争精神和批判意识，"忧国忧民，伸张正义，敢争不屈，构成了函可的主旋律，洋溢着浓烈的人本主义"[1]。他在《初至沈阳》中写出了"旧都"的荒凉景象，反映了民不聊生的社会现实。他的《沈阳杂诗二十首》反映了绝望的心境和愤懑的心情，以及不愿妥协的抗争精神。陈之遴的诗文结集成《旋吉堂集》两种和《浮云集》十二卷。陈梦雷存有《松鹤山房文集》《松鹤山房诗集》等。戴梓有《耕烟草堂诗钞》四卷存世，收录诗歌350余首。徐灿为陈之遴之妻，有《拙政园诗集》《拙政园诗余》存世。

清代帝王和满族文人在盛京地区完成的创作成果，具有代表性的有清帝东巡时留下的诗赋，清代第一位宗室诗人高塞的诗歌等。康熙帝东巡三次到达盛京，共留下诗歌约50首，被录入《圣祖御制诗文集》，其中艺术成就较高的有《盛京旧宫》《萨尔

---

① 李治亭：《千山诗集·校注序》，沈阳：辽海出版社，2007年版，第1页。

浒》《过永安桥口占》《锦州道上》《姜女祠》《吕翁山》《三月十一日雪中谒永陵告祭》等。乾隆帝东巡四次到达盛京，写下了大量与盛京历史文化和社会风貌有关的诗文。《奉天通志》中录其东巡诗240首。其中较有代表性的有《盛京土风杂咏十二首》《渡辽水》《望千山》《永安桥》等。乾隆帝还写了多篇赋文，如《盛京赋》《文溯阁记》等。其中以满文创作的《盛京赋》，共627句，3300多字，描绘了盛京盛景，反映了满族祖先创业之艰难，展现了乾隆帝的宏图大志，堪称鸿篇巨制。高塞是皇太极第六子，他与盛京文化流人，特别是有学识的僧人、道士交往颇多，有着深厚的文学修养。高塞的诗歌具有较高的艺术价值，并体现出了鲜明的满族特色。在铁保辑录的《熙朝雅颂集》中，录有高塞诗14首，并将其列在清代宗室诗人首位。

子弟书是清代流行于北京和盛京地区的满族民间曲艺形式。被誉为"沈阳三才子"的韩小窗、喜晓峰、缪润绂等均创作了大量子弟书。其中仅韩小窗撰写的子弟书就达数百种。他们的子弟书作品，经盛京会文山房、文盛书房和文盛堂等刊印后得以流传。

此外，影响较大、成就较高的诗人还有位列辽东三老的戴亨、嘉庆年间被视为盛京诗坛泰斗的缪公恩、位列"辽东三才子"的刘春琅、"沈阳三才子"之一缪润绂等。沈阳历史上最早的文坊会文山房，也为文学创作和出版事业的发展做出了重大贡献。

盛京文化遗存中的史志可谓卷帙浩繁，具有极高的历史文化价值。其中最重要的有《满文原档》《满洲实录》《清太祖武皇帝实录》和《盛京通志》等。

《满文原档》，在清代被称为"无圈点老档"，在后世又被称为《满文老档》《老满文原档》《满文旧档》《旧满洲档》等。创制满文后，努尔哈赤下令将重大事件和重要文件以满文记入"档子"。如天命四年（1619年）七月，努尔哈赤命"梅勒额真、五牛录额真、牛录额真、章京，以及村拔什库等，亦各书誓言一份"[1]，存入档案。天命六年（1621年）七月，"各牛录各派十人书写档子"[2]。现存的《满文原档》，记述了自万历三十五年（1607年）到崇祯九年（1636年）的史事。《满文原档》共有四种版本，原本原存于盛京，后移送北京，现存于台北"故宫博物院"。

《满洲实录》，又称《太祖实录图》，完成于天聪九年（1635年）。《满洲实录》主要记述了努尔哈赤家族的详细情况、满洲兴起的源流、满族崛起过程中的各大战役等。使用了满、汉、蒙三种文字，是清代唯一一部用三种文字书写的实录。《满洲实录》包括图录和文字等两部分内容，各八卷。完成于崇德元年（1636年）的《清太祖武皇帝实录》，以《满洲实录》为基础，更为详尽地记载了努尔哈赤生平大事。

---

① 中国第一历史档案馆，中国社会科学院历史研究所译注：《满文老档》（第十册），北京：中华书局，1990年版，第100页。

② 中国第一历史档案馆，中国社会科学院历史研究所译注：《满文老档》（第十册），北京：中华书局，1990年版，第221页。

《盛京通志》的初修，完成于康熙二十三年（1684年），由奉天府尹董秉忠等主持，陈梦雷进行指导与修订。《盛京通志》共三十二卷，是清代东北第一部地方总志。由于初修的《盛京通志》不够完善，后来又进行了四次大规模的增订。乾隆四十九年（1784年），由武英殿大学士阿桂主持的最后一次修订完成。新本《盛京通志》增加了近百卷，并被收入《四库全书》。

五、雕塑、彩画、书法等

盛京的雕塑艺术遗存主要体现于一宫两陵和寺塔建筑上。沈阳故宫的木雕、石雕、砖雕均具有较高的文化价值。故宫的木雕主要应用于梁架、门窗上，多采用浮雕、透雕、圆雕相结合的手法。早期的木雕与乾隆时期的木雕在风格和手法上有差别，早期重整体感和神韵，后期则注重工艺手法，雕刻更加细腻。沈阳故宫梁架上的木雕规模大，数量多，最具艺术特色。其中最具代表性的有大政殿前的双龙盘柱、大政殿等建筑檐下柱顶木雕、崇政殿大雀替、崇政殿和大清门檐下的龙形抱头梁、大政殿和崇政殿等檐柱柱头上的兽面等。双龙盘柱是沈阳故宫的重要标志物之一。双龙均为圆雕，雕刻细致，造型生动，"龙身绕柱盘旋而上，龙头探出柱外，两首相对，一支木雕火焰珠置于两柱间的额枋之上"。"龙爪伸出柱外一米有余，苍劲有力，气势骇人。"[1]这种略显粗犷、动感强烈的艺术风格，是沈阳故宫龙雕区别于本地其他龙雕的最明显之处，体现了满族皇族的气度，给人以威严、华贵、强悍、威猛之感。故宫大政殿、崇政殿、凤凰楼、大清门等檐下大木作，其做法和雕饰风格深受藏传佛教影响，雕饰主要应用于长枋、"莲花枋""花牙枋"和饰板等处。沈阳故宫的标准雀替、大雀替、小雀替等，其在雕饰上多采用明清的通用做法，喜使用卷草图案。在大政殿的柱顶部分均有一木雕龙头探出，两两相对，呈探爪戏珠状。龙身从廊下穿过，龙爪伸入室内，龙头两侧有卷草纹饰。大政殿和崇政殿等檐柱柱头有狮面羊角手握卷草的兽头木雕。这种做法同样是受藏传佛教影响的结果，是图腾崇拜的产物。但满族人使用它，已经淡化了其原有的宗教意味。沈阳故宫门、窗的雕饰多集中在门簪、隔心、裙板、绦环板上，其中的板门门簪最具代表性，早期与后期的门簪在造型、图案、手法上有着明显差异，早期的"门簪出调较长，簪身做莲花瓣轮廓形状，端部浅浮雕莲花式样，门簪与中槛衔接处做高浮雕如意卷草岔角云，上做彩绘或金饰"。后期门簪的雕饰趋于简单，"簪身做简单的几何形状；根部做法，高等级高浮雕覆莲、连珠及圆雕如意岔角云，内做浅浮雕卷草"[2]。沈阳故宫的石雕、砖雕多沿用传统的表现手法，但仍体现出较为强烈的地方特色。建筑上的石雕多雕于须弥座式台基、柱础、栏杆、栏

① 武斌主编：《清沈阳故宫研究》，沈阳：辽宁大学出版社，2006年版，第365页。
② 张勇：《沈阳故宫建筑装饰研究》，南京：东南大学出版社，2010年版，第163—164页。

板、御路、抱鼓石上，砖雕则雕于建筑外墙的通气孔区域。此外，还有包括石狮、日晷、嘉量等在内的纯陈设性石雕。石雕的图案少部分为龙纹，多数为植物花草纹。在大政殿、崇政殿和台上五宫的须弥式台基上，雕有"升龙""海水江崖"和卷草等。在早期的重要建筑，如大政殿、崇政殿、大清门、凤凰楼、清宁宫等的柱础上，多在覆盆部位做高浮雕覆莲，盆唇部位做高浮雕连珠纹。大御路的石雕最具地方特色，石材为产于辽西的绵石，材质细腻，题材为二龙戏珠，龙一升一降，下为海水江崖，二龙中间为火焰珠，以流云点缀其间。在大御路两侧的踏垛等立面上雕有卷草纹饰等。沈阳故宫摆放的大型石狮共有两对，一对原位于崇政殿前，后移至大政殿前，一对位于大清门前。大政殿前的石狮通高 1.5 米，底座 0.47 米，采用的是黑灰色石料，"狮身造型具方正平直之意，狮首不向前而是扭颈向内，右侧雄狮左爪下及后背各一幼狮，左侧雄狮右爪下及后背各一绣球，姿态生动，刻工简练"①。狮子威武凶猛，但无令人恐惧之相，具典型的东北民间风格。大清门前的石狮的材质及基本造型与大政殿相同，但更注重对细部的刻画，在雕刻上受当时关内风格影响较大。沈阳故宫的砖雕多为高浮雕，在中路建筑的一些通气孔区域，使用了镂雕和透雕的手法。砖雕题材多为植物纹和动物纹，如茄子、莲花、蒲公英、葡萄、菊花、向日葵、喜鹊、仙鹤、公鸡、乌鸦等。还有部分以福、寿等汉字为题材的砖雕。

福陵的雕塑分布于各主要区域。在正红门两侧墙上有雕刻着蟠龙的琉璃壁。门前两侧的"四柱三楼冲天式"石雕下马石牌坊，柱头为"望天吼"石兽，是清初望柱与石坊相结合的一种特殊形制的牌坊。牌坊立柱的基座为方形，上面雕刻着鹿、松柏、缠枝莲、仙人等图案。楼的斗拱、滴水、勾头、搏风、瓦垄、大脊、吻兽等，均为仿木构件，体现出较为明显的清代东北风格。华表的形制与浮雕略显简约，符合清代初创时期的特点。石象生有石马、石骆驼、石虎、石狮等各四对。方城区的隆恩殿大殿的须弥座、踏跺及四周的望柱，均有精美雕饰，多雕有卷草和三宝珠等纹样。

与福陵相比，昭陵的雕塑在艺术水平上略胜一筹。在华表、牌楼、石碑、陵门、台基、栏杆、焚帛炉等处，均有精美的石雕。雕塑风格庄重、严谨，给人以浑实、劲健之感。华表、牌楼、台基、栏杆等处，多为细腻的浮雕。如在正红门前的牌楼的正脊、额枋等处，均浮雕有花卉和奔龙，在上下额枋之间，镶嵌着透雕栏板。华表的须弥座的上下枋和束腰部分，雕有云龙、俯仰莲等纹饰。柱体为龙蟠柱纹，云板上刻有密集的云纹。隆恩殿须弥座台基上的雕刻图案共分六层，分别雕有连珠纹、卷叶组成的图案、仰莲瓣、由莲叶和花瓣组成的图案、仰莲瓣、唇形小花等②。神道上的石像生延续了秦汉至南朝形成的神道石雕艺术传统，石像形象逼真，体形健壮，气派十足。

① 张勇：《沈阳故宫建筑装饰研究》，南京：东南大学出版社，2010年版，第31页。
② 沈阳一宫两陵志编撰委员会：《沈阳昭陵志》，沈阳：辽宁民族出版社，2006年版，第38页。

在六对石兽中，名为"大白""小白"的一对立马当为最优秀之作，二马传为皇太极坐骑，造像于陵前，有仿唐太宗"昭陵六骏"之意。该雕塑写实风较强，体态和精神都很饱满，"造型比例匀称、姿态自然。夸张地表现了胸部的肌肉，四肢粗壮，劲健有力，不施鞍辔缰索，尤见旷逸神骏"[①]。"大白""小白"是宋代以来骏马雕塑中的精品。正红门前牌楼下的六对圆雕坐狮朴拙生动，威势十足。

在盛京的绘画艺术遗存中，一宫两陵的建筑彩画较有代表性。沈阳故宫的建筑彩画种类丰富，清代盛行的四大类彩画，即旋子彩画、和玺彩画、苏式彩画、宝珠吉祥草彩画，均在故宫有所体现。根据考察，现存的彩画中有七处最具历史价值和艺术价值，也最具代表性，即"凤凰楼三层内檐的'三宝珠吉祥草'满族彩画，大政殿内檐内环的藻井和吉祥文字天花及外环的五井龙凤梵文天花、上架的彩画等，崇政殿内带有地方风格的龙草和玺彩画，左、右翊门内檐梁架上的金线大点金旋子彩画，太庙正殿内檐的清代中、晚期梁架上的小点金旋子彩画和金莲水草天花，西路九间殿北侧残留的海墁彩画，八旗亭内外檐的满族彩画"[②]。"三宝珠吉祥草"彩画位于凤凰楼三层室内梁架上，彩画在纹饰、构图和设色上，体现出浓郁的满、蒙、藏文化特色。大政殿内檐内环最高处的降龙藻井，朱红铺底，降龙为金色，有红底贴金的"福、禄、寿、喜、万"等篆书吉祥文字。在外环顶部的五井天花上，绘有金龙、彩凤，中间为梵文。这种梵文天花与清初藏传佛教的影响有着直接关系。在沈阳故宫的建筑中，龙和玺彩画多绘于建筑外檐，龙草和玺彩画则多绘于内檐。根据纹饰、画法、工艺、设色等分类，沈阳故宫的旋子彩画有烟琢墨石碾玉旋子彩画、金线大点金旋子彩画、墨线大点金旋子彩画、小点金旋子彩画、雅五墨旋子彩画等。海墁苏氏彩画是苏式彩画中的一种，其特点是不画方心与包袱，为全开放式构图。九间殿的海墁彩画为青地，画红、黄、绿三色流云，极具表现性。

福陵隆恩门门楼内外的彩画反映了清代早中期的彩画风格。绘制的内容主要为宝珠、卷草、灵芝等，仅有一处为行龙。从装饰手法看，"整个梁架上不用沥粉贴金的做法，而是通过绘画技巧突出卷草走向的线条变化。这些卷草的变化基本是对称的、有规律的，所以在视觉上给人杂而不乱的感觉。在色彩的运用上也是很成功的，即以朱红衬地、托以青绿冷调为主的卷草团花，黄赭石点缀其间"[③]。从构图、线条、技法和色彩运用上看，昭陵的彩画在一定程度上反映了清代早期或早期向中期过渡时期的特点。这种艺术风格在清代关内其他古建筑中难得一见。如昭陵配殿内的内檐彩画，从

---

① 宋少峰：《中国雕塑史》，广州：岭南美术出版社，1993年版，第661页。
② 王成民：《沈阳故宫建筑彩画现状的评估与断代》，《沈阳故宫博物院院刊》，2009年第七辑，北京：中华书局，第62页。
③ 王成民：《盛京福昭二陵建筑规制及彩画的艺术风格和特点》，《宫苑文论：沈阳故宫博物院首届学术讨论会文集》，沈阳：辽宁人民出版社，1989年版，第561页。

彩画的构图，冷暖调的对比以及卷草的走向，特别是"五架梁"上大龙的特征来看，具有康熙时期彩画的特点。隆恩殿内檐的彩画以西番草、龙凤、宝珠为主题，以锦纹、花卉、飞鹤点缀其间，其构图、色彩、技法都反映出由清代早期向中期过渡时期的特征。

在盛京文化遗存中，书法名家所创造的书法文化及所留下的佳作是不容忽视的。清代初期，以范文程、范承谟、范时崇为代表的范氏家族出了众多有成就的书家。由明入清的范文程深受努尔哈赤、皇太极、顺治帝的器重，官至太傅兼太子太师。范文程好书、擅书，有书法佳作传世。范文程子范承谟，能诗工书，清陆光旭《忠贞遗墨跋》评价其"字如其品，骨劲神清，法兼颜米"①。范时崇为范承谟之子，擅行书，有书作传世。清代初期康熙、乾隆等在盛京留下的御书，如康熙的"万世师表"，乾隆的"紫气东来""正大光明""泰交景运"和"怀远""德盛"等，均有较大的文化价值和一定的艺术价值。

清代中期，沈阳地区有影响的书家包括曾主讲于沈阳萃升书院的辽东才子王尔烈，曾任盛京兵部、刑部侍郎兼奉天府尹的铁保，曾任盛京礼部右翼官学助教的缪公恩等。王尔烈为乾隆三十六年（1771年）恩科进士，殿试二甲第一名。嘉庆五年（1800年），主讲于沈阳萃升书院。王尔烈工诗擅书，文名极大。《辽阳乡土志》称其"尤工书法，至今推为辽城第一书家"②。现辽阳博物馆、首山清风寺、千山龙泉寺等处，均存有王尔烈的书法作品。铁保工诗文，擅书，长于行草，刻有《惟清斋字帖》《惟清斋法帖》《人帖》等，颇受时人赞誉。缪公恩精于书法、篆刻，所书魁星楼牌匾"天下文明"颇有价值。

清代晚期，盛京有一定成就的书法家有沈阳三才子韩小窗、喜晓峰、缪润绂，辽东三才子中的刘春烺，曾任奉天大学堂总办的孙百斛等。韩小窗善作大书，千山祖越寺曾存有其墨宝。喜晓峰善书，"当时奉天城不少店铺牌匾为其所书，如德胜门'天象斋'钟表店，'永寿堂'药铺、'万顺堂'商铺等，均端庄大气，笔酣墨饱"③。在沈阳三才子中，缪润绂的书法成就最高，其楷书近欧阳询，行草宗魏晋，并力求典重工致。刘春烺晚年曾主讲萃升书院。他学识渊博，精通文史，涉猎天文、地理、数学、农业、水利等，善书，主要学欧、褚、颜等唐人书法，笔法苍劲有力。孙百斛为光绪年间进士，授翰林院编修，书法受宋人影响较大，功底深厚。

---

① 李国钧：《中国书法篆刻大辞典》，长沙：湖南教育出版社，1990年版，第336页。

② 马宪丽，周宝库编著：《王尔烈史料集》，长春：吉林文史出版社，2009年版，第16页。

③ 杨宝林：《辽宁书法史述评》，吴宇栋编：《漫步于文学与艺术之门——杨宝林学术论文集》，沈阳：辽宁人民出版社，2017年版。

第三章　民国文化

第一节　沈阳民国文化概说

　　受政治、外交、军事等多种因素的影响，沈阳的民国时期经历了特殊的发展进程。因此，沈阳民国文化形成和发展的脉络也具有较强的特殊性，其先后经历了初步发展期、快速发展期、停滞期等三个阶段。自1912年民国建立到1919年奉系军阀完全控制东北，为沈阳民国文化的初步发展期。1912年2月，袁世凯窃取辛亥革命果实，任中华民国临时大总统，原清东三省总督赵尔巽被任命为东三省都督。东北地区的革命运动以被封建官吏攫取胜利果实而告终。与此同时，以张作霖为首的奉系军阀开始崛起，并逐渐影响甚至左右沈阳政局。民国初期的沈阳，尽管处在封建保守势力的统治之下，但在时代潮流的推动下，在进步力量的影响下，民主、共和等思想也逐渐深入人心，社会管理模式、城市结构和城市风貌、文化教育等开始发生变化。自1919年奉系军阀统治东北、开始全面建设奉天起到1931年"九一八"事变爆发止，为沈阳民国文化的快速发展期。这一时期，以张作霖为首的奉系军阀统治集团和东北易帜后的张学良当局为增强军事实力、经济实力，在大力发展军事工业的同时，还注重民族工商业发展，发展文化、教育、体育、卫生等事业；为促进城市发展，拓展城市空间，建设奉天市政公所，完善市政建设与管理机制，使沈阳形成了新的城市格局。上述努力推动了沈阳社会、经济和文化发展的现代化进程，使沈阳初步呈现出现代化风貌。一大批带有地域特色、时代特色和民族特色的文化成果即积淀于这个时期。从沈阳沦陷之日起到1948年沈阳解放，为沈阳民国文化发展的停滞期。"九一八"事变后，沈阳长期处于日本殖民统治之下，城市建设、市民正常生活及各项事业受到严重的破坏。沈阳光复后，由于国民党统治者忙于劫收和内战，无力也无心对城市进行建设，文化成果更是乏善可陈。本章介绍的主要为前两个阶段所创造的民国文化。

沈阳民国文化主要包括独特的政治文化，具有近代化特征的城市管理和建设体制、机制及成果，工业文化，商业文化及体现在现代教育、历史研究和文学艺术创造等方面的文化成果。其中，沈阳在民国期间的政治变迁中所形成的政治文化和特有的建筑文化、工业文化、文教成果，是沈阳民国文化中最为重要的部分。

民国时期，沈阳的政治生态极其复杂。民国初年，袁世凯的国民政府先后派封建官吏出身的赵尔巽、张锡銮、段芝贵主政东北。与此同时，在镇压革命的过程中，进驻奉天的军阀张作霖的势力逐渐壮大。张作霖在袁世凯及外国势力、地方势力间投机、周旋，不断扩充自身的军事实力，扩大政治影响力。1916年，张作霖被任命为奉天督军兼省长，取得了奉天的军政大权。1918年，张作霖任东三省巡阅使。1919年，奉系势力控制了整个东北。此后，以张作霖为首的奉系军阀以东北为基地，不断对外扩张，曾一度控制京、津、直、鲁等地。1928年，张学良改旗易帜后，奉系军阀解体，东北建设进入新时期。奉系军阀统治时期，以日、俄等为首的帝国主义对东北的渗透、侵略日益加剧，直至"九一八"事变爆发。民国时期的沈阳，军阀统治持续时间较长，日本等殖民者和侵略势力不断进行渗透和侵略。在此过程中，民众的民族自强意识日益增强，反侵略、反专制的爱国运动此起彼伏，不断扩大。以上种种，反映了沈阳民国政治文化的基本形态和主要特征。

沈阳民国文化的初步发展期和快速发展期，在行政管理、城市规划、市政建设和管理上均具有较强的近代化色彩，并形成了自身的特色和一定的文化成果。在行政管理上，奉天经历了由省警察厅直接对城市进行管理到成立奉天市政公所的转变，逐步开始以趋向于专业化的体制和机制对城市进行管理和建设。这一时期，重新规划和拓展了城市区域与空间，为避日本侵略者的锋芒，在进行城市新区规划时，确定了以古城为中心，向北、向东发展的策略。城市建筑呈现出中西合璧的风格；马路宽阔，形成了网络；注重标志性建筑的设计与建设；供市民休闲的公共空间、场所增多，北陵、东陵等公园开始对外开放。

沈阳近现代工业文化，萌芽于清末，奠基于民国时期。据1909年的统计，沈阳当时有近代工厂十几家[1]，但由于资金短缺，设备简陋，产品在质与量上均缺乏市场竞争力。自1916年起，奉系军阀为了增强军事实力，创办了东三省兵工厂等五大军工厂，沈阳的现代工业开始兴起。随之，在奉天当局的主导和鼓励下，沈阳的民族工业得到了一定的发展，具有民族特色的民国工业文化也由此而形成。

---

[1] 张志强主编：《沈阳通史》（近代卷），沈阳：沈阳出版社，2014年版，第301页。

作为一种特殊文化现象的商业文化，是随着商品交换的出现而产生的。沈阳民国时期商业的发展，始于20世纪20年代初，商业文化也随之得到发展与丰富。民国的商业文化，主要是在建设四平街（今中街）和在商埠地内开辟、拓建南市场、北市场的过程中走向繁荣的。当时的四平街是一条商铺林立、生意兴隆、交融着中西文化的商业街。1919年辟建的南市场，建有东北大戏院、商埠大舞台，有大量的典当行、商店、饭店、旅馆等。1921年开始建设的北市场，有大型百货商场和百货店共11个，饭店70多家，大小演出场所40多家，旅馆80多家，以及众多的茶社、当铺、钱庄、烟馆、赌场、妓院、药铺、理发店等，是沈阳的商业服务和娱乐中心。此外，在"满铁附属地"内，带有浓重殖民色彩的商业也得到发展，并形成了畸形的商业文化。

在沈阳民国文化形成和走向繁荣的过程中，教育事业的发展起到了推动作用。教育是文化建设的主要内容。教育的发展能够为文化的发展提供动力和人才资源，对于区域文化特色的形成也会产生较大的影响。民国时期沈阳教育的发展可分为两个阶段，第一阶段自民国初起至1923年奉天市制确立止，其特点是大规模兴办实业专科学校和教会学校。清代末年，赵尔巽在推行新政时就非常重视建设实业学堂。民国初年，政府提倡兴办实业学校，并将其分为甲乙两种，即相当于中学水平的专业学校和相当于高级技工水平的技工学校。相继设立了奉天省立中等商业学校，奉天公立工业专门学校，国立奉天高等师范学校，省立第一、第二工科职业学校，省立农科职业学校，省立商科学校，省立专门警察学校等，涵盖了农、工、商、医、警等专业类别。随着外国传教士在沈阳地区活动的增多，先后设立了奉天医科大学、东北神学院、会文中学校、中法中学、坤光女子学校、奉天三育完全小学等教会学校。第二阶段自奉天市制确立起至沈阳沦陷止。这一阶段的特点是高等教育、中等教育、职业教育得到同步发展，出现了一批在沈阳历史上产生重要影响的学校，如东北大学、冯庸大学、同泽中学、同泽女子中学、兴权中学等。各校分别形成了独特的文化。如东北大学的办学宗旨是"以研究高深学术，培养专门人才，应社会之需要，谋社会之发展"。冯庸大学提倡工业救国和爱国家、抗外敌、雪国耻。

民国时期，沈阳的史学研究取得重要成果。金毓黻编撰出版了《辽东文献征略》八卷。他主编的《辽海丛书》也在酝酿中，这是保存东北历史文献的一项巨大工程。金毓黻还筹办出版了学术刊物《东北丛刊》，到1931年共出版20期。从民国初年到"九一八"事变前，辽宁全省共纂修县志40种左右。省志《盛京通志》（清）、《奉天通志》（民国至伪满）先后付梓①。在"五四"新文学的影响下，辽沈地区的新文学呈现出关注现实，直面人生，反映民间疾苦，挖掘社会悲剧根源，唤起民众觉醒的现实主义特征。当时活跃于文坛的穆儒丐、王冷佛、金小天、杨晦等贡献了大批反映新的社

---

① 佟东主编：《中国东北史》（第六卷），长春：吉林文史出版社，2006年版，第312页。

会内容、具有新的艺术追求的作品。这些"作品颠覆了主题陈旧、内容俗套、形式单一的传统文学创作模式，创造了以反帝反封建为主题，兼具地域性、民族性与时代性，以为人生、为社会写实为价值追求的新文学创作范式。以穆儒丐的《香粉夜叉》、金小天的《春之微笑》、王冷佛的《珍珠楼》等为代表的作品，集中反映了都市生活的物欲横流和道德沦丧，刻画了精神卑微、愚昧而又趋炎附势的小市民，见利忘义、丧失人伦的军阀恶棍等形象，剖析了封建主义和资本主义混合而形成的东北都市文化内涵，具有深刻的批判意味"①。同时，作品展示了正在成长的具有反抗精神和责任意识的青年一代的风采，他们勇于冲破封建传统的束缚，争取恋爱、婚姻自主，追求个性解放和独立自主，有着强烈的服务社会、改造社会的思想意识。民国时期沈阳艺术创作的成果主要产生于建筑、绘画、戏曲等领域。民国沈阳地区建筑的主要特点为"近代资本主义的新型建筑和建筑技术不断输入，中国新型建筑人才逐步成长，进一步打破了中国建筑与西方建筑的隔离状态"②。其成就和特色集中体现于以大帅府为代表的官衙建筑，以大帅府中的四合院为代表的宅院建筑，以及东北大学校舍、中街西洋式店铺等建筑中。这一时期的绘画艺术出现了国画与西画共同发展的局面。国画家主要有莲蒲和尚、葛月潭方丈、王少山等奉天"画坛三杰"和蔡晓坡、徐延年等，外地来沈的邱烟云（邱壂）、杨令莯、白耀堂等也具有一定的影响。"油画在五四运动后传入中国"③，韩乐然等随后在奉天举办油画展览，创办美术专科学校。当时还成立了奉天美术研究社，由擅画油画的孙禹珊任社长。民国时期流行于沈阳的戏曲艺术形式主要有评剧、京剧和二人转。评剧在清末民初由河北传入东北，原被称为"落子"。20世纪20年代，"落子"发展成为诸剧种之首，进入鼎盛时期。1929年，奉天《新民晚报》首次出现"评剧"的称谓。评剧奠基人金开芳、评剧皇后白玉霜、评戏大王筱麻红、名伶金灵芝以及四大名旦李金顺、筱桂花、刘翠霞、芙蓉花等均活跃于这一时期。民国初至1931年，沈阳的新闻事业得到了发展。沈阳地区较早的报纸是1905年创办的《东三省公报》和1907年创办的《东三省日报》。民国初年，出版的报纸达到了十六七家，其中著名的有官方或法团主办的《东三省公报》《奉天公报》，革命党人主办的《大中公报》，私人主办的《醒时白话报》，日本人主办的《盛京时报》等。后来，东三省民治促进会创办了《东三省民报》，奉天市政公所创办了《沈阳市报》，张学良创办了《新民晚报》。1928年1月，中国历史上第四座公办广播电台——奉天无线广播电台对外播音。

---

① 叶立群：《辽宁现代小说创作与地域文化生态建构》，《名作欣赏》，2017年第6期。
② 佟东主编：《中国东北史》（第六卷），长春：吉林文史出版社，2006年版，第323页。
③ 沈阳市人民政府地方志编纂办公室：《沈阳市志》（十三），沈阳：沈阳出版社，1990年版，第24页。

第二节　沈阳民国文化的特征及其影响

　　沈阳的民国文化多创造于奉系军阀统治时期。奉系军阀在思想上是保守、落后甚至反动的，但由于受国内外环境和时代大潮的影响，加之奉系集团维护自身统治的需要，他们在一定程度上推动了各项事业的发展。在社会发展过程中，沈阳地区的进步力量和革命力量也在不断增强。在各界人士的共同努力下，创造了显著的文化成果。沈阳的民国文化呈现出由政治、时代、地域等诸多因素所决定的鲜明的特征，对沈阳的社会形态和历史发展进程产生了深远的影响。

　　### 一、在科学、民主与保守、落后思想的博弈中产生的文化

　　辛亥革命后的东北地区，袁世凯、赵尔巽等封建势力篡夺了革命果实，随之，奉系军阀迅速崛起。此时的东北，与民国初年中国北方的很多地区一样，经历了进步力量与保守、反动势力的长期斗争。由于东北地区的军阀反动统治更加严密，日俄等列强的侵略势力更加强大，斗争更加残酷。在社会发展过程中，在文化思想领域，一直贯穿着科学、民主思想与保守、落后、反动思想的博弈与斗争。

　　清代末年，睁开眼睛看世界的国人对于科学、民主有了初步认识。进入民国后，民主与科学才逐渐成为深入人心的价值观念，接连不断地产生了以此为主要诉求的思潮和运动。经过社会的发展，对内变革与对外开放等治理意识逐渐为统治阶层所接受，其中既有主动的因素，也有被动的因素。从统治阶层内部来看，主动接受是因为在时代思潮的影响下，他们的认识发生了一定的转变；被动变革是出于顺应时代潮流、巩固统治、壮大自身的需要。从社会各阶层来看，广大知识分子乃至整个文化界的现代性追求比较强烈，他们中的很多人接受了科学、民主的思想，并积极进行社会实践；部分普通民众受逐渐兴起的市民文化的影响，对人的价值开始有了新的思考与认识，并尝试摆脱封建文化的控制。总之，民国时期，因背负着沉重的封建包袱，遭受着封建军阀的阻挠和帝国主义的压迫，沈阳的文化转型和社会转型之路是无比艰难的。但从历史发展的角度来看，沈阳的民国文化在一定程度上体现了现代性的追求，并推动了新的文化形态的生成。

　　### 二、民族自强、自立意识不断得到强化

　　在两次鸦片战争后，西方资本主义势力迅速侵入了东北。在中日甲午战争、俄国强修中东铁路、日俄战争后，日俄两个帝国主义国家在东北划分了势力范围并加快了殖民扩张的步伐。在辛亥革命前后，日俄等国通过采取挑拨民族关系、武力威胁和外

交讹诈等手段，加紧侵略东北，日本两次策动"满蒙独立"，并于第一次世界大战后逼迫袁世凯政府签订了灭亡中国的"二十一条"。在此过程中，奉天当局，包括张作霖奉系军阀集团，与日本的关系一直处于既勾结又斗争的状态。在张作霖抓紧发展东北、不断扩充势力的过程中，日本等列强对东北，特别是奉天等地的侵略也日益加剧，"满铁附属地"等的形成，就是帝国主义列强侵略的结果。此时的"奉天成了一个主权与领土部分沦丧的半殖民地城市"[①]。因此，沈阳的民国文化不可避免地被打上了殖民文化的印记。

晚清以来，随着民族危机的日益加深，救亡图存和振兴中华成为时代的强音，民族主义、爱国主义成为时代文化的重要主题。进入民国时期，东北地区的人民遭受了更加强烈的威胁、奴役和侵略。在进步思想的影响下，国人的民族主义意识得到了进一步觉醒并不断高涨。因此，在沈阳民国文化发展过程中，始终伴随着民族意识的觉醒和增强，民族自立、自强精神不断得到强化。无论是发展现代教育，还是追求振兴民族工业、民族商业，均源自强国富民的冲动。重视和研究民族文化，发展新文学和进步艺术，在一定程度上体现了民族主义精神和时代精神。因此，尽管民国时期沈阳的文化生态极其复杂，封建色彩浓厚，带有较重的殖民文化的印记，但推动文化建设与发展的主体是社会进步力量。在摆脱压迫、反抗侵略、争取自主自强和自由独立的斗争中不断得到强化的民族主义和爱国主义，成为时代的最强音。

三、具有开放性特征的文化形态的初步生成

晚清至民国，随着中西交往、交流的日趋频繁，中西文化实现了全方位的接触，各种思潮、学说、政治制度、科学技术等源源不断地由西方传入中国。作为东北地区政治、文化、经济中心的沈阳，成为中西文化的重要交汇地之一。随着中西文化的碰撞和融合，在沈阳形成了不完全以统治阶级意志为转移的新的文化形态和格局，这种格局具有一定的开放性和融合性特征。在部分领域，受西方文化影响较大，如新式学校教育、军事教育、新闻出版、电影等的发展，多是国人向西方学习和引进的结果。在部分领域，文化融合的特征更为明显，如民国时期沈阳的城市管理模式、城市规划与布局等，是在兼顾民族文化传统与现代管理模式的基础上制定和实施的；新兴建筑多为中西合璧；社会风俗也在外来文化的影响下发生了改变；文学、艺术创作均在一定程度上吸纳了西方的观念和形式。在某些领域，西方文化的传播使中国传统文化受到冲击，如宗教，随着基督教等的迅速发展，传统宗教日渐式微；如体育，随着西式体育的传播和普及，民族传统体育的主流地位逐渐丧失。

---

① 佟东主编：《中国东北史》（第五卷），长春：吉林文史出版社，2006年版，第646页。

四、沈阳民国文化的影响

沈阳的民国文化对沈阳地域文化的发展乃至整个城市的发展，均产生了一定的影响。

首先，民国文化是沈阳的重要文脉之一。可以说，现在的沈阳，无论是城市布局、街道建筑，还是文化教育、民俗风情，都与民国时期的文化建设成果有着一定的联系。与盛京文化一样，民国文化也是沈阳的重要文脉所在。

第二，沈阳的民国文化是城市从传统向现代转型过程中所形成的文化，在沈阳文化发展史上处于承上启下的地位。其中所蕴含的进步理念与精华部分，为新中国成立后沈阳文化的转型与发展，提供了一定的借鉴和经验。

第三，民国文化在一定程度上体现了沈阳的历史文化特色。今日沈阳的主要历史文化遗存，多形成于清代和民国时期，但因民国年代较近，对现代沈阳的影响相对更大。民国文化的深厚积淀，对于沈阳加快建设历史文化名城会发挥一定的作用。

第三节　沈阳民国文化的部分遗存及其价值

沈阳民国文化的遗存众多，涉及政治改革、文化教育、城市建设和交通建设、经济发展等诸多领域。在这些遗存中，能够直接体现民国文化内涵的是现存的名人故居和一些旧址。这些故居和旧址作为不可移动文物，既反映了特定历史阶段的时代特色和人们的精神风貌，也见证了诸多重要的历史事件，具有重要的文化价值、历史价值、文物价值。此处主要介绍周恩来同志少年读书旧址等革命历史旧址，张氏帅府及民国名人公馆旧址，东北大学、同泽女中、同泽男中、奉天医科大学等教育机构旧址，东北陆军讲武堂、东北军陆军医院等军事机构旧址，奉海铁路局等交通机构旧址，奉天商务总会、东三省官银号、汇丰银行奉天支行、花旗银行奉天支行等商务、金融机构旧址，苏联领事馆、法国领事馆、日本领事馆、满铁奉天公所等涉外机构旧址。一些与抗战文化和工业文化有关的民国时期重要旧址，如中共满洲省委旧址、奉天基督教青年会旧址、二战盟军战俘营旧址、北大营营房旧址、大亨铁工厂办公楼旧址、肇新窑业旧址、奉天军械厂旧址、奉天机器局旧址等，将在抗战文化、工业文化等章节中详述。

一、革命历史旧址

周恩来同志少年读书旧址

周恩来同志少年读书旧址位于大东区育才巷，民国时为奉天省官立东关模范两等小学校，简称东关模范学校。现建有周恩来同志少年读书旧址纪念馆。学校初建于光绪三十一年（1905年），1911年完成新校舍的扩建，共占地2.93万平方米。1910年至1913年，周恩来同志在此读书期间，经历了辛亥革命，接触到了进步书刊，并产生了进步思想，立下了"为中华之崛起而读书"的志向。旧址建筑群由门房、前后两座教学楼、礼堂组成，均为砖木结构建筑，两栋教学楼"均为前廊式，两层"，"为券拱式门窗，上部装饰阳光放射式窗楣，走廊外部是木廊柱和木栏杆构成"。礼堂"呈长方形，跨度较大，屋内有立柱16根。屋顶中间凸起，上面装有天窗，人字梁，木望板"[①]。

二、名人故居

张氏帅府

位于沈河区朝阳街少帅府巷的张氏帅府，又名大帅府、少帅府、张氏帅府，是张作霖、张学良主政东北期间的官邸和寓所。现建有张氏帅府博物馆暨辽宁省近现代史博物馆。张氏帅府始建于1914年。当时的张作霖任二十七师中将师长，已掌握奉天省城军事实权。张氏帅府由东院、西院、中院和部分院外建筑组成。总占地约3.6万平方米，建筑面积约2.76万平方米。中院、西院建成于1916年春，东院花园建于1915年，东院内的小青楼、大青楼分别建于1918年和1922年，西院红楼群开建于1931年，"九一八"事变后，经负责施工的美国承包商与日方交涉，于1933年建成。1925年，修建了院外的边业银行、帅府舞厅。1928年，购置了赵四小姐楼。

张氏帅府为中西混合建筑群，建筑特色鲜明，具有极高的文化价值和艺术价值。其在建筑和装饰上的成就和特色主要体现在核心建筑四合院、小青楼、大青楼和红楼群上。四合院为三进院落，共70多个房间。四合院的布局、建筑与装饰均为中国传统风格。以垂花门区分各区的功能，前"政"后"寝"。第一进院落主要有内账房、承启处、大厨房、餐厅、卫士房、电话室、传达室等。第二进院落为张氏父子处理政务之处。第三进院落为居室。张氏帅府的主体为中国传统的抬梁式木结构建筑，使用了北方传统的青砖、筒瓦等材料。"主要建筑都是石雕柱础，墙身镶嵌浮雕石板，墙顶镶嵌砖雕饰件，门前踏步垂带，额枋檐檩廊柱及门窗油饰彩画独具风格。"[②]小青楼、大青楼使用的主要建筑材料为青砖，体现了中西融合的建筑装饰风格。小青楼在建筑上以中式风格为主，在装饰装修上则融入了西方元素。大青楼建筑"整体为西洋折衷主义风格，却又局部融入了中式装饰"[③]。红楼群包括6座楼房，是沈阳近代建筑发展到高峰期的产物。其最大的特点是体现为"中国化的都铎式风格。均使用红砖、坡顶，锐三角

① 沈阳市文物管理办公室编纂：《沈阳市文物志》，沈阳：沈阳出版社，1993年版，第142页。
② 沈阳市人民政府地方志编纂办公室：《沈阳市志》（十三），沈阳：沈阳出版社，1990年版，第466页。
③ 陈伯超主编：《沈阳历史上的历史建筑汇录》，南京：东南大学出版社，2010年版，第39页。

形山墙，门窗线角及壁柱均用白色石材装饰，但每栋建筑又通过坡顶、老虎窗、阳台、山花等相互间不同的组合而各具特色"[1]。

在1914年到1931年间，张氏帅府见证了诸多影响东北政局乃至中国历史发展进程的重要事件，张氏父子在此做出许多重大决策，接待了诸多中外要员。1928年6月，张作霖被炸后在小青楼内离世。1929年1月，张学良在大青楼老虎厅内枪决杨宇霆、常荫槐。"九一八"事变后，张氏帅府先后被占为伪第一军司令部、伪满国立图书馆奉天分馆、伪满国立中央博物馆奉天分馆等。后来，国民政府将其改为沈阳博物馆、沈阳图书馆。1988年，成立了张学良旧居陈列馆。

其他民国名人居住旧址

赵尔巽公馆旧址，位于大东区万泉街，建于1905年。赵尔巽在清末至民国初年，曾任东三省总督、东三省都督。公馆建筑占地1500平方米，为江南四合院风格，共有房屋20多间，为砖木结构的硬山式建筑，正房与厢房有前廊相连，在墙面、柱头、门脸等处，均有精美的雕饰。

吴俊生公馆旧址，位于大东区小河沿路，公馆建筑由两部分组成，风格迥异，一部分为建于清末的四合院，另一部分为建于民国的楼房。1912年后，吴俊生在此居住。吴俊生为奉系主要将领，曾任黑龙江督军。

杨宇霆公馆旧址，位于大东区小河沿路青云寺里，约建于1920年，建筑面积为1100多平方米。建有东西四合院、主楼。主楼为砖石结构的仿古典欧式建筑，墙面和顶棚有精美木雕。杨宇霆是奉系重要人物，张作霖任二十七师师长时，杨被任命为师参谋长。杨宇霆后任江苏省督办、安国军总参议等。因反对"东北易帜"，张学良将其与常荫槐一起枪决。

常荫槐公馆旧址，位于大东区天后宫路，建于民国初年，建筑面积约910平方米。建筑包括主楼、院墙、门房、影壁等，为中式与西式风格相结合的建筑。常荫槐是奉系主要将领，曾任黑龙江省省长。

孙烈臣公馆旧址，位于大东区大北关街，建于民国初年，建筑面积1725平方米。为四合院式建筑，二进套院，具有浓郁的民族风格。孙烈臣为奉系主要将领，曾任黑龙江省督军兼省长。

汤玉麟公馆旧址，现存两处，一处位于和平区十纬路，开建于1930年，1934年完工，1935年被日伪当局辟为博物院。该馆的主要建筑约3800平方米。原建筑有房屋69间。主楼为罗马式建筑。另一处汤玉麟公馆旧址位于沈河区北三经街。汤玉麟为奉系主要将领，曾任热河省主席。

张作相公馆旧址，位于和平区北五经街，建于1917年，建筑面积为2526平方米。

---

① 陈伯超主编：《沈阳历史上的历史建筑汇录》，南京：东南大学出版社，2010年版，第44页。

主楼为钢筋混凝土结构建筑，欧式风格，造型精美别致，工艺精湛。张作相为奉系主要将领，曾任吉林省政府主席。

王树翰公馆旧址，位于沈河区大南街般若寺巷，建于20世纪20年代，建筑面积约800平方米。建筑包括中式风格的四合院、西式平房和二层青砖小楼。王树翰曾任奉天省财政厅厅长、吉林省省长、东北边防军司令长官公署秘书厅长等职，是张学良的重要幕僚。

于济川公馆旧址，位于沈河区中山路，建于20世纪20年代初，为法式风格建筑。主楼建筑面积约为1600平方米，共四层，其中地下一层。整个建筑呈品字形，造型独特。于济川为奉系重要将领，曾任奉军第十军军长、北京卫戍司令等职。

沈伯符公馆旧址，位于沈河区大南街华严寺巷，建于1925年，主要为欧式古典风格建筑，兼有日本建筑和装饰风格。建筑地下一层，地上二层，局部三层。沈伯符曾任奉军军需处长、京奉铁路总办。

王明宇宅第旧址，位于大东区工农路，建筑面积3260平方米，由二进院落组成，造型别致。正门房为蒙古包式屋顶，主楼、厢楼为日式二层建筑。该建筑的格局，如正面平视，呈凹字形，如俯瞰，则呈器字形。王明宇曾任奉海铁路公司总办。

张寿懿公馆旧址，现存两处，其中一处位于沈河区文汇街，建于20世纪20年代前后，建筑面积2105平方米。为欧式风格的豪华洋楼，共四层，其中地下一层。另一处张寿懿公馆旧址位于和平区八纬路。张寿懿为张作霖五夫人，清黑龙江将军、著名抗俄将领寿山之女，长期主理张氏帅府的家政。

三、教育机构旧址

东北大学旧址，位于皇姑区北陵大街。1922年初，受张作霖委派，奉天省长兼财政厅长王永江开始筹办东北大学，将沈阳高等师范学校改办为东北大学理工科，将沈阳文学专门学校改办为东北大学文法科。文法科设中国文学系、英文学系、俄文学系、法律学系、政治学系；理工科设数学系、物理系、化学系、土木工学系、机械学系。1923年，东北大学正式成立时，校址定于大南关。出于发展的需要，随即开始在清昭陵东南兴建东北大学新校区。1925年，理工科大楼建成。1928年，建成文学院、法学院大楼和体育场。1931年，建成东北大学图书馆。到"九一八"事变前，东北大学共建有教学楼60多栋，总建筑面积达50多万平方米。东北大学旧址建筑现分布在辽宁省政府、省军区和原沈阳体育学院西校区内。其中理工学院教学楼由德国设计师设计，是旧址中规模最大的建筑，总建筑面积达7544平方米。该楼为钢筋混凝土结构，内墙和地面均以大理石砌筑而成。体育场由著名建筑学家杨廷宝主持设计，体现了中西文化交融的风格，主席台主体部分为罗马式建筑，看台部分为中国传统风格建筑。同样由杨廷宝设计的图书馆和文法学院楼等，建筑宏伟，造型独特，体现了中西兼容的特色。

奉天医科大学旧址，位于大东区小河沿路，包括住院部、图书馆和附属建筑三部分。原址曾为盛京施医院，主体建筑建成于1911年。奉天医科大学成立于1912年，由英国医学博士司督阁任首任校长。

同泽男中旧址，位于沈河区万泉街。同泽男中创办于1925年，校名取自于《诗经》"岂曰无衣，与子同泽"。张学良兴办的一系列文化教育事业，多冠名为同泽，此后，同泽被赋予了爱国、团结、向上的象征意义。同泽男中的主体建筑为两栋教学楼、礼堂等，多为三层，局部两层。

同泽女中旧址，位于沈河区承德路。1928年，由张学良投资兴建。教学楼建筑面积为6680平方米，为砖混结构建筑，呈丁字形，共四层，其中地下一层。由于张学良的重视，同泽女中的学校规模、硬件条件和师资等，均居当时沈阳同类学校之冠。

四、军事、交通、金融、商务机构旧址

东北陆军讲武堂旧址

东北陆军讲武堂旧址，位于大东区珠林路。1908年，徐世昌将东三省讲武堂迁到此处，辛亥革命后停办。1919年，张作霖在此建东三省陆军讲武堂，后改为东北陆军讲武堂、东北讲武堂，为民国时期四大军官学校之一。现存建筑一座，面积约1万平方米，为坐北朝南的硬山式建筑，砖木结构。

奉海站旧址

奉海站旧址，位于大东区东站街，即今沈阳东站所在地。旧址建筑建于1927年。初名奉海站，1929年改为沈海站，是奉海铁路始发站。奉海铁路是东北第一条中国人自建铁路。车站的主体为框架结构建筑，坐北朝南，地上多为两层，局部三层。该建筑"平面呈东西对称，北侧主入口为拱券结构，南侧二层为平台，南北两面有柱式装饰"[1]，有绿色坡屋顶和钟楼。

东三省官银号旧址

东三省官银号旧址即其总部所在地，位于沈河区朝阳街，始建于1925年，建筑面积约1.2万平方米。1905年，赵尔巽创设了官商合办的奉天官银号。1909年，徐世昌将其改为纯官办的东三省官银号。1922年，经过发展，东三省官银号已成为垄断东北金融行业的近代银行。东三省官银号旧址主建筑平面呈回字形，地下一层，地上二层，局部三层或三层半。建筑为框架结构，水泥抹面，二层有柱式装饰，大堂上部为玻璃顶。

奉天商务总会旧址

奉天商务总会旧址，位于沈河区朝阳街，始建于1924年，1929年进行了扩建，建

---

① 沈阳市人民政府地方志办公室编：《沈阳集萃·名胜》，沈阳：沈阳出版社，2011年版，第99页。

筑面积为2533平方米。奉天商务总会于1924年迁入该址。1928年"东北易帜"后，先后改奉天商务总会为辽宁总商会、辽宁工商总会。旧址为中西合璧式建筑，钢筋混凝土结构，地上四层。在建筑外观上，最有特点的是门前抱厦、高近十米的四根立柱和外墙浮雕。内部的装饰有浓烈的中式风格。

汇丰银行奉天支行旧址

汇丰银行奉天支行旧址，位于和平区十一纬路，建成于1931年，建筑面积约7200平方米。1917年，英国汇丰银行在商埠地开设奉天支行，并着手修建大楼。该大楼的设计者为英国人，是民国时期有代表性的现代建筑之一，被称为"七节大楼"。建筑为内框架结构，地下一层，地上六层，有阳台和多立克柱饰。

花旗银行奉天支行旧址

花旗银行奉天支行旧址，位于和平区十一纬路。1928年，美国花旗银行设立奉天支行，并修建办公大楼。大楼为罗马复兴风格建筑，华美壮观。总高两层，正面有六根从地面直通顶部的爱奥尼克柱。

五、涉外机构旧址

德国领事馆旧址

德国领事馆旧址，位于沈河区北二经街。建于1926年，建筑面积1270平方米。现存办公楼和宿舍楼各一座。办公楼为砖混结构，地下一层，地上二层，坡屋顶，局部有阁楼。有穹顶和柱式装饰。

日本领事馆旧址

日本领事馆旧址，位于沈河区北三经街，即今沈阳迎宾馆院内，建于1912年，占地约3.4万平方米，为典型欧式风格建筑。主楼为砖混结构，地上两层，坡屋顶，带阁楼，南侧为半圆形，其上有尖顶。1945年日本投降后，苏联领事馆设于此处。

满铁奉天公所旧址

满铁奉天公所旧址，位于沈河区朝阳街，建成于1924年，建筑面积约4000平方米。为封闭四合院式的砖混结构建筑，屋顶为仿古式绿脊黄琉璃瓦顶，总体为传统风格。主楼、门楼为两层，有石质仿古斗拱和琉璃装饰。满铁奉天公所表面上是涉外机构，实际上是日本进行殖民和军事侵略的特务组织。

第四章 抗战文化

第一节 沈阳抗战文化概说

　　鸦片战争后，沈阳的社会形态由封建专制社会向半封建半殖民地社会快速转变。在此过程中，这座具有重要战略地位的城市成为列强争夺和侵略的重中之重，饱受破坏、掠夺和摧残。日俄战争后，侵略者瓜分东北，包括沈阳在内的东北南部成为日本独占的势力范围。此后，日本侵略者的活动日益猖獗，进行武力威胁和外交讹诈，破坏城市合理布局，掠夺各种生产生活资料，扭曲经济形态，直至悍然发动"九一八"事变。沈阳沦陷后，经历了历史上最黑暗的日伪殖民统治时期。日本帝国主义的侵略和日伪的残暴统治激起了沈阳人民的义愤，爱国军民同仇敌忾，奋起反抗。在沈阳沦陷的14年间，在中国共产党的领导下，爱国军民所进行的多种形式的反抗斗争沉重打击了日伪殖民统治者，捍卫了国人的尊严，振奋了民族精神，也创造了独特而丰富的抗战文化。

　　沈阳的抗战文化孕育于清末民初以来人民反抗列强侵略的斗争中。1899至1900年间，奉天义和团运动兴起，他们举着"保国灭洋"的旗帜，打击了沙俄等侵略势力的嚣张气焰。1915年5月，袁世凯接受日本"二十一条"的消息传来，沈阳等东北各地民众发起反日运动，留日学生纷纷回国，组织"铁血团""殉国团"等，坚决反对丧权辱国的协定。奉系军阀统治时期，张作霖对日本采取的是既勾结、妥协又斗争的策略，但民间和社会各界的反日斗争从未间断。如在1927年，日本为实施将东北变为其殖民地的侵略计划而强迫进行"满蒙交涉"，沈阳爆发了规模空前的反日运动。仅发生在9月4日的反日大示威，就有10万民众参加。游行群众喊出了"反对日本帝国主义""誓死不当亡国奴"等口号。"这是中日民族主要矛盾在东北地区上升为主要矛盾的开端"①。

"九一八"事变后，沈阳及东北三省很快沦陷。在东北军部分爱国官兵和爱国民众的反抗斗争中，特别是中国共产党领导下的抗日斗争中，沈阳的抗战文化得到发展，并产生了强大的精神力量。沈阳的抗战文化体现于爱国军民反抗压迫、奴役与侵略的政治斗争、军事斗争和文化斗争中，并形成了物态化、制度化和观念化的文化成果。沈阳的抗日活动主要分为三部分：一是中国共产党直接领导的沈阳人民的抗日斗争；二是东北军部分爱国官兵和爱国民众自发的反抗斗争，如东北军自发的抵抗和抗战初期自发组成的抗日义勇军的斗争等；三是流亡关内的沈阳爱国人士、民众发起和参加的救亡运动。在各地义勇军建立和发展的过程中，中共满洲省委也发挥了重要作用。流亡关内的爱国人士、民众的抗日救亡运动，同样受到了中国共产党的影响，得到了党的支持。

"九一八"事变发生的第二天，即9月19日，中共满洲省委在沈阳召开紧急会议，发表了《中共满洲省委为日本帝国主义武装占领满洲宣言》；9月20日，中国共产党中央委员会发表了《中国共产党为日本帝国主义强暴占领东三省事件宣言》，中共满洲省委发出《中共满洲省委、团满洲省委告群众书》；9月21日，中共满洲省委做出了《关于日本帝国主义武装占领满洲与目前党的紧急任务的决议》；9月23日，中共满洲省委做出了《对士兵工作的紧急决议》。在发出坚决抵抗日本帝国主义侵略中国的号召的同时，中国共产党开始组织、领导东北人民开展抗日斗争。在沈阳沦陷的14年间，中国共产党领导爱国军民所进行的主要斗争，与沈阳有关的，一是动员党团员组织和宣传抗战；二是培训抗战干部，并将他们派到各地开展抗日救亡运动；三是在抗战初期，尽管东北各地抗日民众组织多为自发的，但共产党的宣传与号召起到了重要作用，在抗日义勇军等普遍兴起的过程中，中国共产党通过各地党组织和党员，指导和推动了相关工作；四是先后组织领导东北人民游击队、东北人民革命军、东北抗日联军等，进行了艰苦卓绝的抗日斗争，并在沈阳周边农村发动了游击战；五是领导在沈阳的地下党团组织，在极端严酷的条件下，组织地下党员、爱国人士、爱国民众等开展斗争。在白色恐怖下，"捣毁设备，破坏生产，消极怠工，组织罢工，等等，是这一时期沈阳人民与日本侵略者进行斗争的主要形式"②。搜集日伪情报也是这一时期的重要斗争形式。如领导机关设在沈阳"志诚银行"的地下组织，获取了大量有价值的政治和

---

① 佟东主编：《中国东北史》（第六卷），长春：吉林文史出版社，2006年版，第144页。

② 中共沈阳市委党史研究室：《中国共产党沈阳简史》，北京：中共党史出版社，2010年版，第43页。

军事情报，有力地支持了对敌政治与军事斗争。沈阳的部分地下党员和爱国民众还坚持文艺抗敌，如共产党员田贲（原名花喜露）等创作了大量具有强烈的民族精神和反抗意识的文艺作品，并产生了广泛影响。

"九一八"事变后，以蒋介石为首的国民党当局实行了"不抵抗"政策，但面对日本帝国主义的侵略，部分东北军爱国官兵与爱国民众自发组织了抵抗。"九一八"之夜，在频频接到"不抵抗"命令的情况下，驻守在沈阳北大营的东北军第七旅部分官兵，在620团团长王铁汉的带领下，拒绝执行"不抵抗"命令，打响了中国14年抗战的第一枪。9月19日凌晨，日军占领北大营后进攻沈阳市区，辽宁省警务处长兼沈阳市公安局长黄显生对"不抵抗"的密令置之不理，命令警察部队奋起抵抗。"九一八"事变之后，一部分东北军爱国官兵、各基层爱国人士纷纷组织各种形式的抗日义勇军、自卫军、救国军等，开展游击斗争。在辽宁兴起的义勇军，总兵力最多时达到20多万人。1932年初，唐聚五领导的辽东民众自卫军在沈阳周边打击日军，先后光复了20多个县。1932年3月，义勇军第39路军集结了3000多人进攻沈阳。这次进攻虽然以失败告终，但通过媒体报道，产生了较大的影响，增强了沦陷区内抗日军民斗争的信心。同年8月，以义勇军21路军为主力的抗日武装先后四次进攻沈阳。因敌我力量悬殊，进攻均未成功，但"他们的行动也极大地坚定了中国人民的抗战决心，并积累了一定的抗战经验"①。

东北沦陷后，大批各阶层人士和民众流亡关内。自9月20日起到月末，仅沈阳一地，每日经北宁路乘车入关者，不下1.5万人。据9月29日媒体的报道："沈阳城厢，原有居民45万，现在避难它去者，达三分之二以上。"②这些流亡到关内的东北民众，与关内的十几万东北军迅速形成一股强大的抗战力量。他们怀着对日本侵略者的刻骨仇恨和光复东北的强烈愿望，展开了轰轰烈烈的抗日救亡运动。各种救亡团体先后建立，其中最早建立的是东北留平学生抗日救国会，随后又形成了东北同学抗日救国会、抗日救国会、东北同乡反日救国会等规模较大的团体。1931年9月27日，抗战初期影响最大的东北救亡团体——东北民众抗日救国会成立。该团体的主要领导人有高崇民、阎宝航、卢广绩、车向忱、王卓然、王化一等。东北民众抗日救国会得到了张学良的暗中支持，是社会各界广泛参与的抗日救亡团体。他们出版《救国旬刊》《东北通讯》《东方快报》《复巢月刊》等，宣传、组织抗日；开展募捐、请愿活动；派骨干到东北组织抗日武装、开展军事斗争。后因受国民党政府的破坏，东北民众抗日救国会被迫取消，阎宝航等又秘密成立了抗日救亡组织——复东会，继续开展活动。1936年，在中国共产党的领导下，在北平成立了东北救亡总会，并建立分会。他们出版

---

① 高灵灵主编：《沈阳通史》（现代卷），沈阳：沈阳出版社，2014年版，第443页。
② 胡玉海、张伟：《沈阳三百年史》，沈阳：辽宁大学出版社，2004年版，第477页。

《反攻》等刊物，宣传抗战；为抗战部队和解放区培训、输送抗日官兵。"九一八"事变后被迫迁址的东北大学和为招收东北流亡学生而建的东北中山中学等，坚持一面办学，一面抗战，留下了很多可歌可泣的事迹。

综上所述，在沈阳14年的抗战活动中，形成了包括思想理论、政策方针、文学艺术等方面的文化成果，并孕育和形成了宝贵的抗战精神。

第二节　沈阳抗战文化的特征及其深远影响

沈阳抗战文化是在特定历史时期、特定区域内产生的一种独特的文化形态，具有鲜明的特征。沈阳的抗战活动及其文化成果，对这座城市的发展轨迹产生了决定性的影响。如今，沈阳的抗战文化已经成为城市文化的重要组成部分，所形成的文化品牌彰显了城市的特色；所形成的精神力量成为社会发展的重要动力之一。

一、沈阳抗战文化具有显著性、丰富性特征

沈阳抗战文化，其成果多体现于抗战活动及重要历史事件中。可以说，沈阳抗战的历史贯穿了日本侵华和中国抗战的整个历史，许多与抗战有关的重大历史事件均与沈阳有着密切关系。

沈阳是世界反法西斯战争的起点，也是反法西斯战争的终点。"九一八"事变当晚，沈阳北大营打响了中国抗战第一枪，拉开了中国14年抗战的序幕，这也是世界反法西斯战争的开端。1956年6月9日至7月20日，最高法院特别军事法庭在沈阳公开审判在押的日本战犯，并对36名战争罪犯进行宣判，分别处以12年至20年不等的有期徒刑。这次审判是继第二次世界大战后的纽伦堡审判、东京审判、伯力审判、马尼拉审判、南京审判、上海审判后的又一次重要审判活动，而且具有特殊的意义。沈阳审判是对发动侵略战争的法西斯分子罪行的最后宣判，"理应受到正义审判的日本战犯全部受到了惩处，才能算是第二次世界大战暨世界反法西斯战争历史在真正意义上的彻底结束"[1]。可以说，沈阳是中国乃至世界反法西斯斗争历史的重要见证地，其所承载的抗战文化具有显著性特征。

沈阳经历了14年漫长的抗战历程，加之特殊的地位，决定着其抗战历史是复杂的，由此而产生的抗战文化是极其丰富的。奉系军阀和张学良主政时期，沈阳是东北的统治中心。伪满洲国虽定都长春，但沈阳仍是东北地区的经济、文化中心。因此，

---

① 刘长江：《沈阳——第二次世界大战的爆发和战犯的最后审判地》，王璟，尹胜利，李永璞主编：《中国近现代史及史料研究》，北京：世界知识出版社，2007年版。

这里既是日伪侵略和统治的重点，也一直是各种抗日力量活动、关注的重点地区。重要的地位及极其激烈的侵略与反侵略的斗争，使沈阳的抗战活动及产生的抗战文化呈现出复杂和异常丰富的形态。

二、沈阳抗战文化的精魂：爱国主义、民族主义

沈阳抗战文化的主流是民族的、科学的、大众的文化，民族大义是其前提，爱国主义是其主线。近代以来，特别是甲午战争之后，中国人的民族意识开始大规模地觉醒。如何挽救中华民族于危亡之中成为中国人所面对的重要历史课题。"九一八"事变的爆发使中国的民族主义意识得到了空前强化。沈阳抗战文化的勃兴根源在于拯救民族危亡，一夜之间，国土沦丧，中华民族到了最危险的时候。就如张君劢所论："世界是否有大同之一日不可得而知也，在今日言之，民族国家实为各民族之最高组织，有之则存，无之则亡。"①沈阳的抗战活动及其所形成的文化成果，是一切坚持民族大义、奋起拯救民族危亡的中华儿女所共同创造的，强调民族自尊自信，蕴含着强烈的民族精神。在抗日斗争中，爱国主义是一切抗日军民高举的一面伟大旗帜，是抗战文化的主旋律。在领导沈阳军民反抗侵略的过程中，中国共产党坚持以爱国主义精神感召爱国官兵和进步民众，团结一切可以团结的力量，同仇敌忾，坚决抵抗，坚持斗争，敢于胜利。因此，在沈阳抗战文化形成的过程中，始终闪耀着爱国主义的光芒。

三、沈阳抗战文化的斗争性、批判性特征

沈阳的抗战活动是在敌我力量悬殊和日伪严密控制的情况下展开的，在此过程中产生的抗战文化具有强烈的斗争性与批判性特征。

中国的抗日战争是关系到中华民族生死存亡的战争，中国人民对日斗争环境之残酷也是前所未有的。长期沦陷的沈阳受到日本侵略者的重点控制和极其残暴的统治。日本对沈阳进行军事侵略和占领后，在政治上进行严密控制；在军事上实行残酷镇压；在思想领域推行恐怖主义政策；在经济上进行疯狂掠夺；在文化上推行专制政策，强化文化殖民统治。在日伪的严密控制下和血雨腥风中，沈阳的抗战活动体现出强烈的斗争性。从"九一八"之夜打响抗战第一枪，到抗日义勇军多次进攻沈阳；从爱国民众罢工、破坏生产，到抵制殖民教育；从中共满洲省委发出抗战号召并组织、领导爱国军民抗战，到沈阳城内的秘密战、以文艺为武器进行的抗争等，都体现出毫不妥协、不畏强暴、敢于斗争的抗战精神。正是因为斗争形势的残酷与复杂，在沈阳抗战活动中产生的文化成果，特别是思想、文艺战线所创造的文化成果，体现出强烈

---

① 张君劢：《明日中国之文化》，杨毓滋，孙亚夫编：《张君劢先生九秩诞辰纪念册》（下），台北：文海出版社，1978年版，第68页。

的批判性。如以辽宁流亡作家为重要力量所形成的东北流亡作家，以强烈的爱国热忱反映了东北人民的觉醒和斗争，发出了时代乐章的最强音，以期唤起全民族的危机感和抗日爱国热情。在萧军、马加等的作品中，也深刻剖析和批判了国民性的弱点，强烈批判了一切不利于抗日的思想与行为。身处沦陷区的部分具有爱国精神的作家面对民族的深重灾难和社会的不堪，也在文学作品中，表现出对苦难现实的强烈关注，体现出一定的批判意识。

四、沈阳抗战文化的深远影响

在14年抗战期间，沈阳的抗战活动及所形成的丰富而独特的抗战文化，使爱国军民实现了空前团结，并以不同的方式沉重打击了日本侵略者。它们也有力地证明了，中国人民反抗外来侵略的意志是坚定的，斗争是坚决的，牺牲是巨大的，胜利是来之不易的。同样重要的是，沈阳的抗战文化作为历史文化成果，经过不断积淀与升华，已成为沈阳地域文化中最具特色和价值的部分之一。

沈阳抗战文化遗址遗迹见证了中国人民所进行的艰苦卓绝的抗日斗争；它们的存在也见证着日本侵略者无法推卸的罪行，警示着当代中国人"牢记历史，勿忘国耻"，有着重要的历史价值和文化价值。抗战期间，沈阳的抗战活动及其所形成的文化增强了中华民族抵御外辱的信心与决心。中共满洲省委发出的号召，中国共产党领导的沈阳地区的抗日活动，沈阳爱国军民的自发抵抗，流亡人士的抗日救亡宣传等，充分激发了全国民众的抗战热情，使抗日救亡的观念深入人心。沈阳抗战文化体现出了为实现中华民族的共同使命而团结一致的精神、不怕牺牲的精神、勇于担当的精神、百折不挠的精神。时至今日，这笔宝贵的文化遗产及其所产生的强大的凝聚力、感召力、生命力，已经成为推动城市发展的强大精神动力。

第三节　沈阳抗战文化的部分遗存及其价值

一、抗战遗址遗迹

沈阳地区的抗战遗址和遗迹承载着厚重的历史文化，凝结着伟大的抗战精神，是沈阳抗战文化遗存的重要组成部分。其中具有代表性的有中共满洲省委旧址、北大营遗址、二战盟军战俘营旧址、沈阳审判日本战犯法庭旧址、志诚银行中共地下情报站旧址、奉天基督教青年会旧址等。

中共满洲省委旧址

中共满洲省委旧址，位于今和平区皇寺路福安巷，为一栋坐北朝南的硬山式青砖瓦房，面阔六间，进深一间。现建有中共满洲省委旧址纪念馆。1927年10月10日到1931年12月间，中共满洲省委机关在此栋瓦房的东面四间房屋内办公。1927年，党的"八七会议"后，成立了中共满洲省委临时委员会（满洲临委），陈为人任书记，统一领导东北地区党的工作。满洲临委决定把机关设在沈阳（时为奉天）。因当时北市场地区的环境比较复杂，陈为人选择了这里的福安里4号公寓作为机关办公地和居所。中共满洲省委在沈阳期间，组织和领导工人、农民、学生等，展开了反抗封建军阀压迫和日本帝国主义侵略的斗争。他们大力发展党组织，积极开展工农群众运动，并通过出版《满洲工人》《满洲红旗》《满洲工农兵》《关外》等刊物，发动群众，宣传革命和抗日。1928年9月，满洲临委改为满洲省委。1928年12月，陈为人等14人在大东门外召开秘密会议时，被敌人发现并被捕。后经党组织营救，陈为人获释，被调往上海工作。1929年，刘少奇任满洲省委书记，居住在西北工业区皇字78号（今沈河区惠工街）。此时的福安里4号，已改为省委机关的秘密交通站。1931年"九一八"事变爆发后，满洲省委发布关于时局的主张，并开始宣传、号召、组织、领导东北爱国军民奋起抵抗。随后，因沈阳政治形势的急剧变化，满洲省委机关迁往哈尔滨，并继续高举抗日旗帜，组织和领导东北抗战。著名抗日英雄杨靖宇、李兆麟、赵尚志、赵一曼等，都曾经是满洲省委的领导成员。

沈阳北大营旧址

沈阳北大营旧址，位于今大东区柳林街，现存有三栋一层的砖木结构硬山式营房，总建筑面积约1500平方米，研究者确认其为"九一八"事变时驻守此处的东北军619团营房。目前，沈阳已启动建设北大营抗战遗址纪念馆。沈阳北大营建于清光绪三十三年（1907年），当时的东三省总督徐世昌为了加强奉天城的防务，主持修建了北大营。营区近正方形，边长约为2000米，总面积400多万平方米，设有4米多高的土围子，土墙两侧有1米深、3米宽的壕沟。20世纪20年代后，张作霖的奉军主力一直驻扎于此。1929年，东北军独立第七旅进驻北大营，直至"九一八"事变爆发。东北军爱国将士在这里打响了14年抗战的第一枪。根据当时驻守北大营的独立第七旅620团团长王铁汉的回忆，在多次接到"不抵抗"命令后，"敌人步兵四百余，已向本团第二营开始攻击，我即下令还击，毙伤敌人四十余名"[1]。与此同时，沈阳北大营与国民党政府的"不抵抗"政策、沈阳城一夜之间沦陷等历史事件相关，见证着国民党政府的腐败和日寇的残暴。"九一八"事变后，日军先后在这里设立的所谓"北大营战绩纪念馆""纪念碑""纪念公园"等，也从另外一个角度见证了中国人所遭受的屈辱和日本侵略者的罪恶。

---

[1] 王铁汉：《"不抵抗"的抵抗——沈阳北大营守军团长关于九一八的回忆》，《传记文学》编：《十四年：从1931到1945》，北京：台海出版社，2016年版，第1页。

沈阳二战盟军战俘营旧址

沈阳二战盟军战俘营旧址，位于大东区地坛街，现建有二战盟军战俘集中营旧址纪念馆，建筑面积近4000平方米，占地12900平方米，包括史实陈列馆、战俘营房复原展区、日军办公用房复原展区、遗址纪念广场等。其中的战俘史实陈列集中展示了战俘的悲惨遭遇、战俘的反抗斗争等相关内容。沈阳二战盟军战俘营建于1942年，原址占地3860平方米，日本人将其命名为"奉天俘虏收容所"。在太平洋战争期间，这里是日本专门用来关押盟军战俘的18所中心战俘营之一。自1942年11月11日至1945年8月15日，这里先后关押了来自美国、英国、加拿大、澳大利亚、新西兰、荷兰等国的盟军战俘，共计2000多名。战俘营遗址是日军发动侵略战争、杀害和虐待盟军战俘的历史见证，也见证了世界反法西斯力量所进行的不屈不挠的斗争。

沈阳审判日本战犯特别军事法庭旧址

沈阳审判日本战犯特别军事法庭旧址，现建有中国（沈阳）审判日本战犯法庭旧址陈列馆，展区面积为1100平方米。旧址位于皇姑区黑龙江街，建于1954年，为中西合璧式建筑。该处原为中国科学院东北分院俱乐部。1955年，更名为利群电影院分院。1956年5月，按照最高人民法院的部署，拆除部分设备，在此设立特别军事法庭。1956年国庆节前夕，恢复为电影院。1956年6月，特别军事法庭审判了前日本陆军177师团中将师团长铃木启久等8名战犯。7月，又审判了武部六藏、古海忠之等28名战犯。沈阳审判是自1840年以来，中国人民在自己的国土上，首次在不受任何干扰的情况下审判外国侵略者。

志诚银行中共地下情报站旧址

志诚银行中共地下情报站旧址，位于和平区中华路。志诚银行建立于1935年，由5家钱庄合并而成，其营业大厅包括地上三层，地下一层，总面积约1800平方米。该银行经理巩天民为1925年入党的中共党员。"九一八"事变后，巩天民和沈阳的爱国知识分子刘仲明、毕天民、于光元、张查理、李宝实、刘仲宜、张韵泠、邵信普等组织成立了"沈阳抗日爱国小组"，从事抗日爱国活动。志诚银行成立后，巩天民在此建立了中共地下情报站，搜集和传递了大量重要情报，做了很多掩护和转送工作。

奉天基督教青年会旧址

奉天基督教青年会旧址，位于沈河区朝阳街，1925年，由美国、丹麦、爱尔兰三国牧师联合修建而成。当时的奉天基督教青年会不仅仅是宗教活动场所，还是沈阳地区最早传播新文化、宣传马列主义的阵地，是沈阳爱国青年反抗外来侵略的活动基地。奉天基督教青年会成立于1914年，成立之初，即吸引了一批要求进步的青年。他们以基督教青年会为掩护，学习新思想，开展进步、爱国活动。1920年，阎宝航到青年会担任干事。1923年，在青年会内自发形成了共产主义学习小组。小组成员学习了《共产党宣言》《列宁传》《十月革命的成功与困难》和韩乐然（共产党员、画家）带来的《中国青年》《向导》等刊物。1925年，任国桢到沈阳开展党的地下工作，秘密发展党、团员，并指导阎宝航和奉天基督教青年会中的进步青年开展活动。1928年，阎宝航任总干事长，领导爱国进步青年进行反抗日本帝国主义的斗争。到1931年，这里已经成为沈阳青年反帝反封建的重要活动基地。

二、博物馆、纪念馆

沈阳建有多个能够反映抗战文化的重要的博物馆、纪念馆。除上述的中共满洲省委旧址纪念馆、沈阳二战盟军战俘营旧址陈列馆、沈阳审判日本战犯旧址陈列馆，重要的还有"九一八"历史博物馆、张氏帅府博物馆等。

沈阳"九一八"历史博物馆

沈阳"九一八"历史博物馆，位于大东区望花南街，是国内外迄今为止唯一一座全面反映"九一八"事变历史的博物馆。"九一八"历史博物馆建于1991年，1999年完成扩建，展览面积为9180平方米，建筑面积为12600平方米。该馆的建筑采用了纪念碑与陈列馆相结合的形式，主体建筑包括警示钟亭、"九一八"事变纪念碑（残历碑）、展馆、胜利纪念碑等。警示钟"高2.38米，直径1.6米，总重量4.2吨"，"钟的正面铸有'勿忘国耻'四个大字；背面记述了'九一八'事变的经过；钟裙上是呐喊的浮雕人像，寓意抗争和奋斗"。残历碑为花岗岩建筑，"高18米，宽30米，进深11米，形似一个巨大的翻开的台历；掀开在1931年9月18日；碑的左侧刻有'九一八'事变的纪实"①。胜利纪念碑由白色大理石雕成，高28米。展馆主馆长354米，高14米。展厅内，通过大量史料、文物和多种展示手段，全面反映了1931年"九一八"事变后，东北人民遭受奴役、奋起反抗、浴血奋战的14年历史。

张氏帅府博物馆

1988年12月，建立了张学良旧居陈列馆暨辽宁省近现代史博物馆，2002年，被更名为张氏帅府博物馆暨辽宁省近现代史博物馆（以下简称张氏帅府博物馆）。张氏帅府博物馆的建筑群、陈列、藏品等，既见证了中国近现代史上奉系军阀崛起、兴盛的历史过程，也见证了以张学良为代表的东北爱国将领、爱国人士抵御外辱、倡导和平、反对内战的历史功绩。先后展出的"千古功臣张学良将军业绩展览"和"百年张学良"大型历史专题陈列展览等，围绕爱国主义主题，展现了张学良为国家、为民族甘于牺牲的伟大精神。在张氏帅府博物馆中，反映东北近现代历史的藏品众多，其中包括一定数量的反映抗战历史与文化的陈列和藏品。如东北救亡总会会旗、徽章，张学思望远镜，张学良像纪念印章等，均具有非常重要的文物价值。东北救亡总会会旗

---

① 高建：《九一八历史博物馆的建筑艺术》，刘加量主编：《建筑记忆》，北京：北京出版社，2010年版，第125页。

"长1.3米，宽1米，白地蓝边，上面绘有20世纪30年代中国东北辽宁、吉林、黑龙江、热河四省地形图。沿图形的上部边界用鲜血写着'打回老家去'五个大字，旗面上签有高崇民、阎宝航、车向忱、卢广绩、刘澜波等268名爱国志士的名字"。徽章"为铜质，圆形，直径3.1厘米，……正面嵌有珐琅质的蓝边，上有'东北救亡总会'的金色字样和三个五星，中间图案为白山黑水"[1]。东北救亡总会会旗和徽章，原由高崇民保存。1986年，高崇民之子高存信将其捐献。张学思望远镜"全金属镜身，黑色，并配有帆布镜盒，是一款德国产的卡尔蔡司军用望远镜"[2]。1938年，在张学思奔赴抗日前线前，时任120师政委的关向应将此望远镜赠送给他。在抗日战争中，这架望远镜伴随着张学思。1986年，张学思夫人谢雪萍将望远镜捐赠。张学良像纪念银章，"直径3.4厘米，重21.68克，银质，正面是着戎装的张学良半身肖像，背面是嘉禾叉叶图案及'张学良赠'四个字"[3]。1936年，张学良为了鼓舞青年抗日军官的士气，在王曲军官训练团的结业式上，向每位军官赠送了此纪念章。

三、东北大学、东北中山中学等所承载的抗战文化

"九一八"事变后被迫迁址的东北大学，在北平为东北流亡学生建立的东北中山中学等，同样承载着丰富的抗战文化。

"九一八"事变后，东北大学师生同仇敌忾，奋起抗争。一方面，众多师生加入义勇军等抗日队伍，奋勇杀敌；另一方面，面对日本侵略者的假意安抚，爱国师生不为所动，决定内迁北平，走上了流亡之路。广大师生抵达北平后，于1931年10月18日开学复课。随后，原设在锦州的东北交通大学、设在沈阳的冯庸大学先后被并入东北大学。在东北沦陷的14年间，东北大学师生辗转于北平、西安、四川三台等地。在颠沛流离中，他们坚持进行爱国宣传、抗日斗争，成为抗日救亡的重要力量。1932年，中国共产党开始通过"东大反帝大同盟"支部，组织、领导东北大学师生开展斗争。随着东北大学党组织的成立和不断壮大，东北大学师生参与和开展了一系列抗日救国活动。东北大学的很多师生投笔从戎，奔赴抗日前线。如东北大学学生宋黎、苗可秀组织的抗日武装，在东北地区早期的抗战中发挥了重要作用。苗可秀在岫岩、凤城等地组织少年铁血团、整顿民众自卫军，并为抗日事业献出了宝贵的生命。宋黎组织东北抗日义勇军，给日军以沉重打击。"同是东北大学学生的王埔、穆岳、谢东屏、胡乃超、马文良等英勇杀敌，先后血洒抗日战场。王允中、吴万萃、张鼎等人在太行山区

---

① 沈阳市人民政府地方志办公室编：《张氏帅府志》，沈阳：沈阳出版社，2013年版，第411页、420页。

② 沈阳市人民政府地方志办公室编：《张氏帅府志》，沈阳：沈阳出版社，2013年版，第420页。

③ 沈阳市人民政府地方志办公室编：《张氏帅府志》，沈阳：沈阳出版社，2013年版，第420页。

与日寇的生死战中壮烈牺牲"①。东北大学师生作为爱国学生运动的先锋，不断以各种形式的斗争推动全民族抗战。如"在把抗日救亡运动推向高潮的'一二·九'运动中，发挥先锋作用的是东北流亡学生，表现最为积极和勇敢的也是东北大学、东北中山中学的东北流亡学生。"②东北大学师生还坚持以各种文艺形式宣传抗日思想，鼓舞人民斗志。他们利用壁报、戏剧、文艺晚会、座谈会、读书会、展览会等形式，进行文艺抗战。流亡中的东北大学师生在民族危亡的关键时刻，挺身而出，以坚忍不拔的民族精神，铸就了东北大学的爱国主义之魂。

东北中山中学，全名为国立东北中山中学。1934年，为妥善安置流亡到北平的东北学生，保存东北爱国力量，齐世英、高惜冰等报请南京行政院批准，在北平创办了全公费的国立东北中山中学。学校成立当年即招收了2000多名学生，并配备了一流的师资力量。东北中山中学注重学生的全面发展，在校生均需接受严格的军事训练。1936年后，学校被迫迁离北平，先后在南京板桥、湖北汉口、湖南湘乡、桂林、贵州、四川威远等处办学。在流亡途中，东北中山中学师生在坚持完成学业的同时，积极参加抗日活动，培养了大批抗日爱国力量。1935年，在"一二·九"学生抗日救亡运动中，东北中山中学1000多名师生参加了游行示威。随后，先后有数百名学生投笔从戎，或奔赴延安，或到华北敌后战场，或报考军校。东北中山中学将国文老师郝泠若创作的诗歌确定为校歌，警示广大师生，时刻不忘国难家仇，不忘抗战救亡、复土还乡："白山高，黑水长。江山兮秀美，仇痛兮难忘……我来自北兮，回北方。"

四、抗战文学

沈阳的抗战文学特色鲜明，影响广泛，是沈阳抗战文化的重要组成部分。东北沦陷后，一度蓬勃发展的文学创作也陷入了被分割的状态。处于沈阳等沦陷区的部分作家，如山丁、秋萤、袁犀、小松等，在日伪"官制文化"的缝隙中顽强地抗争、艰难地生存。他们所创作的部分文学作品，从不同层面，不同角度，以隐晦的创作手法勾勒了一幅幅日伪统治下亡国奴生活的凄惨图景，反映了"九一八"后东北风云突变的历史进程。"九一八"事变后，一批流亡到关内的东北籍作家崛起于文坛。这一文学群体有着共同的文化背景和苦痛的生命体验，这些在东北地域文化涵养下成长起来的作家，家园沦陷，被迫流亡，对黑土地的眷恋和情思，对侵略者及所有压迫者的痛恨，使他们的文学作品在主题呈现和艺术风格上产生了诸多相通之处。在文学史上，他们被称为"东北作家群"。曾活动于沈阳的作家萧军和沈阳籍作家罗烽、马加、白朗、蔡天心的重要作品《八月的乡村》《第七个坑》《登基前后》《伊瓦鲁湖畔》《东北之谷》

---

① 李正鸿：《东北大学师生的抗日爱国斗争》，《兰台世界》，2012年5月上旬刊。
② 齐红深：《流亡——抗战时期东北流亡学生口述》，郑州：大象出版社，2008年版，第4页。

等，沈阳籍作家刘黑枷的《在奴化教育下》，曾在沈阳活动的作家雷加的《平津道上》，王荫南的《攻城之夜》等，"都取材于'九一八'前后的东北社会生活，表现着抗日救国的共同主题，具有鲜明的时代感和浓郁的地方特色，构成了以严肃、悲愤为主的基调，初步形成了一种独特的风格"①。沈阳籍作家金剑啸组织成立了"抗日剧社"，参与编辑《满洲红旗》，主办、创办或参与创办了《夜哨》副刊、《文艺周刊》《大北新报画刊》等，刊发揭露日伪残暴统治的作品。金剑啸共创作长篇叙事诗两部，短诗多首，短篇小说5部，散文9篇，剧作9部②。他在代表作《兴安岭的风雪》中，描写了抗联战士爬冰卧雪、英勇战斗的场景，反映了东北军民誓死抗战的精神。曾在沈阳从事党的秘密工作的作家田贲，组织了"鲁迅文学研究社"，秘密油印地下刊物《行行》《星火》，创作和发表了大量抗日爱国诗歌。他还在《盛京时报》发表了一系列文学评论。田贲以诗歌和评论揭露了日本帝国主义侵略罪行，号召东北人民奋起抗争。曾在东北大学读书的苗可秀在抗战中写下了《唤醒伪军歌》，对敌伪展开政治攻势。被俘后，苗可秀在狱中写出了《打倒日本歌》，表达了对日本侵略者的刻骨仇恨和为国献身的大无畏精神。

---

① 白长青：《论东北作家群创作的艺术特色》，《社会科学辑刊》，1983年第3期。
② 剑白：《风雪剑啸兴安岭——纪念革命文艺战士金剑啸牺牲五十周年》，《满族研究》，1986年第3期，第35页。

第五章 工业文化

第一节 沈阳工业文化概说

工业文化是在工业化进程中所创造、提炼的文化成果、文化形态和价值观念的总和，"它往往与特殊的时代、特定的人物和特色的行业活动密切相关，有着比较丰富的内涵，体现着地域性和时代性。工业文化是伴随工业化进程而形成的，包含工业发展中的物质文化、制度文化和精神文化"①。

近代以来，沈阳的城市发展始终伴随着工业化的进程。可以说，在过去的一个多世纪内，工业的发展是沈阳城市发展的主脉之一。经过清末至民国时期工业的初创和发展，新中国成立后的社会主义工业化建设，改革开放后的老工业基地改造，沈阳形成了厚重、独特的工业文化。沈阳工业文化的发展史可细分为六个时期：一是清末民初，是沈阳工业文化的发轫期；二是奉系军阀统治时期，是沈阳工业文化的发展期；三是日伪统治时期，是沈阳工业文化的低潮期和畸形发展期；四是新中国成立前后，是沈阳工业文化的恢复期；五是新中国成立后的社会主义建设时期，沈阳工业文化进入全面繁荣；六是改革开放后，沈阳工业文化进入转型升级期。

清末民初，沈阳的手工业已经比较繁盛，开办了一大批烧锅、酱园、油坊、磨坊、织坊等手工业作坊，其中最负盛名的是万隆泉烧锅。这些手工业作坊的经营者及

---

① 王新哲，孙星：《工业文化概念、范畴和体系架构初探》，《西北工业大学学报》（社会科学版），2015年第1期。

工人也是沈阳近代工业发展的后备力量和积极参与者。19世纪末，受洋务运动等的影响，在国内近代化的潮流中，沈阳正式开启了近代工业发展的序幕。1896年，政府主持开办了盛京机器局，这是严格意义上的沈阳近代工业的开端。随之，沈阳地区相继建成了多家以蒸汽为主要动力、使用机器生产的工业企业：1897年，民办的万顺铁工厂开业；1898年，民办的福顺隆染布厂开业；1902年，民办的新发合染厂、天增利织布厂、至诚永织布厂开业；1907年，成立了奉天工艺传习所；1908年，设立了奉天电灯厂；1909年，官商合营的奉天惠工有限公司成立，下设木工、织布、蜡烛、香皂、牙粉、铅印、石印等工厂。处于发轫期的沈阳工业企业以民族资本为主，有官办、私营、官商合营等多种形式。这些工厂生产的产品种类较多，但由于缺乏先进设备，产品质量普遍不高。

　　奉系军阀统治时期，沈阳工业得到了发展，其中政府最为重视、投资最多的是军事工业和铁路系统的工业企业。从1916年到1922年，官方主持创建的大规模军工企业有奉天陆军被服厂、东三省兵工厂、奉天迫击炮厂、东北航空工厂、奉天粮秣厂等。铁路系统的工业企业主要有京奉铁路工厂、东北大学附属工厂等。与此同时，民用工业也得到快速发展，建立了华北机器厂、奉天纺纱厂、肇新窑业公司、大亨铁工厂、奉天造币厂、纯益缫丝公司、东亚皮革厂、永顺织布厂、东兴色染纺织厂、八王寺啤酒汽水酱油公司等。奉天当局规划建成了三个工业区：大东工业区、西北工业区（惠工工业区）、奉海工业区。大东工业区位于沈阳古城大东门之东，因此被称为大东工业区①。大东工业区内的工业以军工为主。张作霖在奉天军械厂的基础上，在大东门外建立了规模更大的东三省兵工厂，陆续建成了厂区、住宅区、市政设施、机场、兵工学校等。为了对工业区进行有效管理，当局在大东工业区设立了市政管理处，归东三省兵工厂管辖。大东工业区是因工业而兴起并得到发展的城市区域，该区域的形成和发展既改变了沈阳工业的结构和格局，也影响了沈阳城市的布局。今天，该区域内尚有大量的工业文化遗存。西北工业区（惠工工业区）位于沈阳古城西北角，今惠工广场附近，因此被称为西北工业区②。西北工业区始建于1923年，建有以军工为主的多家工厂和大市场，著名的奉天迫击炮厂即位于该区内。奉海工业区（沈海工业区）位于沈阳古城东北部，以奉海铁路为依托进行规划，1925年开建，1927年完成了基础建设。落户于奉海工业区内的多为民族资本工业："以奉海铁路为母线的铁路支线兵工厂、大亨铁工厂、造币厂、迫击炮厂、粮秣厂等连成一气，从而推动沈阳的近代化，为现今沈阳东部工业区打下了坚实的基础。"③这一时期，有多家外资和中外合资工业企业陆续

---

① 沈阳市大东区城市建设委员会编：《大东区地名志》，1994年版，第255页。
② 沈河区政协编著：《沈阳古城沈河地名》，沈阳：沈阳出版社，2013年版，第8页。
③ 张志强：《沈阳城市史》，大连：大连理工大学出版社，1993年版，第202页。

在沈阳投入生产。奉系军阀统治和张学良主政时期，沈阳工业体系初步形成，涵盖了机械、军工、建材、纺织、食品等多个行业；民族资本所投资的工业占据着优势地位；奉系所建立的军工企业，在投资、生产规模、产品质量、技术力量和工人数量上，均远胜于外资工业企业。

日伪统治时期，日本侵略者对沈阳的工业进行了疯狂的掠夺和破坏，并将其引上了畸形发展的道路：一是掠夺和强占了原奉系集团建立的军事工业和民族工业；二是规划和建设铁西工业区，为满足侵略战争的需要，畸形发展重工业；三是在全市范围内排斥、打压中国民族资本和其他外国资本。这一时期，在铁西工业区内建成的重要工业企业有"满洲住友金属工业株式会社""满洲电线株式会社""满洲矿业开发奉天制炼所""协和工业""满洲机器""东洋轮胎""中山钢业所""满洲日立制作所""满洲麦酒株式会社"等，其中规模大、技术力量雄厚的多为重工业企业。

抗日战争胜利后，由于经历了长期战争及日本侵略者的破坏，沈阳工业濒临崩溃。国民党接收沈阳后，接收大员以各种方式进行搜刮与掠夺，使已遭受过严重破坏的沈阳工业陷入全面瘫痪的状态。1948年11月，沈阳解放后，人民政权用了三个月时间完成了接管工厂的工作，并迅速组织恢复生产。"到1952年，沈阳工业总产值已经超过1943年历史最高水平的10%。"[①]在对工业企业进行恢复的三年期间，沈阳把恢复与发展国营工业作为中心任务，使国营工业比例得到大幅提高，并创造了诸多的"全国第一"，有力地支援了全国解放战争、抗美援朝战争和国内其他地区的建设。

1953年，我国进入国民经济建设第一个五年计划时期。"一五"期间的基本任务之一，是"集中力量进行以苏联帮助我国设计156个单位为中心的、由限额以上的694个建设单位组成的工业建设，建立我国社会主义工业化的初步基础"[②]。沈阳是"一五"计划建设重点地区，国家将694个限额以上建设项目中的26个、156个重点工程中的6个设在了沈阳。同时，辽宁还安排了625个省市重点建设项目与之配套，"改建扩建了沈阳冶炼厂、沈阳第三机床厂、沈阳鼓风机厂、沈阳水泵厂、沈阳化工厂、沈阳玻璃厂等在内的40个企业"[③]。这一时期，除对铁西、大东、沈海等工业区进行大规模的改造、升级外，还重点建设了陵北工业区。改造后的铁西工业区成为以机电工业为主体，国有大中型企业为主要力量的新型工业生产基地。"一五"期间，国家设在沈阳的26个限额以上建设项目，铁西拥有12个；设在沈阳的6个苏联援建项目，铁西拥有3个。在全区范围内，投资超过百万进行企业改造的项目有40

① 张志强：《沈阳城市史》，大连：大连理工大学出版社，1993年版，第269页。
② 龚关：《中华人民共和国经济史》，北京：经济管理出版社，2010年版，第58页。
③ 李佳蔚：《以工业历史遗存为特色的生态旅游城市建设》，北京：北京理工大学出版社，2016年版，第89页。

多个①。"二五"期间，"国家继续加大对铁西工业项目的投资和立项，沈阳市近90%的国有大中型企业坐落在铁西工业区"。"到1963年，国家装备制造业的31类企业中，铁西就拥有30类"②。在沈海工业区内，在对路网和基础设施等重新规划建设的基础上，"先后安排辽宁钢厂、沈阳钢管厂、沈阳纺织机械厂等国有大中型工业企业170多家，形成了以冶金机械制造业为主的大型工业区"③。对大东工业区进行改造升级，形成了以国防工业为主的工业区，区内的大型企业有黎明机械厂、中捷友谊厂、新光机械厂、矿山机器厂等。在陵北工业区内，以军事工业为主体，规划建设了一一二厂（后改为沈阳飞机制造公司），从一一二厂分出一一九厂（后改为新乐精密机械仪器公司），建成了一三九厂④。经过新中国成立后近十年的建设，在全国重点城市中，沈阳的工业仅位列上海、天津之后，居第三位。沈阳拥有的大小型工业企业达到2000多家，几乎涵盖了所有的现代工业门类，能够生产机床、电缆、重型矿山设备、通用机械设备、飞机等重点工业品，现代工业基地基本形成。在1958年开始的第二个五年计划期间，继续进行以重工业为中心的工业化建设，推进技术改造，沈阳工业得到了一定的发展。20世纪50年代末到20世纪60年代初，沈阳又相继建成了一批汽车、拖拉机制造企业和炼焦、炼铁、煤炭等原材料加工企业。这一时期，沈阳工业文化的特点如下：一是彻底摆脱了旧工业的影子，由带有殖民地性质的修配工业区转变为能独立制造大型设备的新型工业基地；二是机械工业成为沈阳工业的支柱；三是现代化程度高，现代化大工业在整个工业体系中占有绝对优势；四是沈阳工业有力地支持了全国的工业建设与发展，输送了大量的人才、技术、装备和资金；五是产业工人成为社会发展的主体力量之一，社会主义工业文化得到迅速发展；六是在生产攻坚、技术攻关等过程中，涌现出一大批劳模，产生了伟大的劳模精神。

改革开放后，沈阳工业发展经历了"阵痛"期，随之，通过改革和发展，完善了现代工业体系，确定了以机械、汽车、制药、化工、航空航天为主导，冶金、轻工、纺织、电子、环保等为重点的新的工业体系，不断优化结构，提高竞争力。进入21世纪，在全力推进"东北振兴"的过程中，沈阳实施工业立市战略，使工业迅速走上了改造和转型升级之路，并焕发出新的生机与活力。

---

① 沈阳市铁西区人民政府地方志办公室编：《铁西区志》，沈阳：沈阳出版社，1998年版，第114页。
② 中共中央党史研究室组织编写：《执政中国》，北京：中央党史出版社，2009年版，第498页。
③ 沈阳市人民政府地方志办公室编：《沈阳市志·城市建设》，沈阳：沈阳出版社，1998年版，第39页。
④ 沈阳市人民政府地方志办公室编：《沈阳市志·城市建设》，沈阳：沈阳出版社，1998年版，第39页。

第二节　沈阳工业文化的特征及其深远影响

沈阳的工业文化有着深厚的底蕴和丰富的内涵，在其形成与发展过程中，也体现出了鲜明的特征。

一、相对发达的早期工业文化

就其发展历史来看，沈阳的工业文化萌芽较早，经过长期准备，条件一具备，即得到了迅速发展，并较早地奠定了沈阳工业在全国的地位。

沈阳由于处于特殊的地理位置上，交通四通八达。明代以后，这里逐渐发展成为商业和手工业发达的地区。早在明代中叶，沈阳的手工业即出现了工场化的萌芽，后由于战乱，发展被迫中断。努尔哈赤定都沈阳后，城市地位上升，经济也得到了较快的发展。自清代初期起，随着城市手工业的发展，新的工业形态也在孕育之中。与国内早期建设近代工业的城市相比，沈阳的近代工业起步略晚，但起点高，发展速度快。1895年开办的盛京机器局是近代工业的集大成者，设备先进，工艺优良，流程规范，除制造银圆外，还可以进行大规模的军械生产。1907年创立的奉天工艺传习所，能够较为系统地教习、传授现代工业技术。1908年创立的奉天电灯厂，标志着沈阳近代工业发展达到了新的高度。

在奉系军阀统治时期和张学良主政时期，在清末民初工业发展的基础上，沈阳在短短的十几年间，建成了一批国内先进的工业企业和发达的工业区。从规划和建设水准及规模上看，大东工业区、西北工业区、奉海工业区等均堪称国内一流。沈阳的工业规模和现代化程度，在国内均位居前列，并创造了多个东北乃至全国的"第一"。如奉天惠临火柴公司是东北最大的火柴企业，奉天肇新窑业公司是中国第一家机械制造瓷器的工业企业，奉天迫击炮厂附设的民生汽车制造厂研制并制造了中国自行生产的第一台汽车。在工业企业和工业生产得到发展的同时，也形成了相对发达的工业文化，包括工业管理制度、工业技术、工业精神和新的生活方式等。

二、沈阳工业文化的传承性、延续性特征

沈阳工业在发展过程中，虽经历过侵略者的破坏、掠夺，国内"左"倾路线的影响，经营环境的变化带来的不适，自身体制机制的束缚带来的挑战等，但它总是能够在经历挫折和发展低潮之后摆脱困境，凤凰涅槃，浴火重生。

自创建之日起，沈阳工业即承载着独立自强、摆脱外国资本压榨和列强掠夺、振兴民族产业、强国富民的使命。由此而产生的以御辱、救国、富民、强国为中心的文

化传统也得到了有效的传承。在清末民初创办民族工业的过程中，自立自强的民族精神在一定程度上得到了体现。在奉系军阀统治和张学良主政时期，沈阳民族工业的兴起则见证着中国人不甘遭受凌辱与压榨，以民族工业对抗殖民掠夺，寻找富民强国之路的艰辛历程。在日伪殖民统治时期，沈阳工业企业中的工人所蕴藏的反抗力量，所进行的反抗斗争，体现了沈阳工业文化中的爱国传统和斗争精神。沈阳解放后，在沈阳工业的快速发展期，开拓进取、甘于奉献、实干兴国的工业精神得到了充分的体现。即便是在遭到破坏，或受到"左"倾路线影响，或受市场、体制机制等因素影响而面临挑战的时期，沈阳工业仍然凭借永不言败的精神和自强自立的信念，屡次走出困境，继而重新崛起。

为了适应时代的发展，决策者不断地对沈阳的工业布局、工业门类、功能空间进行调整与拓展。在调整的过程中，充分尊重了历史上所形成的基础与格局，在对物质空间的利用、功能空间的拓展以及重点区域和工业企业的布局等方面，体现出了一定的延续性。如新中国成立后对铁西、大东等工业区的规划与利用，与民国时期的规划与建设是有着一定联系的。在陵北规划工业区，也与这一地区具备一定的基础和条件有着密切关系。大力发展机械、军工、航空等产业，也是在尊重沈阳工业传统的基础上做出的决策。

三、沈阳的工业文化是具有创新精神和开放精神的文化

沈阳的工业自诞生之日起，在立足本土发展的基础上，即体现出较强的开放精神。在沈阳工业文化的发展过程中，中西文化得到了有效、合理的兼容。同样重要的是，不拘成规，敢于打破旧的思维的开拓创新精神，在沈阳工业的每一个重要发展阶段都得到了充分体现。

沈阳近代工业的兴起，虽然是由诸多因素所决定的，但主要是以"求富""自强"为重要诉求的洋务运动的结果。在创办新式工业的过程中，需要的是新思想、新观念，需要打破旧的思维。因此，清末民初的沈阳工业是开拓创新的产物。奉系军阀统治时期和张学良主政时期，沈阳的工业无论在布局上，还是在规模和发展速度上，都体现出一种创造的精神。新中国成立后，沈阳工业所创造的众多的"第一"，如共和国第一枚金属国徽、第一架新型喷气式飞机、第一台精密丝杠车床、第一块电磁铁、第一台巨型变压器、第一架高速高空歼击机、第一台25吨塔式起重机、第一台内燃机车、第一台水下机器人……都是创新和探索的产物。改革开放后，沈阳人面对挑战毫不退缩，继续以改革创新的精神推动着沈阳工业不断转型升级。

沈阳工业在发展过程中始终保持着开放、兼容的姿态，积极引进和吸纳外来的技术、人员、资金等。清末至民国时期的沈阳工业在吸收和引进西方第一次工业革命成果后，又积极吸纳了第二次工业革命的优秀成果，不断改进生产技术和产品质

量。新中国成立后，沈阳的工业发展在强调自力更生的同时，仍然注重学习和引进西方先进技术。改革开放以来，沈阳工业的开放程度是空前的，通过引进技术、引进管理，大力吸引外资和民间资本参与工业化进程，沈阳的工业得到了前所未有的发展。

四、沈阳工业文化的深远影响

沈阳的工业体系形成以来，特别是新中国成立后，产业工人及工业企业创造了丰厚的物质财富，促进了城市的繁荣与发展，最大限度地支援了国家建设，满足了人民生产、生活的需要，为国家富强、民族振兴做出了重要贡献。在此过程中所形成的工业文化是沈阳地域文化的重要组成部分和特色所在。工业文化的形成与发展为沈阳注入了新的、更具时代特征的文化因子，使沈阳地域文化的内涵变得更加丰富，特色变得更加鲜明。由于沈阳的工业文化已经渗透到城市生活的每一个角落，它在一定程度上推动了城市性格的重塑，并形成了新的精神形态。

今天的沈阳工业文化，已经成为一种具有辨识性特征的文化形态，它为这座城市注入了特殊的文化内涵，使城市文化形成了与众不同的内在机理。沈阳的工业文化与新乐文化、辽金文化、盛京文化、民国文化、抗战文化一起，成为沈阳地域文化、城市文化的重要组成部分，体现着不同历史时期的文明成就与特色。

沈阳工业文化中所蕴含的精神已经成为城市文化的灵魂之一。其体现于"工业品牌（含传统老字号）、工业企业（产业工人）精神、工业人物、事件及其纪念物、工业社区文化认同、城市居民工业审美情趣"[1]等多个方面。这种文化精神能够极大地增强人们的集体记忆和文化认同，增强人们的文化自豪感和自信心，进而产生强大的精神力量，推动城市持续、健康地发展。

第三节　沈阳工业文化的遗存、成果及其价值

工业文化遗存，是指"与工业生产活动相关的，历史上遗留下来的一切物质存在与非物质存在的集合"[2]。沈阳工业文化遗存很多，均具有丰富的历史价值、社会价值和精神价值。建立或组建于社会主义建设时期的工业企业也在一定程度上体现了沈阳工业文化建设的成果。以下择其要者作以介绍。

---

[1] 佟玉权：《工业特色文化城市及其评价体系》，《大连海事大学学报》（社会科学版），2015年第3期。

[2] 郭琦，朱京海：《工业遗存概论》，沈阳：辽宁科学技术出版社，2011年版，第3页。

一、发轫期的部分遗存

万隆泉烧锅（老龙口）

万隆泉烧锅始建于康熙元年（1662年），厂址位于当时的盛京城内治门外（今大东区珠林路）。现为老龙口酒厂。厂区内存有清代的古井，"厂内有古井一眼，水质清澈甘冽，宜于酿酒"[①]。万隆泉烧锅的初创人为闯关东的山西人孟子敬，初名义隆泉烧锅，后改为德隆泉烧锅、万隆泉烧锅。因该酒厂处于盛京龙城之口，又名老龙口。

盛京机器局

盛京机器局初建于光绪二十二年（1896年），厂址位于盛京城大东边门内[②]。建厂之初，厂方从德国礼和洋行购买了锅炉和铸币机器等，以蒸汽为动力，铸造银圆，制造军火。后来分设机器局与造币厂。1921年，张作霖在奉天造币厂内设立奉天军械厂。1922年，改属为东三省兵工厂。1955年，在原奉天造币厂的基础上，建成了沈阳造币厂。如今，在位于大东区大东路的盛京机器局旧址院内，存有建厂初期的铸币机器和建于20世纪初的办公楼。

二、奉系军阀统治时期和张学良主政时期的部分遗存

东三省兵工厂

东三省兵工厂筹建于1919年，定名于1921年。1919年，张作霖认为奉天军械厂规模小，不能满足奉系集团发展的需要，决定选择新址，扩建兵工厂。同年秋，在位于大东边门外的新址筹建新厂。新建的东三省兵工厂设无烟药、枪弹、炮弹三个厂，后又陆续添设新的工厂。高峰期的东三省兵工厂的生产单位为八大厂，即"枪弹厂、枪厂、炮弹厂、炮厂、药厂、铸造厂、火具厂、兵器厂。1922—1928年，东三省兵工厂职员由100多人增加到1000多人，工人由300多人增加到2.5万人"[③]。在位于大东区东塔街的东三省兵工厂旧址内，现存有当时的历史建筑4栋。

奉天迫击炮厂

奉天迫击炮厂建于1922年，早于汉阳和上海生产同类产品的兵工厂。其原址位于今沈河区惠工街泽工南巷。1929年更名为辽宁迫击炮厂。该厂"拥有车床、刨床等各种工业机械400多台，电动机等动力机械100多台，各种检验设备300余种，地磅、天平等度量衡50余种"[④]。迫击炮厂能够生产82毫米和150毫米两种口径的迫击炮及其附

---

① 沈阳市统计局编：《沈阳商业概览》，北京：中国统计出版社，1993年版，第283页。

② 辽宁省机械工业委员会军工史志办公室编：《辽宁省军工史料选编·第二辑·近代兵器工业》，1988年版，第228页。

③ 沈阳市人民政府地方志办公室编：《张氏帅府志》，沈阳：沈阳出版社，2013年版，第157页。

④ 沈阳市人民政府地方志办公室编：《张氏帅府志》，沈阳：沈阳出版社，2013年版，第159页。

属品。正常生产能力为每月生产80门迫击炮、4万发炮弹。1929年，增设民生工厂，并于1931年生产了中国第一辆国产汽车——民生牌载货车。新中国成立后，在辽宁迫击炮厂原址建成了五三工厂。1998年，东北机器制造总厂兼并重组了五三工厂。原厂址保留至20世纪末，后被拆除。

奉天皇姑屯铁路修车厂

奉天皇姑屯铁路修车厂原址位于今皇姑区昆山西路。初建于1912年，扩建于1922年，1925年形成了一定的规模，具备了修理各种车辆、机车的能力。1929年，修车厂的工人达到了2000多人，"设有机械所、建立所（机车组装）、制炉所、铸工所、锻冶所、模型所、煤水车所、车辆部8个分厂"[1]，是当时国内一流的工厂。新中国成立后，在皇姑屯铁路修车厂基础上，建成了沈阳机车车辆厂，现已整体搬迁。

奉天陆军粮秣厂

奉天陆军粮秣厂1922年建成，其旧址位于今大东区草仓路。粮秣厂"厂内有饼干厂、罐头厂、碾米厂以及蒸米、酱油等车间，所供应的粮秣，大约可满足10万—30万奉军的需要"[2]。后改为辽宁陆军粮秣厂。

奉天肇新窑业公司

奉天肇新窑业公司由著名爱国人士杜重远创建，是一家民族资本兴办的实业，参股者包括当时奉天政、军、商界的一些重要人士。在肇新窑业开办之前，日本人垄断了东北的瓷器市场。1923年，杜重远等在奉天城北十余里处的小二台子，建成了占地100多亩的肇新窑业厂区。经过短期的发展，肇新窑业具备了较强的生产能力，"陶瓷工人约600名，砖瓦工人最多约500人。生产陶瓷制品部分有6个厂，机器厂里有75马力发动机一台，电动机三台，制料厂有粉碎、搅拌油泥等机器（将原料制成泥碗），还有成坯厂（将泥碗制出成品）、绘釉厂（将素烧成品绘花挂釉）、窑厂（将绘釉成品烧成瓷器）、检收厂（将烧成瓷器审查后分等包装）"[3]。肇新窑业公司的产品质量优良，品类齐全，产量充足，1931年处于生产最高峰，前8个月即生产了530万件各类产品。这些国产瓷器将日本等外国的瓷器完全排挤出了东北市场。肇新窑业办公楼旧址位于今沈河区惠工街，正面为三层，两翼为两层，为中西合璧式建筑，保存完好。

大亨铁工厂

大亨铁工厂创办于1923年，厂址位于大东边门外（今大东区大东路）。该厂督办为杨宇霆。1924年，大亨铁工厂已经具备了一定的生产规模，主要生产车辆、矿山机械、军用物资等。1929年，工厂的规模和生产能力达到了高峰，成为当时沈阳最大的

① 沈阳市人民政府地方志办公室编：《张氏帅府志》，沈阳：沈阳出版社，2013年版，第157页。
② 沈阳市大东区政协文史资料委员会：《东城神韵 大东文史资料选粹》，2002年版，第284页。
③ 张志强，徐建东：《杜重远与奉天窑业公司》，《辽宁大学学报》，1984年第2期。

民族工业企业之一。据1930年春的统计，工厂由6部分组成，"车工部，机器80台，工人百余；钳工部，工人70余；木工部，有电锯等设备，工人60余；油工部有工人30余；铆工部，工人100余；锻工部，有铁炉8台，气锤2架，卧式单筒锅炉3台，工人70余；铸工部，有起重机8台，回转机1台，熔炉5座，工人200余"①。新中国成立后，在原大亨铁工厂的基础上，建设了沈阳矿山机械厂。现存的大亨铁工厂办公楼、大型铆焊车间和青砖砌成的水塔等，均已被列为不可移动文物。

奉天纺纱厂

奉天纺纱厂创办于1920年，1923年正式投产。厂址位于当时的十间房北商埠地内，即今和平区抚顺路，是当时东北最大的纺织企业。1929年，改为辽宁纺纱厂。1930年，工人达到1862人。奉天纺纱厂具有光荣的革命斗争历史，在沈阳工运史上具有特殊的地位。1929年，时任中共满洲省委书记的刘少奇，曾亲自指导奉天纺纱厂党的工作和工人运动。新中国成立后，在奉天纺纱厂基础上，建成了沈阳纺织厂。奉天纺纱厂原建筑曾遭拆毁，后在原址重建。

八王寺汽水公司

八王寺汽水公司是沈阳最早的汽水厂，创建于1920年，由张惠霖、金恩祺等集资兴办，全称为奉天八王寺啤酒汽水酱油有限公司。厂址位于奉天大法寺（俗称八王寺）门前。1927年，"年产啤酒10万箱，汽水16万大箱，产品畅销东北市场"②，并远销上海、天津等地。新中国成立后，更名为沈阳八王寺汽水厂。八王寺是沈阳老字号，汽水厂内的八王寺矿泉井传承至今。

杨宇霆电灯厂

杨宇霆电灯厂厂址位于法库县法库镇东北部，建成于1927年，是时任奉军总参议的杨宇霆等集资为家乡兴建的一家工厂。这家工厂名为电灯厂，实为发电厂，为法库地区居民照明和当地的手工业生产、粮谷加工等提供电力。现存主体建筑为砖混结构的一层厂房，建筑面积约800平方米。

三、中国工业博物馆、沈阳工人村生活馆、沈阳劳动模范纪念馆

中国工业博物馆

中国工业博物馆位于铁西区卫工北街与北一路交会处。此地原设有沈阳铸造博物馆，后经过扩建、改造，建成中国工业博物馆。2012年5月18日正式对外开放。总建筑面积为6万多平方米。馆内展示的工业历史和成果，涵盖了机床、铸造、汽车、重

---

① 沈阳市大东区政协文史资料委员会：《东城神韵　大东文史资料选粹》，2002年版，第141—142页。

② 辽宁省地方志编纂委员会办公室：《辽宁省志·轻工业志》，沈阳：辽宁民族出版社，2005年版，第289页。

矿、冶金、建材等中国工业的主要门类。不但展示了沈阳的重要工业遗存和工业发展史，也浓缩了中国工业史，特别是近代以来的工业发展史。"它的建成填补了我国工业类综合博物馆的空白，已成为工业文化传播与中国工业史料研究基地。"[1]

沈阳工人村生活馆

沈阳工人村生活馆位于铁西区赞工街，建成于2007年。沈阳工人村建于1952年9月，是新中国成立后最早建成、最先进、面积最大的工人住宅区，是当时具有代表性的工人居住聚集区。工人村生活馆设在七栋当年工人村的建筑内，通过大量实物、图片、文字和设计，展示了20世纪50年代至90年代沈阳产业工人的生活状态和精神风貌。

沈阳劳动模范纪念馆

沈阳劳动模范纪念馆位于沈河区市府大路，于2016年对外开放。纪念馆展出面积约3000平方米，重点展示了为沈阳发展做出重要贡献的112位劳动模范和劳模集体的事迹和风采，其中很大一部分为工业战线的劳动模范。展出采用了实物陈列、场景复原、图片文字、多媒体展示等多种手段。这些展览也从一个侧面反映了沈阳工业的发展历程和辉煌成就。

四、社会主义建设时期建立或组建的部分工业企业

沈阳铸造厂

沈阳铸造厂建立于"一五"时期。1948年沈阳解放后，将日伪时期建成的7家小型铁工厂合并，成立沈阳第二机器厂三分厂，后改为沈阳第六机器厂西分厂。1950年，将沈阳第六机器厂西分厂与沈阳第三机器厂铸工部合并，开始进行铸造产品的专业化生产。1956年，又将沈阳鼓风机厂、沈阳水泵厂的铸造车间并入，组建沈阳铸造厂，厂址位于铁西区卫工北街。沈阳铸造厂是全国第一个专业化铸造企业，在国内铸造企业中，规模居于首位。主要产品有"泵类、风机、气体压缩机、矿山、机床、液压阀等铸件；有冶金辅具钢锭模；各种灰铸铁、球墨铸铁、蠕墨铸铁、耐热、耐碱、耐酸、高强度、高延伸率的合金铸铁及铜铝合金等40余种材质牌号的铸件"[2]。沈阳铸造厂制造了新中国第一枚金属国徽。如今，在原厂址建有中国工业博物馆。

沈阳飞机工业（集团）有限公司

沈阳飞机工业（集团）有限公司始建于1951年，初名为——二厂，后几易其名。1986年更名为沈阳飞机制造公司。1994年组建沈阳飞机工业（集团）有限公司。曾创

---

① 中共铁西区委党史研究室：《中国共产党铁西年鉴2012》，2014年，第366页。
② 沈阳市人民政府地方志办公室编：《沈阳市志·机械工业》，沈阳：沈阳出版社，2000年版，第225页。

造过中国航空史上多个"第一"，有"中国歼击机的摇篮"的美誉。厂址位于皇姑区陵北街。现有多处初建时期的建筑等遗存。

沈阳黎明航空发动机（集团）有限责任公司

沈阳黎明航空发动机（集团）有限责任公司，厂址位于大东区东塔街。是新中国第一个航空发动机制造企业，中国大、中型航空喷气式发动机基地。现存有建厂初期的老建筑群。

沈阳电缆厂

沈阳电缆厂前身为建于1937年的日伪满洲电线株式会社。"一五"期间，经过三年的大规模改造，于1956年建成了中国电线电缆工业的重要基地——沈阳电缆厂。当时的厂址位于铁西区兴华北街。生产的产品主要有裸电缆、通信电话电缆、油浸纸绝缘电力电缆、橡胶绝缘电力电缆、电磁线等。产品品种达到32种、15000多个规格，为国家建设做出了巨大贡献。

沈阳第一机床厂

沈阳第一机床厂前身为建于1935年的"满洲三菱株式会社"。1949年建成沈阳第一机床厂，厂址位于铁西区兴华北街。"一五"期间，沈阳第一机床厂发展成为我国机床行业的骨干企业，产值、产量均居全国同行业之首。生产的机床有九大系列、近百种产品。中国的第一台机床诞生于此，沈阳也由此被誉为"中国机床之乡"。

沈阳东基集团有限公司

沈阳东基集团有限公司前身为建于1938年的"陆军造兵厂南满工厂"。1953年改名为七二四厂。1957年改名为东北机器制造厂。2000年改名为沈阳东基集团有限公司。厂址位于大东区文官街正新路。工厂既能生产军工产品，又能生产民用产品。曾制造出全国第一台2400马力氦氢气压缩机，研制出15000千瓦水轮发电机组等。

沈阳航天新光集团有限公司

沈阳航天新光集团有限公司被誉为"中国航空、航天动力装置摇篮"。其前身为1920年建立的东三省航空处，"满洲飞行机制造株式会社"。1951年，组建了国家重点建设的———厂，主要业务为航空发动机修理、研制和生产。后启动新光机械厂、沈阳新光动力机械公司为第二厂名。2000年改名为沈阳航天新光集团有限公司。厂址位于大东区东塔街。现存有数量较大的建厂初期的老建筑群。

中捷友谊厂

中捷友谊厂是国内最大的钻镗床制造厂。其前身为1939年建立的"满洲铸物株式会社""满洲工作机械株式会社"。沈阳解放后，建立了沈阳机器厂、沈阳第二机床厂。厂址位于今大东区珠林路。1956年末，完成企业技术改造。随后，试制完成并生产了多种型号的、当时国内最大的机床。1960年，被命名为中捷友谊厂。

沈阳鼓风机厂

沈阳鼓风机厂前身为1934年建成的"日满钢材株式会社"。沈阳解放后，更名为沈阳第四机器厂。1952年，对工厂进行了大规模的改造，开始生产中低压通风机。当时的厂址位于今铁西区云峰北街。1963年更名为沈阳鼓风机厂，主要产品为鼓风机、通风机、透平压缩机等。是中国第一家风机制造厂，也是规模最大、设备最先进、技术力量最强的风机企业。

地域文化形态与
当代城市精神

引　言

对于一个区域、一座城市来说，历史是其根脉，文化是其灵魂。从地域文化的属性与内涵来看，它既是历史的产物，又是某一区域文化的特定形态。因此，最能体现区域、城市之根脉的，是地域文化；最能体现区域、城市之灵魂的，是与地域文化有着密切关系的城市精神。

在特定的历史条件和时代背景下，如何才能更好地弘扬城市精神，是任何一个城市都不能忽视的重要课题。那么，破解地域文化形态与城市精神的关系，以及剖析由地域文化所孕育、涵养的城市精神的特征及其内涵，探讨如何更好地建构城市精神，也是题中应有之义。

第一章　沈阳地域文化的基本特征

第一节　沈阳地域文化具有显著的多元性特征

文化本身即具备多元性的特征，沈阳地域文化的多元性特征尤为显著。这种多元性特征既体现于其所呈现的文化形态中，也体现在地域文化的生成和发展过程中。

沈阳地域文化的多元性特征主要体现三个方面，一是在各个重要历史时期，均出现了多种经济类型共存的局面。"经济是表现为经济的'文化'，文化是表现为文化的'经济'。这是同一个事物的两个方面，就像一个硬币的两面一样。"[1]经济类型的形成，是由所在区域的自然条件和历史传统、历史发展进程等诸多因素所决定的。特殊的地理环境、地理位置和历史发展进程，使沈阳成为不同经济类型并存、交会的地区。这些不同的经济类型是由生活在特定环境下的人群所创造的。从历史上来看，"东北地域文化以肃慎、秽貊、东胡、华夏四大族系文化的形成、发展、交融、演变为基本脉络"[2]，沈阳也不例外。肃慎族系，在汉魏时为挹娄，在北朝为勿吉，在隋唐为靺鞨，而后的女真、满族均出于此；秽貊族系的主干，先后发展为夫余人、高句丽人；由东胡族系发展分化而形成的民族和部落有乌桓、鲜卑、东胡，以及后来的柔然、奚、契丹、蒙古等；华夏族系的主体为夏、商、周等三大部族，经过与多民族的融合，在汉

---

① 彭定安：《论草原文化枯荣兴替之轨迹——历史的辉煌与隐退、未来的发展与繁荣》，《文化学刊》，2010年第2期。

② 王卓：《东北地域文化的古今转换》，《东北史地》，2014年第3期。

代形成了汉族。华夏族系以农耕经济为主。肃慎族系以游牧、渔猎经济为主，农耕经济为辅。东胡族系以游牧经济为主。秽貊族系游牧、渔猎、农耕经济三者兼有。历史上的沈阳地区先后生活着多个民族，并且在各个重要历史时期，均有多个民族共同生活。因此，沈阳形成了农耕、渔猎、游牧等多种经济类型长期并存的局面。

二是沈阳所积淀的地域文化成果是由多种历史文化成果构成的，主要有史前文化、辽金文化、盛京文化、民国文化、抗战文化、工业文化，以及在不同历史时期上产生过重要影响的多民族文化等。其中的史前文化主要包括距今4400—7200年间的新乐下层文化、偏堡子文化，夏商时期的青铜文化，春秋战国时期的青铜短剑文化等。丰富厚重的史前文化，特别是新乐下层文化，是沈阳历史文化的重要源头。产生过重要影响的多民族文化，包括始自春秋战国时期的华夏——汉文化，魏晋南北朝时期的鲜卑文化，高句丽文化，元代的蒙古文化等。上述文化成果与上一编已详述的辽金文化、盛京文化、民国文化、抗战文化、工业文化等，共同构成了特色鲜明的沈阳地域文化。

三是沈阳所积淀的各种地域文化成果，其本身就具有多元性特征。如史前文化中的新乐下层文化，其传统的生产方式是采集、狩猎和捕鱼，但也有较为先进的农耕经济存在，且农耕经济不断得到发展。新乐下层文化与偏堡子文化虽然先后出现，但它们之间并没有直接的继承关系，偏堡子文化是由另外一支文化迁移、发展而来的。这充分说明，远古时期的沈阳文化是由多源汇流而成的文化。关于青铜短剑文化的来源，同样体现出多元性的特征，它与当时辽东半岛的多种文化有着密切关系，也在一定程度上受到了燕文化的影响。对沈阳历史产生过重要影响的鲜卑文化、高句丽文化、契丹文化、女真文化、蒙古族文化等，其本身也具有多元性的特征。如鲜卑人的生产方式、生活习俗、价值观念、民族性格等，都在一定程度上受到了汉文化的影响，蕴含着汉文化元素。如从高句丽的族源可看出，高句丽族的形成，是多元文化汇合交融的结果，"高句丽族的族源主要分两支，一支是东北土著民族集团，一支是从夫余国南迁的民族集团"，"居住在后世高句丽族居住地的主要有秽人、貊人、句俪人、真番人，还有来自中原的汉人"[1]。契丹文化不但吸纳了与契丹人长期交往的汉、奚、女真、渤海、回鹘等民族的文化元素，还受到了西方文化的影响。盛京文化从其形成过程来看，是以满汉民族为主体，蒙古族、锡伯族、回族等多民族共同创造的文化。从其文化构成、文化内涵来看，又具有多样性、丰富性和厚重性的特点。多元化构成与多样性存在是盛京文化的本质特征之一。沈阳民国文化的多元性特征，在很大程度上是由其所经历的特殊的历史发展进程所决定的。从晚清到民国是中国文化的重要转折期，大量来自西方的现代文化元素不断汇聚，在对传统文化造成极大冲击的同时，

---

① 杨军：《高句丽族属溯源》，《社会科学战线》，2002年第2期。

也生成了新的文化形态。民国时期的沈阳既背负着曾为清王朝龙兴之地的历史包袱，也是地方、国内和国外各种政治势力重点经营、争夺的城市，是东北地区的政治、经济、文化中心，此时的沈阳地域文化，呈现出进步文化、革命文化、封建文化、殖民文化等并存的文化形态。抗战文化是沈阳地域文化中的一种特殊的文化形态。多元性是抗战文化的重要特征之一。在抗战文化形成过程中，起主导作用的是中国共产党的领导、党所提出的一系列主张，特别是共产党人的创造。但抗战文化也涵纳了一切进步力量和爱国力量所创造的文化成果。沈阳的工业文化在其形成过程中，同样经历了多种价值观念的碰撞与融合，并生成了海纳百川、多元并存的文化形态。

第二节 沈阳地域文化具有开放性兼融合性特征

沈阳地域文化在其形成与发展过程中，善于吸收和兼容其他外来文化元素，具有强烈的开放性和融合性特征。这种特征的形成是由多种因素所决定的，其中最为重要的因素有四个。第一，开放的地理环境。自然地理环境是一个区域发展的基础，会对区域文化的形成、发展产生深刻的影响。沈阳的地理环境具有典型的开放性特征：地处东北平原的南部，"背倚长白山麓，面向渤海之滨，其位置正处于辽东与辽西、辽东半岛与东北大平原的连接带上"[1]。这里有着优越的自然条件和地理位置，经济发达，交通便利，便于往来与交流，并产生了较强的凝聚力、向心力。第二，源于燕秦汉的早期文化传统。对沈阳地区的早期开发始于燕秦汉时期。燕国的发展经历了中原文化与草原文化、农耕文化与游牧文化、山地文化与海洋文化的碰撞、融合，形成了兼收并蓄的文化形态。秦汉时期，强盛的国力，辽阔的疆域，丰饶的土地，"为秦汉文化提供了挥洒自如、进退自如的空间，使其文化个性表现出浑厚宏阔之势"[2]。燕文化与秦汉文化所具有的开放兼容的文化心态和气势，也深刻地影响了沈阳地域文化的气质。第三，多个民族建立的政权在沈阳的争夺与对沈阳的经营，在客观上促进了地域文化的开放与融合。沈阳的历史是由众多民族共同创造的。历史上，在受中原政权统治之外，曾有多个少数民族政权争夺和重点经营沈阳地区，并一度形成了多民族共同生活的局面。在不同历史时期，曾活动和生活在沈阳地区的，主要有华夏—汉、鲜卑、高句丽、契丹、渤海、女真、蒙古、满、锡伯等多个民族。在各方势力展开军事争夺和各民族共同生活的过程中，伴随着民族文化的碰撞、交融，同时也强化了开放、兼容的文化特质。第四，频繁的移民活动。葛剑雄认为："人们在空间的流动，实质上就是

---

① 沈阳市文史研究馆编著：《沈阳地域文化通览》，沈阳：沈阳出版社，2013年版，第2页。
② 骆自强：《传统文化导论》，上海：上海文艺出版社，2000年版，第21页。

他们所负载的文化在空间的流动。所以说，移民运动在本质上是一种文化的迁移。"①在各个历史时期，沈阳的人口成分均极其复杂，移民所占的比例较大。早在秦开却胡、逐朝鲜侯之后，就有大批燕人迁入沈阳地区。在西汉王朝对东北南部进行开发的过程中，再次向沈阳地区移民。辽代将渤海人和大量燕赵汉民迁移到沈阳。金代也有从中原向沈阳地区移民的举措。元代将大批高丽人迁入沈阳。清代至民国初年，在"闯关东"等移民潮中，沈阳为移民的主要目的地之一。移民的不断涌入，必然会带来多种文化的融合、发展，不断强化地域文化的开放性和融合性特征。

沈阳地域文化的开放性兼融合性特征体现于多个历史时期。在青铜文化形成时期、秦汉汉郡文化形成时期、辽金多民族文化发展时期、盛京文化形成时期、近代社会转型时期等，均有明显体现。

青铜时代的沈阳地域文化已具开放的姿态。沈阳地域内的多支青铜文化，如新乐上层文化、高台山文化与法库湾柳文化之间，存在着相互影响、彼此交流的关系。特别是湾柳文化，受新乐上层文化和高台山文化影响较大。沈阳地域内的青铜文化与周边相邻的青铜文化之间也存在着交流及互相影响的关系。其中高台山文化与夏家店下层文化、夏家店上层文化之间有着比较深入的交流。秦汉时期汉郡文化的形成，是多种民族文化之间相互开放、彼此相融的结果。"燕秦汉文化的北进，一开始就融合了东胡文化、山戎文化、秽貊文化、高夷文化和青丘文化等。"随后，汉武帝、汉昭帝、汉元帝等在辽东地区所进行的开拓与建设，"都一次次地增进了'汉郡文化'与辽郡的多民族文化的交融。从而开启了千百年来，'汉郡文化'汇融中国北方多民族文化'趋同发展'的历史先河"②。辽金两代沈阳地区居民的主体是来自于中原的汉族移民，他们与契丹、渤海、女真等民族共同生活，经过长期的碰撞与交流，实现了民族文化融合，"最终形成了以'内柔'的汉儒农耕文化为核心，杂糅'外刚'的游牧、渔猎文化于其中的颇具地域和时代特色的辽沈特色文化"③。盛京文化的形成，有两个关键因素，其一是统治者具有开放包容的心态，其二是其主体满、汉等民族文化具有较强的涵纳性、普适性。清初的统治者，如努尔哈赤，能够在多数时期以开放的心态对待异族文化；如皇太极，一直有着包容的文化心态。他们能够"积极吸纳一切有益的文化来丰富自己，使得源自各族的先进文化能够得以保留与发展，并为盛京乃至整个清王朝的发展所用"④。创造盛京文化的主体民族之一满族，其本身就是一个吸纳多民族成

---

① 葛剑雄：《中国移民史》，福州：福建人民出版社，1997年版，第102页。
② 王绵厚：《辽宁文化通史秦汉卷》（秦汉传），大连：大连理工大学出版社，2009年版，第45页。
③ 沈阳市文史研究馆编著：《沈阳地域文化通览》，沈阳：沈阳出版社，2013年版，第124页。
④ 苏里，郭欣欣：《盛京文化——沈阳地域文化中的核心优势文化》，《沈阳干部学刊》，2017年第3期。

员而形成的新的民族共同体；另一主体民族汉族，其文化是一种海纳百川的文化。以满汉为主体的多民族所创造的盛京文化，同样是具有强烈融合性特征的文化。实现中国传统文化与西方文化的交流、融合，是中国近代化的标志之一。在沈阳城市近代化过程中，以求富自强、救亡图存为主要诉求，以开放的心态和进取的精神，实现了中西文化的交融，推动了近代文化转型。

第三节　沈阳地域文化具有开拓性特征

沈阳的地域文化体现着不守陈规、锐意进取的价值取向和强烈的开拓性特征。这种开拓性特征显现于沈阳地域文化形成、发展的整个过程中，在勇于进取的契丹、女真民族身上，在大胆创新的满族身上，在不拘泥于陈规的外来移民身上，在敢为天下先的沈阳工人群体的身上，均有着尤为突出的表现。

契丹在建立政权并统治北方的200年间，迅速由氏族部落联盟转变为宗法奴隶制度，进而完成了封建化的过程，充分体现了开拓创新、不断进取的民族精神。辽王朝的建立及发展过程，"是作为主导的契丹族在不长的时间内将先进的生产力大量移植于经济落后的辽宁以及东北地区的过程，也是引导辽宁以及东北诸族向中原学习并走向封建化的过程，更是扭转东北地区长期倾斜发展的畸形态势而共同发展和丰富中华文化的过程"[1]。女真人的发展经历了从逐水草而居、穴居到定居；从采集、狩猎到发展农业、畜牧业和手工业的过程。他们的生活方式在不断地发生变化，生产水平得到较快发展，文明程度得到不断提高。在走向强大的过程中，女真人不断地进行征战并开疆拓土。金政权建立后，在弃旧图新上迈出了更大的步伐，在政治、经济、文化等领域均有较大的作为。如海陵王完颜亮迁都燕京，就是新兴王朝开拓进取的重要表现。在文化层面上，"女真人强悍的进取开拓精神，体现为迅速的、全面的、深层次的汉化，体现为一种起步较晚、相对落后的文化在短期内的快速提升"[2]。

在满族形成、发展和后金建立、清王朝走向强大的过程中，主旋律一直是改革与创新。满族是以女真人为主体并吸纳多民族成员而形成的一个新的民族共同体。"满族从女真向新的民族演化的时候，经历了一种新的文化产生、发展与成熟的过程"[3]，融合了女真族的语言、风俗、信仰、服饰等和蒙古族的习俗、信仰以及汉族的儒家文化和生产生活方式等，形成了满族及满族文化。八旗制度的建立也是一种

---

① 崔燦等主编：《辽宁地方史》，沈阳：辽宁教育出版社，1992年版，第122—123页。
② 郭明志：《论金源文化》，郭崇林等主编：《龙江春秋——黑水文化论集之三》，哈尔滨：哈尔滨地图出版社，2005年版。
③ 张佳生：《满族文化史》，沈阳：辽宁民族出版社，1999年版，第17页。

创举。对于女真人来说，这种集军事制度、政治制度、经济制度为一体的政权组织形式是前所未有的。努尔哈赤根据女真人的传统组织形式，根据军事斗争、政治斗争和发展生产的需要，创造性地制定了八旗制度，并不断进行调整和完善，使其在女真各部落及其所建立的政权由无序到有序、由弱小到强大的转变中发挥了关键作用。皇太极所进行的"参汉酌金"的改革，需要极大的勇气和远见卓识，并取得了显著的成效。上述这些大刀阔斧的改革推动着女真人建立的政权迅速地由奴隶制向封建制转化。

移民文化具有丰富的内涵和鲜明的特征，总体来看，不拘泥于陈规，勇于开拓，锐意进取是移民文化的重要特征之一。生活在沈阳地区的移民在文化心理和行为方式上的表现，一是思想观念上的包袱较少，容易接受新事物。他们离开了原有的环境，虽然旧的文化场仍然在起作用，存在着固有的观念、传统的习俗和已养成的思维模式、行为方式，但迁出区域的文化对他们所产生的束缚和影响都呈逐渐弱化的态势。二是为了适应新环境，必须要有接受新事物、积极进取的意识。随着时间的推移，这种意识也不断地得到强化。三是对于自发移民的群体来说，造成其移民的客观因素多为自然灾害、人口压力、战争动乱等，从主观上来看，他们中的绝大多数人有着寻找更好的生存环境、创造新的发展机会的意识。这种意识往往会升华为不畏艰难、披荆斩棘、勇于开拓的精神。因此，在沈阳地区移民的身上，这种求新、创新、进取的特征体现得比较明显。司督阁（杜格尔德·克里斯蒂）曾以他的视角描述沈阳及周边地区移民的特征："他们从古老的祖居地迁移而来，各个省份的众多家庭聚居在一起，保守偏见和迷信色彩明显减少，地方观念和习俗常常面临着巨大的挑战，最后，经过相互的密切交往，很多东西被彼此融合了。因此，从一般意义上来说，与那些居住在长城以南、仍然按照传统方式生活的同胞相比，满洲人更乐于接受新鲜事物。"[①]

无论是在民国时期还是社会主义建设时期，沈阳的工业都体现出敢为天下先的品质。在20世纪20年代至20世纪30年代的民族工业发展时期，以杜重远等为代表的民族企业家们在民族主义精神、爱国主义精神的激励下，抱着以实业救中国的理想，推动了民族工业的发展。社会主义建设时期，沈阳工业不负国家重托，克服困难，开拓创新，通过改造、调整、升级、新建等，在短期内建成了中国当时规模最大、分布最密集的装备制造业基地。沈阳工业创造了前所未有的辉煌业绩，创下了一个又一个"全国第一"，并赢得了"共和国工业长子"的美誉。

---

① [英] 杜格尔德·克里斯蒂，伊泽·英格利斯编：《奉天三十年——杜格尔德·克里斯蒂的经历与回忆》，张士尊，信丹娜译，武汉：湖北人民出版社，2007年版，第13页。

第四节　沈阳地域文化具有后发性与跃升性特征

虽然有着悠久的历史和早期发达的新乐文化等，但远古与上古时期的沈阳地域文化在多数时期内，与中原文化和同样地处东北的辽西文化相比，仍处于发展相对滞后的状态。自燕代起，沈阳的城市功能不断得到拓展，地位逐步得到提升，但在城市等级和发达程度上仍长期落后于今辽宁地区的朝阳、辽阳两地。努尔哈赤定都沈阳后，这座蓄势已久的城市的地位得到跃升，迅速由一座以军事功能为主、其他功能为辅的城市发展为区域中心城市。自后金定都沈阳到新中国成立初期，沈阳地域文化先后经历了三次跨越式发展，即清初的跃升、清末民初的古今转换、新中国成立后实现质的飞跃。

努尔哈赤力排众议，迁都沈阳后，这座已有1700多年建城史的古城迎来了前所未有的发展机遇：经过努尔哈赤、皇太极父子两代的经营，沈阳由北方的军事重镇转变为区域政权的都城，城市的政治地位、文化地位、经济地位均得到迅速提升。在政治上，清王朝迁都北京之前，沈阳作为后金—清的都城，是东北地区的统治中心。都城是政令所出之处，是疆域内级别最高的城市，拥有着至高无上的政治地位，也集聚了一个政权所能拥有的全部重要资源。在清军入关、清王朝迁都北京后，将"龙兴之地"盛京定为陪都，其政治地位仅次于北京。在文化上，陪都和都城同样具有特殊的地位。历朝历代都要按照一定的礼制对都城进行规划与建设。无论是都城时期，还是陪都时期，后金（清）统治者均在沈阳进行了大规模的城市建设，修建城郭、宫殿、官衙、陵墓、庙宇、学宫等，并大力发展文化、教育事业，使沈阳迅速发展为东北地区的文化中心。明代中晚期，沈阳的经济地位虽在不断上升，但辽阳仍是东北地区经济最发达的城市。努尔哈赤迁都沈阳后，沈阳作为东北地区物资集散地的功能得到强化。修建御路、发展浑河航运等，使沈阳地区的交通变得更加发达。随着城市的发展，手工业、商业都得到了繁荣。陪都时期，在沈阳周边设立的内务府粮庄带动了农业的发展。沈阳也很快成为东北地区的经济中心。

清末民初，中国社会发生了剧烈变化，在这个大背景下，沈阳地域文化再次得到跃升式的发展。此次跃升，其本质是地域文化的古今转换。关于古代东北地域文化的面貌，学者曾做出如下概括：农耕、渔猎、游牧相结合的物质文化；军政合一，尚武崇实的政治文化；质朴自然，便于骑射的民俗文化；万物有灵，多神崇拜的萨满文化；粗犷古朴、异彩纷呈的文化艺术①。古代沈阳地域文化的面貌也大致如此。经过清

---

① 李澍田，衣保中：《论长白文化》，《社会科学战线》，1994年第6期。

末民初的发展，沈阳地域文化完成了古今转换，呈现出新的面貌和特征。在物质文化上，农业得到了更为长足的发展，渔猎和游牧等生产方式逐渐被更多的人放弃；在近代开启的工业化进程中，工业文化开始在沈阳地域文化中占据一席之地，并改变了物质文化的结构，进而影响了整个地域文化结构。其政治文化虽然仍然带有军政合一的色彩，但在治理结构和行政管理体系上，已经逐步开始向现代方式转变。民俗和艺术呈现出多元发展的态势。转换后的沈阳民俗文化以开放的姿态，对自身进行了改造。这种改造多体现在形式上，但形式发生转化后，又转而影响到深层次的社会文化心理。转换后的沈阳文化艺术出现了两个较为鲜明的倾向，一是民族意识增强，二是市民化色彩更加浓厚。经过古今转换，沈阳人的精神信仰进一步趋向多元化。原有的宗教信仰格局是萨满教和儒释道并重，有少部分伊斯兰教信众。经过转换后，来自西方的基督教、东正教的影响进一步加大，在一定程度上改变了人们的精神世界。

沈阳解放以来，特别是新中国成立后，在经历了古代军事重镇，封建王朝的都城、陪都，具有半封建半殖民地色彩的区域中心城市，惨遭日伪蹂躏的伪满洲国重要城市，内战时期陷入停滞状态的大都市等诸多"身份"的转换后，沈阳这座古老的城市迎来了新生。首先，沈阳作为东北地区政治、文化、经济中心城市的地位得到巩固。新中国成立后，沈阳成为支援全国解放的大后方的重要城市，被确定为中共中央东北局、东北行政委员会（东北人民政府）所在地和中央直辖市，后被定为辽宁省省会、国家重点建设的以装备制造业为主的工业基地，在国家发展战略中有着极其重要的地位。第二，经过社会主义建设时期的改造、建设与发展，基本确立了工业城市的基本经济形态。沈阳的工业文化不但成为城市文化的核心部分，而且对于国内其他地区，特别是整个东北地区的社会形态、生产方式、价值观念等都产生了一定的影响。第三，随着社会主义制度的确立和文化的发展，沈阳的社会文化发生了质的变化，为社会主义建设奠定了坚实的文化基础。

第二章　沈阳地域文化因子与地域文化性格

第一节　沈阳地域文化中的积极因子及其主要来源

在漫长的历史进程中所形成的地域文化是异常复杂的，呈现出多种文化形态交错并存的状态。如解析其在长期互动过程中所形成的内部结构，我们会发现，积极因子和消极因子并存是构成地域文化丰富性和复杂性的重要因素之一。在沈阳地域文化发展过程中，既不断生成能够推动社会进步与确保文化良性发展的积极因子，也存在着阻碍社会进步与消解发展动能的消极因子。积极因子主要体现为：源自儒家文化传统的忠义文化，由民族文化和地理、历史等因素等所决定的豪放大气的气质，由民族文化特质所决定的流动进取的价值取向，由地理环境、历史因素等所决定的质朴厚重的精神特质，由民族文化、移民文化和地理环境所决定的豁达幽默的性格特质。

忠义文化是曾影响中国传统道德精神的主流文化。忠义是以儒家文化为主导的汉文化所倡导的重要价值观。在中国传统社会中，"忠君报国，舍生取义"是仁人志士所秉持的重要道德标准和行为准则之一。虽然沈阳一直是多民族文化交融且少数民族文化特质不断凸显的区域，但自先秦起，汉文化已经开始主导沈阳的区域文化。生活在沈阳的少数民族多受汉文化的濡染，其价值观念和思维方式、行为方式也在不断发生转变。因此，总体来看，或者说是在沈阳历史发展的多数时期，汉文化是居于主导地位的。因此，忠义文化在沈阳地域文化中占有着重要地位。由于汉文化的发展经历了不同的历史时期，在不同的历史发展阶段，沈阳的地域文化生态也有着较大的差异，其中所蕴含的崇尚忠义的因子也随之发生着形态上的变化。燕秦汉时期，燕文化中所体现的慷慨赴死、舍生取义的精神，是早期忠义文化的主要形态。由于先秦儒家追求君子之义和社会稳定，这一时期的忠义文化重义而轻忠。到了汉代，义的内涵扩大，由君子之义扩展到处理朋友、兄弟乃至夫妻之间关系的准则；忠的地位开始上升，忠于君主和上级成为士大夫所遵循的道德准则。唐宋时期，侠义精神的地位开始上升，强调"夫侠者，盖非常之人也。虽以然诺许人，必以节气为本。义非侠不立，侠非义不成，难兼之矣"[①]。此时统治沈阳地区的契丹人、女真人出于拓展疆土、维护统治的需要，极力推崇侠义精神。元明清时期，随着君主权力的独大和对封建君权的不断强化，忠义观开始更加倾向于忠，出现了义被"忠化"的趋势。近代以来，随着民主思想和马克思主义的传播，忠义文化中的糟粕逐渐被剔除，其核心内涵逐渐演化为民族大义和爱国爱民。在清末民初抗击外辱、寻求富国强兵之路的过程中，在反抗日本帝国主义侵略的过程中，沈阳地域文化中崇尚忠义的特质均得到了充分体现。可以说，无论内涵和形态如何变化，崇尚忠义始终是沈阳地域文化中的重要因子之一。

豪放大气的因子决定着沈阳地域文化有着阔大的格局，具有开放的胸怀，能够兼收并蓄。这种文化因子的产生，与历史上沈阳的居民成分、地理环境、历史地位有着极其密切的关系。沈阳历史上的主要民族，如汉、契丹、女真、蒙古、满等民族，均具有开阔的胸怀和开放的意识，能够积极吸纳异质文化，吸收精华，剔除糟粕，使自身不断得到发展。契丹等少数民族，其民族性中原本就具有豪放、大气的特质。从地理环境来看，沈阳地处东北大平原的南端，交通四通八达。广袤的平原，资源丰富，土壤肥沃，交通便利，信息通畅，在一定程度上决定着地域文化的开放性、开拓性。从对沈阳城市的定位来看，其在清代以前虽不是大都市，但具有军事重镇、交通枢纽和重要商贸集散地的地位，具有中心城市的特征。这种城市地位决定着其具有吸纳、辐射和整合的能力。清代以后，沈阳成为东北地区政治、经济、文化、军事中心，并以不同的方式影响着区域乃至全国的发展。中心城市的地位也使地域文化中大气包容的气质不断得到强化。

沈阳地域文化中的流动进取的因子，在很大程度上是由游牧民族所具有的文化特质所决定的。钱穆在《中国文化史导论》中说："人类文化，由源头处看，大别不外三型：一、游牧文化，二、农耕文化，三、商业文化……游牧、商业起于内不足，内不足则需向外寻求。因此而为流动的，进取的"[②]。历史上曾统治沈阳地区的契丹、女真、蒙古族均为游牧民族。游牧民族多起源于环境恶劣的草原高寒地带，"游牧人群和牲口群随着季节的变化辗转于草地和各个水源之间，以水草生长地域的转移而转移，

---

① ［清］董诰等：《全唐文》，北京：中华书局，1983年版，第7277页。

② 刘梦溪主编：《中国现代学术经典·钱宾四卷》（下），石家庄：河北教育出版社，1999年版，第705页。

不断转换生产空间，流动性的群体和流动性的生产方式，导致了游牧文化的外向性与开拓性"①。在与汉民族等融合的过程中，尽管游牧民族不断学习和吸纳汉文化中的先进成分，但其长期形成的民族性格底色并未完全改变。在沈阳地域文化发展过程中，这种遗留下来的流动进取的因子，与农耕文化所形成的自给自足、无求于人、依恋故土的文化因子长期并存，在互动中共同发展。可以说，这种流动进取的文化因子与地域文化中固有的守旧成分相抗衡，在清末民初民族工业的发展、沈阳近代转型、新中国成立后社会主义建设和改革开放的过程中，均发挥了一定的积极作用。

沈阳地域文化中质朴厚重因子的产生，是多种文化融汇和合的结果。在沈阳地域文化发展过程中，不断累积的汉文化，为原本粗粝朴野的地域文化注入了儒家的价值理念和思维方式，使根源于农业文化的"礼、义、廉、忠、孝、仁、恕、信、爱、和、平"等价值理念成为沈阳地域文化的重要元素。尽管如此，但文化传播的特点是离发源地越远越微弱，沈阳长期远离儒家文化的中心，儒家文化的影响相对较弱，没有中原礼乐文化的繁文缛节，缺少森严的宗庙祭祀等礼仪文化。于是，少数民族文化填补了上述空间，使地域文化的质朴真率的气质不断得到强化。经过多民族的不断融合和频繁的移民，沈阳居民间的人际交往方式发生了较大的变化，一方面，原有的宗族亲缘关系不断被打破，同时，人与人之间很快建立了非血缘、族缘的新型人际关系，他们互相照顾，共同对抗恶劣的自然环境和社会环境，这种陌生人之间的互相接纳，也在一定程度上增添了地域文化中质朴的成分。沈阳历史上活跃的民族，多来自草原与山林，他们格外珍惜大自然的馈赠，日积月累，这种亲近自然的情结转化为真率、质朴的文化因子。总体来看，汉文化的不断积累，多民族文化的碰撞与融合，少数民族文化特质的凸显，使沈阳地域文化形成了厚重质朴的一面。

沈阳地域文化中豁达幽默的因子的产生，与民族文化、移民文化和地理环境等因素有着密切关系。就其本质而言，豁达幽默是人类所具有的自由精神的一种。这种自由精神的产生和定型，与某个群体所处的自然环境、生产方式、生活方式有着密切关系。生活在沈阳地区的少数民族，在依靠自然和对抗自然的过程中，逐渐产生了对环境、社会乃至生命的独特认知，由此产生了豁达幽默的人生态度。在移民文化形成过程中，其文化主体在面临生存环境、生活方式巨变的挑战时，会逐渐强化顺天应时的心理。这种心理与关东黑土地的原生态文化相结合，很容易产生一种以达观的心态面对复杂社会、沉重生活的思维方式。沈阳地域文化中的豁达幽默的因子，不但体现于人们的生活态度、行为方式中，也形成了独特的民间艺术传统，火爆的二人转、风行全国的以赵本山为代表的小品、诸多反映沈阳地域文化生活的影视剧，无不体现出幽默机敏的人生智慧和豁达乐观的人生态度。

---

① 龚贤：《中国文化导论》，北京：九州出版社，2018年版，第55页。

第二节 沈阳地域文化中的消极因子及其主要来源

沈阳地域文化中的消极因子同样来源复杂，形态各异。主要体现为受自然地理环境与历史文化传统影响而产生的粗疏、怠惰等思维方式和行为方式，受殖民文化影响而形成的圆滑、自保的意识，受历史文化传统影响而形成的过度追求平均、尚公抑私的思维模式，由文化的原始性所决定的重感性轻理性的精神取向。

沈阳地域文化中粗疏、怠惰等思维方式、行为方式的形成，与历史上的生产方式、自然地理环境有着密切关系。自古以来，沈阳及周边地区土地辽阔，土壤肥沃，各种资源极其丰富。在农业生产上，无须如土地贫瘠和人多地少的地区那样精耕细作、精打细算。只要没有天灾人祸，仅靠粗放型的劳作，就能确保农业丰收。游牧和渔猎生产，其本身就带有一定的粗放性，加之沈阳地区资源丰富，劳动者缺少变粗放型劳动为精细化劳动的动力。近代以来，特别是1949年以后，大工业、大国企成为沈阳工业的重要组织模式和生产模式，也给地方文化中原本存在的粗疏的思维方式提供了生存的土壤和环境。冬季较长是沈阳自然地理环境的另外一个特点。在传统的农业社会中，无论是从事农业生产还是游牧渔猎生产，这种气候环境都会使生产受到一定的影响。到了寒冷的冬季，农业劳动者养成了"猫冬"的习惯，游牧渔猎业也处于效率相对低下的状态，人们的生活节奏随之放慢。长此以往，便在地域文化中形成了怠惰和迟钝等消极文化因子。

近代以来，沈阳经历了极其特殊的发展历程，有过被殖民统治的屈辱经历，受殖民文化影响较深。殖民文化产生的历史根源，即恩格斯在《共产党宣言》中所论及的从属关系，"资产阶级，由于开拓了世界市场，使一切国家的生产和消费都成为世界性的了"，"它使未开化的和半开化的国家从属于文明的国家，使农民的民族从属于资产阶级的民族，使东方从属于西方"[1]。政治经济侵略、军事侵略、文化侵略是帝国主义惯用的三种手段。近代以来，帝国主义国家使用政治、经济、军事和文化等手段，对东北进行了野蛮的侵略。"九一八"事变后，日本侵略者在东北实行文化殖民，野蛮推行奴化教育。在殖民统治下，很多受压迫、受压制的民众为了生存，不得不暂时或表面接受异质文化和野蛮制度的规约，在思维与行为方式上表现为圆滑与自保。经过发展，这种畸形的文化心理与思维方式逐渐演变为群体意识，产生了以权变、投机为主要特征的负面文化因子。

感性本身并不一定具有负面影响，如果运用得当或适当存在，具有一定的正面意

---

① 《马克思恩格斯选集》（第1卷），北京：人民出版社，1995年版，第275—277页。

义。但如果过于注重感性而轻视理性，就会在一定程度上消解维护社会秩序、整合社会功能、推动社会发展的力量。与中原文化相比，沈阳的文化有着先天不足之处。虽然儒家文化较早地影响到了沈阳地区，但由于距离儒家文化中心较远，沈阳的文化在系统性和成熟性上均有一定的欠缺。其直接的后果是文化主体的启蒙意识不强，文化自觉意识相对较弱，理性不足，这就决定了一些人"更易于接受浅表层的、物质技术层面的文化，面对高层次、精神层面的文化相对不敏感"。在思维与行为上表现为"重人情轻法制，重义气轻原则，重权利轻制度，重经验积累轻理性创造，重社会关系轻个人能力"[1]。

第三节　沈阳地域文化性格的主要特征

地域文化性格指生活在特定地域中的绝大多数人所共同具有的带有倾向性的、相对稳定的心理特征和价值取向。地域文化性格是历史积淀的结果，"它形成于一定的地域文化传统背景之中，与特定的文化地域紧密相连，同时受到地理环境、经济结构、政治制度和外来文化传播等多方面因素的影响与制约"[2]。在积极因子的影响下，由沈阳地域文化所生成的文化性格主要体现为豪放粗犷的个性、气质，勇武强悍的人格特质，慷慨重情的处事方式，坚忍顽强的意志品质，开放达观的人生态度。上述性格特质如运用得当，在多数时候会体现为优良的个性品质。但其中的豪放粗犷、勇武强悍、慷慨重情等特质，在一定环境下也会产生消极的影响。同时，受地域文化中的消极因子的影响，在沈阳地域文化性格中，同样也有消极的一面，如较强的依赖性和被动性，好面子、务虚不务实，以感情代替理智与规则等。

个性是文化人格的独立性的表现，是文化性格中最具特点的部分；气质是文化人格发展的先天基础，不仅影响着文化性格的表现形式，而且在文化性格形成和发展过程中起到一定的促进和延缓的作用。豪放粗犷是沈阳人最为突出的个性、气质之一。这种个性、气质是在沈阳地域文化中豪放大气等文化因子的影响下而形成的。它体现着斯地斯民对自然、社会、自身所秉持的一种价值取向和态度。沈阳人的粗犷豪放体现为豪爽、大气、仗义、泼辣、不拘小节。如有学者描述的那样："感情外露，直截了当。少丈饰与虚假，敢生敢死，敢爱敢恨。生，生得粗犷豪放；死，死得威武壮烈；爱，爱得如火如荼；恨，恨得咬牙切齿。"[3]

---

① 赵小娜：《东北地域文化的反思与创新》，《新长征》，2014年第18期。
② 王伯男：《论地域文化在群体人格形成中的影响与作用》，《戏履影痕》，上海：文汇出版社，2015年版，第36页。
③ 蒋宝德，李鑫生主编：《中国地域文化》（上），济南：山东美术出版社，1997年版，第1671页。

研究者将南北文化进行对比，总结出北方人的个性特征之一为勇武强悍。根据一般的规律，"北人胸襟开阔，真率而自信，坚强与刚毅中带几分粗犷豪放的气质，勇敢彪悍；南人心地宛曲，柔弱而时见果决，怯懦而时露轻狂，虽不乏轻锐之气，却难见粗犷气质"①。在沈阳人的身上，勇武强悍的人格特质比较突出。这主要是受少数民族文化影响的结果，也与清末民初沈阳周边兴起的绿林文化有关。高句丽、契丹、女真、蒙古等民族，都以矫健豪放著称，尚武精神已融化于其民族血液中。清末民初，随着政府控制能力的减弱和民众生活困顿程度的加深，东北地区恶势力日趋强大，胡子（土匪）横行，大量"闯关东"的流民"饱受地方恶霸和土匪强盗（俗称胡子）的迫害，当地勇武剽悍民风的形成，正与流民同恶势力的抗争相关"②。

　　包括沈阳人在内的东北人的慷慨重情，曾被作家形象地描述为："大葱大酱大煎饼，大锅大碗大水缸，大路大炕大车店，大鞋大褂大裤裆，大锅大肉大炖菜，大姑大嫂大姑娘。说话铛铛的，喝酒轰轰的，花钱光光的。为人处事敞敞亮亮的。"③在女作家程黛梅的观察中，"东北是中国最北的北方，也是温度最低的地方，但是偏偏这块冻土地上有着火辣辣的人情，超过了炎热地带的南方的任何一个地方"④。沈阳人的慷慨重情，与他们在严酷的自然环境中所形成的生活方式及人际关系模式有着直接关系。在对抗恶劣自然环境的过程中，人们自然养成了抱团取暖、相互依托、敞开胸怀等思维方式和行为方式，并逐步沉淀到地域文化心理中，成为文化性格的特质之一。

　　沈阳地域文化性格中所具有的坚韧顽强的意志品质，是由地理环境、民族性格所决定的，并在长期的生产、生活和斗争中得到发展、走向成熟。韧是中国人所推崇的一种人格精神。柔石曾记载鲁迅的教诲："人应该学一只象。第一，皮要厚，流点儿血，刺激一下子，也不要紧；第二，我们强韧地慢慢地走去。"⑤沈阳人性格中的韧性，同样体现为锲而不舍的精神和坚韧顽强的意志。任何时代，临危不屈、敢于斗争、善于斗争都是沈阳人的主流价值取向。自古以来，这里就是进步力量与落后力量、正义与邪恶较量的主战场。在一次次较量中，沈阳人在不屈不挠的抗争中前行，并不断地创造着奇迹。

　　沈阳地域文化性格中所具有的开放达观的人生态度，主要源于地域文化中豪放大气、流动进取和豁达幽默等文化因子。梁漱溟将人类的人生态度分为三种，一为"追求"，即向外用力，征服自然，享受物质。二为"厌离"，即厌离人世的人生态度。第

　　① 张仁福：《中国南北文化的反差 韩欧文风的透视》，昆明：云南教育出版社，1992年版，第73页。

　　② 张永芳：《简论辽宁民风的特点》，《辽宁省社会主义学院学报》，2009年第4期。

　　③ 蒋巍：《写给大东北的情书》，《作家文摘·青年导刊》，第75期，2000年6月19日。

　　④ 余秋雨等：《南人北北人南》，北京：团结出版社，2007年版，第130页。

　　⑤《柔石日记》，《鲁迅生平史料》（第五辑·下），天津：天津人民出版社，1981年版，第650页。

三种为"郑重",可分为两层来说,即"其一,为不反观自己时——向外用力;其二,为回头看自家时,向内用力"。"主要意义就是教人'自觉地尽力量去生活'。"①第三种与儒家文化中所提倡的人生态度契合度最高。沈阳地域文化性格中所具有的开放达观的人生态度,在一定程度上受到了儒家文化"达则兼济天下,穷则独善其身"理念的影响,但更多的是受地域文化中的民族性、原始性因子影响的结果,主张向外用力。

---

① 梁漱溟:《我的人生哲学》,北京:当代中国出版社,2014年版,第7—8页。

第三章　地域文化与沈阳城市精神建构

第一节　城市精神的内涵与基本特征

习近平总书记指出："一个民族需要有民族精神，一个城市同样需要有城市精神。城市精神彰显着一个城市的特色风貌。要结合自己的历史传承、区域文化、时代要求，打造自己的城市精神，对外树立形象，对内凝聚人心。"[1]关于什么是城市精神，研究者有着不同的认知和表述，下列论述相对较为全面、准确："城市精神是一种深层次的社会意识，是一座城市的历史传统、文化底蕴、发展特征、时代风貌和价值追求的总概括，是一种文明素养和道德理想的综合反映，是一种意志品格与文化特色的精确提炼，是一种生活信念与人生境界的高度升华，是城市市民认同的精神价值与共同追求。"[2]

城市精神涉及领域广泛，具有丰富的内涵。第一，城市精神是城市文化升华后所形成的独有的气质。一座城市的伟大之处，不在于规模、人口和富庶程度，而在于其所具有的独特的内涵和气质。在特定的社会历史背景下，城市精神的重要价值所在、城市的魅力，在于它所表现出的区别于其他城市的鲜明特色。每座城市都会有独特的历史文化，有鲜明的个性和表现符号，及由此而散发出的特殊的气质。城市精神是城市政治、文化、社会、经济等经过提炼和升华后所反映出的意志品格和文化特色。城

---

① 习近平：《坚定文化自信　建设社会主义文化强国》，《求是》，2019年第12期。
② 陈柳钦：《城市精神及其塑造和弘扬》，《理论学习》，2010年第10期。

市的特色"寓于多种多样的内容与形式中,有历史的、传统的特色,民族的、地方的特色,新兴的、时代的特色,景观的、环境的特色,产业的、功能的特色,等等"①。第二,城市精神一般要通过自然景观和人文景观的特征、管理制度及其所蕴含的理念、市民的行为方式等体现出来。从外在来看,城市精神体现为城市或城市人的风貌、文化氛围和给人的直观印象等;从内在来看,城市精神是城市民众所拥有的集体性的禀赋和气质,这种禀赋和气质体现着群体的信仰操守、价值共识和美学观念。城市的自然景观不仅仅是外在的文化符号,还具有生态学、美学和人类文化学的意义。人文景观是城市群体在生产和生活中所进行的诸多创造的成果。在城市管理制度中所蕴含的理念,则体现着这座城市的主流价值取向。市民的行为方式,包括生活方式、交往方式等,体现着群体的价值观念和思维方式。第三,城市精神的核心是产生于一定的文化传统中的民族精神和在历史文化积淀中所形成的人文精神。一个城市的精神总是会和一个民族、一个国家的精神联系在一起的。城市精神的母体是民族文化,其主干和灵魂必然来源于民族精神。"一个民族,作为一个整体,总有其共同的心理,即共同的思想倾向。这些共同的思想倾向,总起来称为民族精神。"②人文精神是指"有关人与自然、人与社会、人与神等的关系的思考中对人的地位、人的存在价值、人的世俗欲求的肯定与尊重,是一种普遍的人类自我关怀与确认"③。随着社会的发展,人文精神在城市生活中的地位变得越来越重要,并构成了城市人的主体精神世界。人文精神也是一座城市文化创造的价值取向所在和理想所在。

城市精神的基本特征主要体现在以下四个方面:一是文化性特征。城市精神是城市文化的一部分,是其精华所在。马克思主义认为:"一定的文化(当作观念形态的文化)是一定的社会的政治和经济的反映,又给予伟大影响和作用于一定社会的政治和经济。"④作为城市文化之灵魂的城市精神能够为城市发展提供动力资源,起到推动整个城市发展的作用。二是历史性特征。"历史性即传统性,指历史积淀而成的城市核心传统,或城市传统的核心价值观。城市的核心传统,即贯穿于城市文脉之中、反映市民传统行为方式的核心价值观。"⑤城市的形成本身就是一种历史文化现象。每一座城市都承载着历史的记忆。在城市形成与发展过程中,通过不断积聚物质文化和精神文化成果,加快了人与人之间交往的频率,改变了人际交往模式和生活方式,影响了人们的思维方式和价值取向。在漫长的历史发展进程中所形成的价值观、生活方式、思维方式,经一代代的传承、发展、变革,生成了城市的灵魂,即城市精神。三是时代性特

---

① 刘从政,王萍主编:《成都城市精神研究》,成都:四川人民出版社,2006年版,第3页。
② 张岱年:《中国人的人文精神》,贵阳:贵州人民出版社,2018年版,第9页。
③ 吴忠:《城市文化论》,深圳:海天出版社,2014年版,第43页。
④《毛泽东选集》(第二卷),北京:人民出版社,1991年版,第663—664页。
⑤ 陈柳钦:《城市精神及其塑造和弘扬》,《理论学习》,2010年第10期。

征。时代性是指在不同时代，社会会呈现出不同的物质文化形态和精神文化形态，城市精神也具有鲜明的时代性特征。"对于所有城市而言，城市、人和城市的精神构成了一种有机动态结构：人造城市，城市造人，人和城市造就了城市精神和城市文化，反过来，城市精神又造成人与城市。"①城市、人和城市精神构成的有机结构是受特定时空内的社会生活、社会生产条件制约的。因此，一座城市所拥有的城市精神一定会体现出特定时代的精神文化特征、心理特征。四是地域性特征。一方水土养一方人，由于历史和地理等因素的影响，一个城市往往会具有特有的社会风貌和地域特征。作为城市主体的市民，在特定的自然环境、社会环境及由此而形成的生活习俗、行为方式、文化氛围等因素的交互作用下，会形成独特的精神风貌。

城市精神对于城市的发展具有极其重要的作用和功能。第一，城市精神能为促进城市健康发展提供强大的精神动力，"城市精神是一种心理能源，它把归属感、责任感、自豪感融为一体，产生出一股强劲的进取精神。这种进取精神是物质因素或经济杠杆所难以取得的"②。第二，城市精神能够起到凝聚人心、凝聚力量的作用。价值共识与共同的生活理念、精神追求，会起到"黏合剂"的作用，消除人与人之间、群体与群体之间的分歧，使人们能够团结一致，形成合力。第三，城市精神能够在一定程度上对社会行为起到规范作用。共同的价值追求和人们普遍认同的行为规范，能够对社会群体起到心理约束作用。第四，城市精神具有价值导向和目标导向的功能。城市精神是城市群体所崇尚的意志和信念，其中蕴含着一种超越性的力量，会引导着人们朝着共同的目标不断前进。

第二节　沈阳城市精神形成的历史依据

城市精神具有文化性、历史性和地域性等基本特征。要想全面考察沈阳城市精神，必须深入了解形成这种精神形态的历史依据及其价值指向。建构和提炼沈阳城市精神，一定要以沈阳的历史文化积淀、文化记忆和地域文化中所蕴含的价值观为历史和文化依据，因为这些是沈阳城市精神的根脉所在。

沈阳的文化记忆体现于传承了7000年的历史文化成果及其所承载的历史记忆、形成的历史景观和民俗资源中。

文化记忆是人类在漫长的历史发展进程中不断累积而形成的一种精神形态。与发生于较短时段内的"交流"记忆不同，"文化记忆可以一直回溯到远古，它以过去发生

---

① 刘从政，王萍主编：《成都城市精神研究》，成都：四川人民出版社，2006年，第10页。
② 陈柳钦：《城市精神及其塑造和弘扬》，《理论学习》，2010年第10期。

的关键事件为固定边界点，通过稳定的文化形式（文本、仪式、历史遗迹）和制度交流（吟咏、练习、纪念仪式）来保持"①。沈阳的文化记忆主要来源于以新乐文化和青铜短剑文化为代表的早期人类文明，以候城文化为代表的早期城市文化，汉郡文化，独特而厚重的辽金文化，将沈阳古代文化发展史推向巅峰的盛京文化，在社会转型期形成的民国文化，使民族精神得到凝聚与升华的抗战文化等历史文化中。在属于沈阳新乐文化的居民聚落遗址中能看到沈阳最早的人类活动遗迹。这些遗迹所反映的新乐人的生活环境、生存条件，他们使用的生产工具、制造的原始工艺品等，是沈阳先民创造的重要文化成果。它们承载着沈阳人的远古记忆，能够让现代人感知到史前时期沈阳大地上文明的律动。青铜短剑文化所代表的沈阳远古文明，则标志着沈阳社会发展已经迈出原始社会，进入奴隶制阶段。郑家洼子遗址的青铜时代文化遗存见证着那一时期沈阳先民的生活状态。他们制造的工具、使用的日用品、创造的文化艺术成果，在一定程度上反映了人们认知自我、改造环境乃至描述世界的能力。建于2300年前的候城被视为沈阳城市文明的起点。候城的城址位于今沈阳市老城区内。自燕建候城之日起，虽经数千年历史变迁，但沈阳的城市文化多在以原城址为核心的区域内不断沉积。关于候城的历史记忆能够让沈阳人感知到这座城市的源头和曾经的筚路蓝缕。汉郡文化"先经历了燕昭王在辽东、辽西却胡开郡，接着为秦始皇东巡郡县和汉初'复修辽东故塞'，最后又至汉武帝开拓边郡等三个过程近百年"②。经过百年的持续传布，包括沈阳在内的辽河流域的地域文化发生了质的变化。汉郡文化的物质和精神遗存见证着沈阳文化底色形成的过程，对于我们理解和认知沈阳地域文化的特征与内涵具有极其重要的意义。沈阳地域文化中的辽金文化是农耕文化与游牧、渔猎文化深度融合的产物，在沈阳大地上留下了较多的文化遗存，如历经千年风霜仍屹立不倒的辽塔等建筑，颇具民族特色的辽金两代的制度性文化和文学、艺术等，都在一定程度上反映了沈阳文化的特色。契丹、女真民族文化与汉文化的交融，改变和发展了包括沈阳人在内的北方人的文化心理结构。游牧民族所具有的贵壮尚武、强悍英勇、雄豪劲健的性格基因，在"汉人胡化"的过程中，改变了北方各民族的文化心理结构，并形成了新的个性、气质，在很大程度上影响了沈阳人的文化性格。盛京文化是沈阳古代社会发展到了一定阶段的产物。盛京文化的主要表征和成果是沈阳城市文脉的重要组成部分。以盛京古城、一宫、两陵、四塔等为代表的建筑文化，以盛京官制、礼制、兵制和宗教制度、民族制度为代表的典制文化，以史志、文学、艺术等为代表的典藏文化等，均能体现出沈阳地域文化精神和城市的神韵。民国时期的沈阳经历了近代转型和现代化的探索，文化形态极其复杂。因年代较近，民国的物质文化遗存较

---

① 高海珑：《重构火神"活态神话"记忆研究》，湘潭：湘潭大学出版社，2016年版，第25页。
② 王绵厚：《辽宁文化通史》（秦汉卷），大连：大连理工大学出版社，2009年版，第38页。

多，精神文化中的积极因子也得到了较好的传承。民国时期独特的政治文化、军事文化、工业文化、商业文化等，包括那个时期所创造的文学艺术、历史典籍等，是沈阳人历史文化记忆的重要组成部分。近代以来，特别是"九一八"事变后，沈阳成为一个屡遭侵略者摧残的城市，也成为一个为争取独立与自由而不断坚持斗争的英雄的城市。沈阳有众多抗战文化遗存，沈阳的爱国军民参与创造了伟大的抗战精神。抗战精神"展现了天下兴亡、匹夫有责的爱国情怀"，"展现了视死如归、宁死不屈的民族气节"，也展现了"不畏强暴、血战到底的英雄气概"[①]。

第三节　基于地域文化的沈阳城市精神建构策略

地域文化是孕育城市精神的母体之一，建构沈阳城市精神，要充分考量地域文化特色，挖掘地域文化资源，进而培育和提炼出特色更为鲜明、内蕴更为丰富、更能代表城市品格和发展方向的城市精神。基于地域文化的沈阳城市精神建构策略主要有四：一是从民族文化中汲取养分，进一步塑造城市的灵魂；二是重视地缘文化，从中发掘城市精神的特色元素；三是注重从历史积淀中提炼城市精神特质；四是以地域文化中正反两方面因子为重要参照系，塑造或重构城市精神。

民族文化"在特定地理空间衍生，由特定的族群所创造并传承，集中地体现了本民族的思想感情、价值观念、人生理想、审美旨趣、生活方式、智力水平和文化精神"。它"是各民族的先民们适应所生息繁衍的自然生态环境的产物，为该民族的成员所普遍接受、共同分享、深层认同、集体维护、世代相传"[②]。在民族文化中，蕴含着能够进一步塑造灵魂的重要元素，主要体现为民族的信念、情感、意志和民族自尊心。建构沈阳城市精神既需要高扬中华民族所具有的伟大精神——创造精神、奋斗精神、团结精神等，也需要通过对区域内各民族的生产生活方式、饮食、服饰、建筑和居住格局、语言与文字、文学与艺术等元素的考察，发掘出由其所生发的各民族的价值取向、道德规范、意志品质等。城市精神应该是民族精神的闪光点和凝聚点，是促进各民族不断进步和城市发展的动力之源。

中国文化统一于血缘，区别于地缘。"百里而异习，千里而殊俗。"[③]据《辽史·营卫志》中的论述："天地之间，风气异宜，人生其间，各适其便，王者因三才而节制之，长城以南，多雨多暑，其人耕稼以食，桑麻以衣，宫室以居，城郭以治，大漠之

---

① 李佑新主编：《抗战精神》，北京：中共党史出版社，2017年版，第2—4页。
② 覃德清：《中国文化学》，桂林：广西师范大学出版社，2015年版，第9页。
③ 卢守助：《晏子春秋译注》，上海：上海古籍出版社，2012年版，第82页。

间，多寒多风，牧猎畋渔以食，皮毛以衣，转徙随时，车马为家。"①自然环境的差异必然会造成生活习俗、社会制度、思维方式、价值标准等的不同。一方水土养一方人，生活在同一区域的人，会逐渐形成相同或相近的文化性格、文化心理。包括自然地理环境、政治地理环境和资源在内的地理条件，决定着城市的布局、产业、交通、规划和居民性格等。因此，建构沈阳城市精神一定要充分考虑地缘文化的内涵及其特殊性，从中挖掘出具有地方特色的精神元素。

城市精神是在历史变迁中，由生活在城市及其周边的人们共同创造的精神财富。历史文化积淀的过程既是积累物质文化的过程，也是积累制度文化和精神文化的过程。在各个历史阶段所形成的物质文化成果很容易被摧毁，相对来说，制度化和精神化的成果更容易得到传承。要想更好地建构沈阳城市精神，必须高度重视以新乐文化、青铜短剑文化、辽金文化、盛京文化、民国文化、抗战文化、工业文化等为代表的历史文化成果，提炼其中所蕴含的精神特质。这种从历史文化中提炼的精神特质会转化成强大的精神力量，成为推动城市发展的不竭动力。

城市文化性格在很大程度上代表着城市文化的特色和个性，既能体现出一座城市的魅力，也能暴露出城市的弱点与不足。构建沈阳城市精神需要充分考察城市文化性格中所蕴含的正反两方面的因素，取其精华，剔除糟粕，警惕积极因素转化为消极因素，并从中提炼出既有特色又具有进步意义的城市精神元素。当前，需要进一步培育与弘扬沈阳地域文化性格中行侠仗义、坚韧顽强、开放大气、开拓进取、敢于担当、勇于创新等特质，剔除保守、依赖、自负、虚荣、粗糙、圆滑等因子，警惕粗犷豪放、慷慨重情、勇武强悍等原本不具破坏性的性格特质发生转化，最大限度地制约负面因素的产生。

---

① 许嘉璐主编：《二十四史全译·辽史》（第一册），上海：世纪出版集团·汉语大词典出版社，2004年版，第263页。

第四章　弘扬新时代沈阳城市精神

城市精神体现着市民所认同的价值追求和他们的精神风貌，是推动城市持续健康发展的重要动力。在新时代的背景下，在全面建成小康社会和实现中华民族伟大复兴中国梦的实践中，在辽宁推进全面振兴、全方位振兴的关键历史时期，沈阳这座城市比以往任何时候都需要来自文化与精神的动力，需要积极塑造和大力弘扬沈阳城市精神。要塑造和弘扬新时代沈阳城市精神，需要在尊重历史文化特色的基础上，结合时代和社会发展的要求，通过不断汲取国内外各民族、各城市的先进文化发展理念，更好地锻铸沈阳城市之魂，构筑促进沈阳城市发展的文化基础。

第一节　弘扬具有沈阳特色的抗战精神、雷锋精神、劳模精神、工匠精神

沈阳是有着7200年文明史的文化名城、共和国长子和现代化都市，其城市精神内涵丰厚，特色鲜明。在沈阳城市精神的各种形态中，最具代表性的是抗战精神、雷锋精神、劳模精神、工匠精神等。它们源自厚重的历史文化积淀，具有鲜明的时代特征，最能反映沈阳城市精神的特质和地域文化特色。

一、抗战精神

中国人民所创造的抗战精神是传承民族血脉、激扬天地正气的伟大的民族精神。关于抗战精神的丰富内涵，习近平总书记做出了高度概括和深刻揭示："在中国人民抗日战争的壮阔进程中，形成了伟大的抗战精神，中国人民向世界展示了天下兴亡、匹夫有责的爱国情怀，视死如归、宁死不屈的民族气节，不畏强暴、血战到底的英雄

气概，百折不挠、坚忍不拔的必胜信念。"①在14年抗日战争中，沈阳经历了血与火的洗礼。在此过程中，在中国共产党的领导下，沈阳爱国军民参与创造了伟大的抗战精神。

沈阳的抗战精神体现为同仇敌忾、共赴国难的爱国精神。"九一八"事变后，沈阳沦陷，东北沦陷，沈阳爱国军民迅速投入到抗日救亡运动中。沈阳的抗日力量既有中国共产党直接领导下的组织和军事力量，也有在中国共产党影响下组织起来的爱国武装力量，还有东北军爱国将士、国民党政府组织和领导的抗日力量。在沈阳的抗战活动中，中国共产党起到了凝聚各界人士的力量、共同团结御敌的关键作用。14年间，流亡在外的沈阳籍爱国人士、爱国民众，活动在沈阳及周边地区的各党派、各阶级、各阶层的爱国人士、军事力量和爱国民众团结一致、和衷共济，或流血杀敌，或出钱出力，或抵制日货，或抵制和破坏奴化政策，或进行舆论宣传，形成了强大的抗日力量。中国共产党领导和影响下的抗日运动，充分体现了同仇敌忾、共赴国难的爱国精神。

沈阳的抗战精神体现为驱逐日寇、救国还乡而血战到底、永不屈服的英雄主义精神。"九一八"事变爆发后，中共满洲省委连续发表《中共满洲省委为日本帝国主义武装占领满洲宣言》等多篇"宣言""告群众书"，开始领导、影响和团结爱国军民开展抗日斗争。在此后的14年间，无论是在沈阳及周边地区坚持战斗的军民，还是流亡在外的各阶层爱国人士、民众，均抱着驱逐日寇、救国还乡的坚定信念，在各条战线上与侵略者展开斗争。由于自然环境的恶劣和斗争环境的复杂，沈阳及周边地区的抗日斗争可谓艰苦卓绝，但怀着坚定理想和信念的抗日军民能够血战到底、永不屈服，体现出伟大的英雄主义精神。

沈阳的抗战精神体现为不畏强暴、敢于抗争的血性情怀。"九一八"之夜，面临来自国民党政府的"不抵抗"命令的压力，东北军部分爱国官兵在沈阳北大营打响了14年抗战的第一枪。随后，沈阳及周边地区的抗日义勇军、自卫队、救国军纷纷成立。在敌我力量悬殊的情况下，沉重地打击了日本侵略者。流亡到关内的沈阳爱国人士、爱国军民置自身安危于不顾，奋起抗争。如东北大学、东北中山中学的部分流亡学生投笔从戎，血洒疆场。中国共产党领导的东北抗日联军等武装力量，在极其艰苦的环境下，勇敢顽强，善于斗争。他们是不畏强暴、勇于血战到底的爱国者的杰出代表。

沈阳的抗战精神体现为自强不息、艰苦奋斗的精神品质。在14年抗战中，沈阳爱国军民的民族自尊心和自信心得到了空前的提升。民族自尊心和自信心是爱国军民能够做到自强不息的心理基础。为了维护民族的尊严，有着对民族文化、民族未来的高

---

① 习近平：《谈抗日战争与抗战精神》，《决策与信息》，2015年第6期。

度自信，沈阳爱国军民做到了毛泽东同志所说的"不畏难，不怕苦，不悲观，不失望，视日寇为死敌，视汉奸为世仇，与日寇进行殊死战，反对一切傀儡政权，誓死奋斗，不屈不挠"①。在抗战中，活动在沈阳周边的抗日武装力量，在城内坚持斗争的爱国军民，流亡关内的沈阳各界爱国人士，在军事斗争、生活、生存等方面均面临着重重困难。在艰难困苦中，他们艰苦奋斗，克服了世所罕见的困难，创造了前所未有的奇迹，取得了抗战的最后胜利。

沈阳的抗战精神是爱国军民在面对生死存亡的考验时所表现出的精神风貌和意志品质。自诞生之日起，抗战精神就是沈阳城市精神的重要组成部分。经过不断发展，抗战精神所蕴含的宝贵的精神品质也使沈阳城市精神的内涵不断得到丰富，品格不断得到提升。要想大力弘扬沈阳城市精神，需要进一步挖掘抗战精神的丰富内涵，将其与时代精神相结合，形成更为强大的力量，凝聚人心并推动社会发展。

二、雷锋精神

什么是雷锋精神？2012年，在中共中央办公厅印发的《关于深入开展学雷锋活动的意见》中，将雷锋精神概括为五个方面的内容，即"热爱党、热爱祖国、热爱社会主义的崇高理想和坚定信念；服务人民、助人为乐的奉献精神；干一行爱一行、专一行精一行的敬业精神；锐意进取、自强不息的创新精神；艰苦奋斗、勤俭节约的创业精神"②。习近平总书记指出："雷锋、郭明义、罗阳身上所具有的信念的能量、大爱的胸怀、忘我的精神、进取的锐气，正是我们民族精神的最好写照，他们都是我们的'民族脊梁'。"③雷锋精神诞生于辽沈大地，"从雷锋个人经历来说，辽宁是他的第二故乡，沈阳是当之无愧的培养雷锋的中心城市。雷锋精神是由沈阳辐射辽宁进而走向全国"④。雷锋精神，是沈阳城市精神的重要内容和精魂所在。2017年3月，中共沈阳市委发布指导意见，提出"将雷锋精神培育成为源于历史、基于现实、紧跟时代、引领发展的沈阳城市精神"⑤。

在特定历史文化的濡染下和时代精神的影响下，沈阳人在社会实践与社会发展中所践行和大力弘扬的雷锋精神反映了新时代雷锋精神的基本内涵：忠诚重信，爱岗敬业，甘于奉献，锐意进取。

---

① 中央档案馆：《中共中央文件选集》（第10册），北京：中央党校出版社，1985年版，第718页。
② 总政治部办公厅编研室编：《雷锋传略》，北京：中国人民解放军出版社，2012年版，第189页。
③《习近平等同代表委员一同审议讨论政府工作报告》，人民网，http://politics.people.com.cn/n/2013/0306/c1001-20699786.html，2013年3月6日。
④ 马靓，王岩：《雷锋精神：沈阳最根本的精神基因》，《沈阳日报》，2017年4月28日。
⑤《中共沈阳市委关于开展"弘扬雷锋精神共建幸福沈阳"行动的指导意见》，《沈阳日报》，2017年3月23日。

沈阳人的忠诚体现在对党和人民的忠诚，对民族和国家的忠诚，对事业的忠诚。无论是在社会主义建设时期、改革开放的新时期，还是努力实现中华民族伟大复兴的新时代，沈阳人始终恪守着忠诚为本的原则，抱着对党的无上忠诚，对人民的无限深情和对国家的热爱之情去工作和生活。诚实守信是中华民族的传统美德，也是沈阳地域文化性格中比较重要的元素。新中国成立后，沈阳人以实际行动，对"诚信"二字做出了很好的诠释，以坚定的信念和高尚的旨趣净化着自己的灵魂，也净化着这座城市。

爱岗敬业是社会主义职业道德的核心要求。雷锋的爱岗敬业精神体现为干一行爱一行，专一行精一行，即他在日记中所阐述的螺丝钉精神："如果你是一滴水，你是否滋润了一寸土地？如果你是一线阳光，你是否照亮了一分黑暗？如果你是最小的螺丝钉，你是否永远坚守你的岗位？"[1]在社会主义建设和改革开放的实践中得到了考验、经受了洗礼的沈阳人，对于尽职尽责、忠于职守有着深切理解，并能够努力践行，坚持传承与发扬螺丝钉精神。

雷锋在日记中写道："人的生命是有限的，可是，为人民服务是无限的，我要把有限的生命投入到无限的为人民服务中去……""我活着是为了全心全意为人民服务，是为人类的解放事业——共产主义而斗争。"[2]甘于奉献是雷锋精神的重要内涵之一。多年来，党和政府大力提倡甘于奉献的雷锋精神，沈阳的各级组织和各个团体积极进行引领和宣传，广大市民在日常生活和工作中努力践行，已经形成了浓郁的社会氛围和良好的社会风气。

"天行健，君子以自强不息"[3]是中华文化精神的基本内涵之一。雷锋精神中所蕴含的锐意进取、自强不息的意志和品质，在当代沈阳人身上同样得到了充分体现。沈阳发展的历史，就是各族民众永不满足、永不懈怠、不断融合、不断发展与进步的历史。特别是在新中国成立后，沈阳人一直勇立潮头，以敢于争先、敢于担当、勇于突破的精神，克服了重重困难，完成了时代所赋予的使命。

三、劳模精神

劳动模范是在社会生产和社会工作中涌现出来的先进群体，是共和国的脊梁和人民的楷模。他们以自己的敬业精神、卓越智慧和实干作风，为国家和人民创造了丰富的物质财富和精神财富，为社会奉献了宝贵的劳模精神。2015年4月，习近平总书记在庆祝"五一"国际劳动节暨表彰全国劳动模范和先进工作者大会上，阐述了新时代

---

① 总政治部组织部编著：《永恒的丰碑——雷锋日记和雷锋故事集》，北京：解放军出版社，2012年版，第3页。
② 《雷锋日记选》，北京：中国人民解放军战士出版社，1977年版，第57页。
③ 陈成国点校：《四书五经》（上），长沙：岳麓书社，2014年版，第141页。

劳模精神的内涵："'爱岗敬业、争创一流，艰苦奋斗、勇于创新，淡泊名利、甘于奉献'的劳模精神，生动诠释了社会主义核心价值观，是我们的宝贵精神财富和强大精神力量。"[①] 2016年4月，习近平总书记在知识分子、劳动模范、青年代表座谈会上强调："劳动模范身上体现的'爱岗敬业、争创一流，艰苦奋斗、勇于创新，淡泊名利、甘于奉献'的劳模精神，是伟大时代精神的生动体现。"[②]沈阳是一个劳模辈出的城市，是一座在劳模精神感召和推动下不断发展的城市。劳模精神的形成与发展过程，也从一定程度上反映出新中国成立后沈阳城市精神发展的重要轨迹。从社会主义革命时期起到社会主义建设时期、改革开放和振兴发展时期，沈阳共推荐评选全国和省市等各级劳模近3万人次。一代代劳模群体薪火相传，生动地诠释了劳模精神的内涵，并使沈阳城市精神的品格得到极大的提升。

劳模精神的本质内涵是爱岗敬业、争创一流。沈阳的劳模群体，从以尉凤英、张成哲等为代表的老一代劳模到新时期的徐强、沈鼓集团"五朵金花"、方文墨等众多劳动模范，无不以自身的模范行为完美地诠释了上述精神。他们身上所具有的脚踏实地、尽职尽责、追求卓越的品格，产生了巨大的精神力量，鼓舞着广大群众，在平凡的工作岗位上努力创造出不平凡的业绩。

劳模精神的核心内容是艰苦奋斗、勇于创新。沈阳的劳模群体本身就是勤奋劳动、诚实劳动、创造性劳动的实践者。在任何时代，都需要不畏艰难困苦的精神，需要勇于打破陈规、勇于创造的先行者。"劳动者中的先进分子能够面对艰苦的条件、环境，艰巨的任务、过程，不断进取，善于创新，最终取得超越一般人的成绩。"[③]沈阳劳模群体的实践活动、所取得的成绩和表现出的精神，也深刻地影响着广大群众。他们团结一致，众志成城，共同推动了生产力的发展。

劳模精神所蕴含的文化品格，集中地体现于淡泊名利、甘于奉献。这种文化品格来源于劳模群体的人生境界与人生信念。在沈阳劳模群体的价值体系中，工作本身不仅仅是要实现个人价值，更重要的是为祖国、为民族、为社会、为他人创造价值。劳模所具有的高度责任感和强烈的事业心，吃苦在前、享受在后的高尚行为，是由这种人生信念所决定的。

四、工匠精神

工匠精神是一种劳动者的精神，"是工匠们在改造客观的劳动对象时，对自己严格

① 《习近平在庆祝"五一"国际劳动节暨表彰全国劳动模范和先进工作者大会上的讲话》，《人民日报》，2015年4月29日。
② 《习近平在知识分子、劳动模范、青年代表座谈会上的讲话》，《人民日报》，2016年4月26日。
③ 邢亮，刘乾承：《劳模精神 劳动精神的时代内涵探赜》，《山东工会论坛》，2019年第3期。

要求甚至是苛求的条件下所形成的精神产品，即改造主观自我的所得"①。"这种精神是对产品精益求精，追求完美，仔细研究推敲，精雕细琢的生产理念。"②工匠精神是中国传统文化的重要组成部分。在我国经济社会发展进入新时代的关键历史时期，大力弘扬工匠精神既是提高企业竞争力的现实需要，也是提升中华文化精神品质的需要。今天所提倡和弘扬的工匠精神已经远远超出了具体的工匠活动领域，成为能够涵纳社会文化、影响社会生活的"一种人生价值系统，一种生存方式，一种工作态度"③。

沈阳所创造的工匠精神已经发展成为城市精神的重要组成内容。沈阳是拥有百万产业大军、大工匠辈出的城市，与劳模一样，沈阳的大工匠既是产业工人的标杆，也是城市精神的引领者。今日沈阳的工匠精神集中地体现为心怀敬畏、恪尽职守、崇尚专业、精益求精、永不自满、与时俱进的精神。

工匠精神中的心存敬畏，敬的是职业道德及道德和技能高于自己的师长、同行，畏的是质量标准和行业规则。恪尽职守既是一种职业准则，也是工匠应具备的基本素质之一。工匠精神中的崇尚专业，即推崇和提倡当今社会比较缺少的专业精神，这种精神是推动社会发展的重要动力。精益求精是工匠精神的本质与核心。只有以专业化的态度，精益求精的精神，超卓的技能进行生产，才能使产品达到完美与极致。工匠精神中的永不自满是与时俱进的心理基础；与时俱进则是因永不自满而产生的思维方式、行为方式。这种宝贵的职业取向和价值追求是促进社会发展的不竭动力。

第二节　以诚信、向善、奉献、担当、开放、兼容、向上、创新的精神铸沈阳城市之魂

新时代沈阳城市精神根植于民族精神，是民族精神的重要组成部分。它也是地域文化与时代精神相结合的产物。笔者认为，新时代沈阳城市精神的核心内容是"诚信、向善、奉献、担当、开放、包容、向上、创新"，八种精神形态组合在一起，形成了一个具有整体性、互动性、开放性特征并充分反映了沈阳地域文化形态、自然地理环境、历史流变过程和时代风貌的城市精神体系。为了进一步推动新时代沈阳的全面振兴全方位振兴，我们需要深刻理解、全面认识上述八种精神形态的文化内涵、历史价值和现实意义，通过进一步弘扬沈阳城市精神，铸就植根于历史、体现于现实、服务于今天并引领未来的沈阳城市之魂。

① 孙志方，胡茜，任凤国：《工匠精神的当代价值》，《北京工业职业技术学院学报》，2019年第2期。
② 宋敏，解连峰：《工匠精神的价值及培育路径》，《经济研究导刊》，2018年第31期。
③ 石琳：《中华工匠精神的渊源与流变》，《文化遗产》，2019年第2期。

诚信是中华民族的传统美德，仁、义、礼、智、信是儒家文化所推崇的"五德"。《说文解字·言部》释意："诚，信也。从言成声。"又解："信，诚也，从人，从言。会意。"①守信、诚实、真诚，即为诚信。《礼记·中庸》云："诚者，天之道也；诚之者，人之道也。"②墨子认为："言不信者，行不果。"③重诚信的传统道德观念是维护社会稳定与和谐发展的基础。诚信是社会主义核心价值观的重要内容。沈阳城市精神中所具有的诚信的特质，既来源于历史文化的积淀，也与新中国成立后所大力弘扬的道德观念有着直接的关系，与改革开放后发展社会主义市场经济的客观要求有着密切关系。早在燕秦汉时期，沈阳地区就已被纳入汉文化圈，虽处于边缘地带，但因其所具有的特殊地位和四通八达的地理环境，受汉文化的浸润相对较深。沈阳历史上的统治民族，如契丹、女真、蒙古族、满族等，均乐于、善于接受汉文化的精华，其中就包含着属于儒家文化之精髓的诚信文化。新中国成立后，作为共和国重点建设地区、东北中心城市之一的沈阳，不但在经济建设上起到了"共和国长子"的作用，在公民道德建设上同样起到了引领的作用。伟大的雷锋精神就是在沈阳得到发展、弘扬并对外辐射的。诚信是雷锋精神的核心内容之一。改革开放后，我国开始逐步摸索、确立和发展社会主义市场经济。从人文角度讲，社会主义市场经济就是诚信经济，诚信是保证市场经济发展和繁荣的基础。自20世纪80年代以来，面对社会上出现的诚信危机，沈阳在发扬优良传统的基础上，大力加强诚信建设，并取得了良好的成效。目前，诚信精神已成为沈阳人对外交往和立身处世之本。

中西两种文化体系均极为推崇向善的价值观。在中国传统文化中，孔子所提出的仁者爱人，"樊迟问仁，子曰：'爱人。'"④孟子所提出的"取诸人以为善，是与人为善者也，故君子莫大乎与人为善"⑤，是儒家价值观的重要内容。中国文化所理解的善，其核心在于如何处理人与人之间的关系，即以仁、爱的态度适当地处理各种关系。儒家文化中所倡导的孝、悌、忠、信、恕，是善的体现，也是处理各种关系的重要准则。如处理与父母之间的关系，以孝为善；处理与兄弟之间的关系，以悌为善；处理与上级、国家及民族之间的关系，以忠为善；处理与朋友之间的关系，以信为善；处理与他人的关系，以恕为善。在继承中华优秀传统文化的基础上，在社会主义先进文化中，更多地强调了善的"与人为善、扶危济困"等内涵，强调处理与他人关系时，以爱为善；处理与身处逆境或需要帮助之人的关系时，以助为善。有着7200年文明历史的沈阳，从古至今，一直在传承着向善的优良传统。新中国成立后，沈阳人在各个

① 许慎：《说文解字》，上海：上海古籍出版社，2007年版，第108—109页。
② 陈成国点校：《四书五经》（上），长沙：岳麓书社，2014年版，第11页。
③ 杨自忠编译：《墨子精华》，南京：江苏凤凰美术出版社，2017年版，第9页。
④ 陈成国点校：《四书五经》（上），长沙：岳麓书社，2014年版，第41页。
⑤ 陈成国点校：《四书五经》（上），长沙：岳麓书社，2014年版，第79页。

发展阶段，从不同的角度、以不同的方式诠释着向善的内涵。特别是在制度建设方面，沈阳在机制和体制上为道德模范提供保障，并积极发挥道德模范的引领作用。在向善的价值观的主导下，不但营造了良好的社会风气，而且沈阳的城市形象得到了进一步的提升。

在《辞海》中，解释"奉"为"进献、捧"，"献"则"本谓献祭"。奉献精神的基本内涵随时代的变化而有所不同。中国文化传统中的奉献精神源于儒家的德性文化，是儒家追求理想人格的结果。从"杀身以成仁"①，"舍生而取义"②，到"民，吾同胞；物，吾与也"③，"为天地立心，为生民立命，为往圣继绝学，为万世开太平"④，均为以奉献为核心的价值观的形成提供了思想基础。社会主义时期所倡导的奉献精神，即全心全意为人民服务的精神，是贡献社会、服务他人并不计报酬、不计得失的精神。在沈阳人所创造和践行的抗战精神、雷锋精神和劳模精神中，均追求不计得失、无私奉献。在改革开放和创新创业的实践中，沈阳人的无私奉献精神也得到了发展。特别是在社会主义市场经济环境中，沈阳人在通观历史与现实的基础上做出了重要选择，大力弘扬奉献精神，不但拓展了奉献精神的内涵和外延，也使其在一定程度上得到了升华。

沈阳人的担当精神主要源自中华优秀传统文化精神、共产主义信念，在中国共产党领导下的革命、建设、改革的实践中得到了发展。在中国传统文化中，敢于担当是中国人所具有的民族气节和优秀品质的集中体现。从"如欲平治天下，当今之世，舍我其谁也"⑤，"路漫漫其修远兮，吾将上下而求索"⑥到"位卑未敢忘忧国"⑦，"先天下之忧而忧，后天下之乐而乐"⑧，"天下兴亡，匹夫有责"⑨和"苟利国家生死以，岂因祸福避趋之"⑩，均从各个角度阐释了中华文化所倡导的敢于担当的民族精神。中国共产党所领导的革命与建设事业，其指导思想是不断发展的马克思主义。马克思主义所具有的真理性、科学性特征，使其成为担当精神的又一重要来源："马克思主义赋予担当精神以勇担历史重任的大智慧和大勇气。""共产主义远大理想赋予担当精神以敢于担

---

① 陈戍国点校：《四书五经》（上），长沙：岳麓书社，2014年版，第49页。

② 陈戍国点校：《四书五经》（上），长沙：岳麓书社，2014年版，第119页。

③ 张文治编：《国学治要·理学治要》，海口：南海出版公司，2015年版，第9页。

④ 朱祖训编著：《引用语大辞典》，武汉：武汉出版社，2010年版，第667页。

⑤ 陈戍国点校：《四书五经》（上），长沙：岳麓书社，2014年版，第84页。

⑥ 许松华编：《楚辞精选集》，北京：北京燕山出版社，2017年版，第43页。

⑦ 何保民主编：《中国诗词曲赋辞典》，郑州：大象出版社，1997年版，第911页。

⑧ 张有山主编：《韵海缀珠 中国历代诗词歌赋选编》，长春：吉林人民出版社，2017年版，第411页。

⑨ 朱义禄主编：《中国古代人文名篇鉴赏辞典》，上海：上海辞书出版社，2016年版，第442页。

⑩ 何保民主编：《中国诗词曲赋辞典》，郑州：大象出版社，1997年版，第587页。

当、敢于牺牲的强大力量。"①沈阳人的担当精神还来源于艰苦卓绝的14年抗战中,为全国解放拉开序幕的辽沈战役中,保家卫国的抗美援朝战争中,社会主义建设时期艰苦创业的过程中,改革开放中,为加快全面振兴全方位振兴而不懈奋斗的实践中。

开放是沈阳地域文化的重要特征,开放的沈阳文化同样孕育了开放精神。沈阳是由军事重镇发展、繁荣起来的城市,并逐渐产生了政治、经济、文化等功能。军事重镇的职能和人员结构等决定着其是开放的,不是封闭的。经济功能的产生往往是由区域或城市的开放性所决定的。如果没有开放性,就无法吸纳商家,无法形成市场。辽金时期,沈阳地区已经有了比较发达的商业和贸易。到了明代,沈阳的商业日趋繁荣,成为东北地区的重要商品交换地。被定为都城和陪都后,沈阳处于东北地区政治、文化、经济中心的地位,其所具有的开放意识也得到了前所未有的强化。同样重要的是,沈阳还是一座重要的枢纽型城市。在中国同日本、朝鲜、俄罗斯等国家的交流中,中原等地与东北地区的交流中,东北地区东西、南北的交流往来中,沈阳都是重要的中转站。沈阳的对外交往、交流,古已有之,近代以来更趋频繁。新中国成立后,国家赋予了沈阳特殊的使命,不但要通过引进等方式建成共和国的装备制造业基地,还要为国家建设培养和输送各类人才、输出先进技术,这也在一定程度上强化了沈阳人的开放意识。改革开放后,在时代和大环境的影响下,沈阳人的开放精神也得到了进一步的拓展与丰富。

中华文化中的包容精神与"和而不同"②与"和实生物、同则不继"③的哲学思想有着密切关系。"在中国哲学看来,'同'就不可能有生命,不可能有创造,不可能有发展。'和'则是不同文化成分、因素相互之间的和谐共处。"④包容作为沈阳城市精神的重要元素,是沈阳几千年历史文化传统的结晶。首先,沈阳文化是中华文化的组成部分,一直在中国文化的大熔炉中锻造、熔炼,中国哲学思想中所蕴含的理念决定着沈阳文化的基本精神。第二,沈阳处于东北大平原的南端,是农耕文化、游牧文化和渔猎文化碰撞、交融的区域。多民族在此共同生产、生活。在民族融合的过程中,也促进了包容的思维方式和行为方式的形成。第三,从古至今,沈阳都是重要的移民城市,移民能够在短时期内融入当地生活,并创造了移民文化,移民文化具有极强的包容性。沈阳人宽容、大度、不排外,乐于接受新思想、新观念,积极借鉴、吸纳其他文化的优秀成分,并为我所用。

向上是人类所推崇的一种精神品质,也是推动社会、经济发展的重要动力。在漫

---

① 杜飞进:《让担当精神放射出更加夺目的时代光芒——论中国共产党的担当精神》,《邓小平研究》,2016年第5期。

② 陈戍国点校:《四书五经》(上),长沙:岳麓书社,2014年版,第44页。

③ 唐明邦,程静宇主编:《中国古代哲学名著选读》,武汉:武汉大学出版社,1988年版,第30页。

④ 叶郎:《中华文明的开放性和包容性》,《中华书画家》,2017年第3期。

长的历史发展进程中，沈阳人总是能够以永不认输、敢于抗争、积极向上的态度面对挫折与困难。新中国成立后，社会性质发生了根本变化，广大人民群众真正成为国家和城市的主人，人们以更加积极向上、奋发进取的状态投入到国家建设、城市建设中。在此过程中，向上精神逐渐成为沈阳城市精神的重要元素之一，其内涵得到了拓展和丰富。在沈阳人所创造、践行和弘扬的抗战精神、雷锋精神、劳模精神、工匠精神中，均体现出向上的精神追求。沈阳人之所以能够保持积极向上的精神，是优秀传统文化涵养的结果，也与新中国成立以来，特别是改革开放以来所形成的良好的社会环境和文化氛围有着密切关系。儒家文化所提倡的使命感和忧患意识，是中华民族不断进取和向上的重要文化基础。其集中表现为知耻图强、锐意进取，即梁漱溟所说的"向上心，即不甘于错误的心，即是非之心，好善服善的心，要求公平合理的心，拥护正义的心，知耻要强的心，嫌恶懒散而喜振作的心"①。同样重要的是，沈阳拥有着良好的文化氛围，能够积极引导和鼓励广大市民不断进取、不断向上。

创新精神 "是为寻求变革所表现出的积极探索、求异求新，善于发现问题，勇于解决问题的思想、意识、观念和心理状态。创新精神的内核是质疑、批判、冒险、有为、开拓、超越的意识和心理状态"②。创新精神是中华优秀传统文化的重要组成部分，也是中国共产党人所拥有的极其珍贵的意志品质。创新精神是沈阳城市精神的灵魂所在。在历史上，沈阳已经形成了创新的文化传统。在社会主义建设和改革开放的过程中，沈阳人的创新意识和能力得到了发展与提升。目前，沈阳处于改革与发展的关键历史时期，尤其需要大力弘扬创新精神，需要树立全新的发展理念，以新思想、新观念、新思路、新作为破解各种矛盾，拓宽发展路径。

第三节　大力培育和践行新时代沈阳城市精神，促进城市持续健康发展

城市精神需要长期不懈的培育、精心细致的培养。在新时代背景下，大力培育和积极践行沈阳城市精神，具有极其重要的意义：首先，在沈阳处于转型升级的关键期，进一步培育适应社会发展需要的城市精神，是实现城市科学发展、跨越式发展战略的需要；第二，进一步培育适应新时代的沈阳城市精神，能够更好地为沈阳全面振兴全方位振兴提供智力支持和精神动力；第三，进一步培育具有时代特色的沈阳城市精神，形成特色文化，是提升城市竞争力的客观需要；第四，进一步培育适应新时代

---

① 梁漱溟：《中国文化的命运》，北京：中信出版社，2010年版，第57页。
② 谈新敏，房静：《中国传统价值观念对创新精神的影响》，《河南理工大学学报》（社会科学版），2017年第1期。

的沈阳城市精神，也是展现城市魅力、彰显城市个性、促进文化产业发展的内在需求。

大力培育和践行城市精神是一个系统工程，最为关键的是要在三个方面下功夫：一是要以城市的历史文化为基础，充分利用地域文化积淀的成果，不断总结经验教训，凝练精华，剔除糟粕，推陈出新，培育精神内涵，塑造更加积极向上的精神形态；二是要以提高市民人文素养、培育公民意识为核心，增强人们对城市精神形态的认同意识与共识，培养更加和谐健康的社会心态，把握城市精神导向，提升城市精神品质；三是强化对城市主体文化形象的建构、核心价值体系的建设，加大对文化精神进行整合提升的力度，其重要途径是打造城市品牌，提升城市文化软实力。

进一步培育沈阳城市精神，需要对在历史与现实交织中所形成的城市文化元素加以提炼、整合。在此过程中，一定要高度重视并发挥历史文化的涵养作用，任何精神形态的形成都不能脱离城市的历史积淀和文化形态。沈阳的历史发展进程与文化形态决定着其精神形态的复杂性。在沈阳地域文化性格中，大气与自负、创新与保守、进取与怠惰、精致与粗糙等元素并存，是不争的事实。在沈阳城市精神中，体现着开放兼容、雍容大气的特质。在大是大非前，在关键抉择中，沈阳人所表现出的气度、风范都是难能可贵的。沈阳人有着海纳百川的胸怀，有责任感，有担当，甘于奉献。但同样不容忽视的是，大气的沈阳人，有时会表现出其性格中自负的一面，具体体现为妄自尊大，自我感觉良好，盲目乐观等。创新是沈阳城市精神的核心内涵之一，也是不断推动沈阳经济社会发展的重要动力。可以说，创新早已成为沈阳人的主流价值追求和实践要求。与此同时，沈阳地域文化中的保守性因子也在一定程度上产生着负面作用。它们使一些人盲目遵循旧有的思维方式和生活方式，抱残守缺，不思改变，不愿接受新生事物。这些保守意识会在一定程度上消解进步元素，阻碍社会创新和发展。沈阳人具有强烈的进取精神。他们不满足于现状，不懈地追求、奋斗，不停地向新目标迈进，使这座城市充满了生机与活力。在一部分人中，也不同程度存在着怠惰意识。怠惰即懒惰加观望，其思想根源在于缺乏忧患意识、开拓精神和担当精神，不作为，慢作为。长此以往，会滋生小富即安、知足常乐的心态和等靠要的思想，影响公平与效率。在人们的刻板印象中，因沈阳地域文化性格具有粗犷豪放的一面，其文化精神中缺乏对精致性的追求。事实并非如此，近代以来，特别是新中国成立后，在文化转型及发展过程中，沈阳人逐渐强化了自身对精致性的追求，秩序、科学、规范的意识也不断得到增强。但因为历史文化的原因，人们的思维方式、行为方式仍然体现出一定的粗糙性和粗放性。要更好地培育沈阳城市精神，需要在涵养和弘扬"诚信、向善、奉献、担当、开放、包容、向上、创新"等精神元素的同时，警惕和坚决消除自负、保守、怠惰和粗糙等负面因子，形成更加积极向上的精神形态。

提升城市精神品质的另一重要途径，在于提高市民人文素养，培育公民意识。随着城市市民人文素养的不断提高和公民意识的提升，社会成员的文化认同感得到增强，增进社会共识，社会心态变得更加积极健康。人文素养是"以人为中心的精神——人的内在品质"①。加强对人文知识的学习和传播人文思想，是培育人文素养的基础；培养人文精神是培育人文素养的关键。中国文化中所理解的人文精神，即张岱年所阐释的"重视人格尊严，重视社会责任心"②。具体来说，人文精神体现在理性、自律、诚信、宽容等多个方面。一个社会，如缺乏人文精神，会造成独立思想、独立人格的缺失；社会缺乏理性和人文关怀，会使社会成员处事极端，情感冷漠，功利心强，心态浮躁。提高市民的人文素养，需要多方努力，关键在于坚持以人为本，坚持营造良好的人文氛围，坚持进行宣传教育。公民意识是一种社会意识，它"包含人们对自身社会地位、社会权利、社会义务、社会规范的感知、信念、观点、思想以及表现出来的自律、自觉、自我体验、自我控制等"③。社会主义道德体系中所强调的公民意识，其核心内容是公民的规则意识和公德意识，这也是能够体现市民素质和城市文明程度的重要指标。因此，大力培育公民意识，"并融入人格，积淀于民族精神和城市精神之中，才能真正塑造出与现代化城市相适应的城市精神"④。培育公民意识，既要在宏观上做好引导，又要在微观上做好教育，关键在于"化育"。通过营造良好的社会氛围、家庭氛围，通过学校、媒体等机构的教化培育，增强公民的主体意识和公德意识。

城市文化形象是人们对一座城市的"物质环境的直觉以及形成的心理意象（外部世界的主观反映）"⑤，"是人们对某一城市的信念、观念和意志的总和"⑥。它包含着物质文化、观念文化、行为文化三个层面的内容。一座城市的文化形象是其与外界进行文化对话的重要条件，也是城市成员自我认同的基础。更好地构建城市主体文化形象，能够增强城市的辨识度，提升城市的综合实力。核心价值体系，是指"在社会生活中居于统治、引导地位的社会价值体系，其能够有效地制约非核心、非主导的社会价值体系作用的发挥，又能够保障社会经济制度、政治制度、文化制度的稳定和发展"⑦。通过加强对核心价值体系的建设，能够有效地引领社会思潮，在满足市民文化生活需求的过程中，增强他们对自我价值的认同，使核心价值理念逐渐由理论转化为社会群体所认同的观念和意识。整合和提升文化精神即按照社会发展的需要将不同的文化精神要素建构成具有内在联系的有机整体。整合的对象主要涉及价值观念系统、

① 杨君萍：《传统文化与人文素养》，长春：吉林文史出版社，2017年版，第57页。
② 张岱年：《中国人的人文精神》，贵阳：贵州人民出版社，2018年版，第258页。
③ 张达文：《传统文化在公民意识塑造中的作用及其有效发挥》，《鄂州大学学报》，2018年第3期。
④ 陈柳钦：《论城市精神及其塑造和弘扬》，《太原理工大学学报》（社会科学版），2010年第3期。
⑤ [美] 凯文·林奇：《城市意象》，方益萍 何晓军译，北京：华夏出版社，2001年版，第100页。
⑥ 苏永华：《城市理论传播与实践》，杭州：浙江大学出版社，2013年版，第16页。
⑦ 吴潜涛：《社会主义和谐核心价值体系的科学内涵》，《道德与文明》，2007年第1期。

理想信仰系统、伦理道德系统。这种整合不仅仅是对现有精神元素的开掘、整理、改造、利用，也包括重新认知和把握各种精神元素的生成规律与生成环境。在遵循文化自身的发展规律和社会历史规律的基础上，通过整合，形成真正满足城市发展需要和符合历史前进方向的新的精神形态。